A Policy and Practice of Social Economy

# 사회적경제의 정책과 실천

전남대학교 지역개발연구소 사회적경제 기획도서 3

A Policy and Practice of Social Economy

# 사회적경제의 정책과 실천

나주몽 · 조수미 · 변장섭 · 이상호 · 김일태 · 박상하
오창민 · 유미현 · 윤영선 · 임영언 · 홍성운 공 저

전남대학교출판문화원

# 서문

최근 우리나라는 생산가능인구 감소와 더불어 저성장 사회로의 구조적인 전환에 직면해 있다. 이로 인하여 지금까지 경험해 보지 못했던 새로운 사회문제의 대두와 다양한 사회적 수요가 급속히 증가되고 있으며 새로운 패러다임 전환에 따른 사회적 체질 변화가 절실히 요구되고 있다.

새롭게 나타난 사회적 문제는 새로운 아이디어와 방법을 통해 해결해야 한다. 이처럼 기존에 강조되었던 산업혁신뿐만이 아니라 사회혁신을 통해 사회적 수요에 의해 사회적 문제를 해결하는 활동이 필요하다. 즉, 사회혁신은 사회적 수요와 문제에 대한 창의적이고 유용한 해결책이 될 수 있다. 기존의 방법보다 훨씬 효율적이고 효과적이며, 지속가능성과 정당성을 담보하며, 이러한 사회혁신의 결과로 사회적 가치가 창출된다. 특히 주민조직에 의해 새로운 수요에 기반한 아이디어를 통해 새로운 사회가치실현의 단초를 제공하고 현장의 피드백과정에서 진화된다.

사회혁신의 주체는 사회운동조직, 사회적경제조직과 같은 시민사회조직, 공공서비스를 제공하는 공공부문·공공연구조직 그리고 일반 민간기업의 참여와 같이 다양하다. 사회변화는 많은 사회혁신주체에 의한 사회적 요구와 만나는 새로운 아이디어가 새로운 제품, 서비스 그리고 프로그램들의 발전과 완성되는 과정에서 이루어진다.

새로운 패러다임 전환에 따른 새로운 혁신의 경로로서 사회혁신을 위한 사회혁신가는 민간뿐만 아니라 공공에서부터 시민사회에 이르기까지 이들을 연결하는 중개자로서 역할을 한다. 특히 사회적경제조직은 사회적 문제를 자발적으로 해결하기 위해 함께 참여하고 협력 및 연대를 한다. 뿐만 아니라 사회적경제조직의 기반위에 지역에서의 사회혁신을 발아시키기 때문에 사회적경제조직들은 사회혁신의 주체 또는 요소로 작용할 수 있는 가능성이 높다.

이 책은 새로운 패러다임 전환기에 직면한 우리나라의 사회혁신을 위해 사회적경제의 정책과 실천사례를 살펴보고자 한다. 이 책의 구성은 총 7개의 장으로 구성되어 있으며 주요 내용은 다음과 같다.

제1장은 '사회'와 '경제'의 다양성과 인식의 가변성을 살펴보기 위한 것이다. 이를 위해 먼저, '사회'와 '경제'의 역사적 변화와 각 시대별 사회질서 그리고 경제원리를 검토한 다음, 오늘날 '사회'와 '경제'의 개념과 인식이 어떠한지를 형식주의, 마르크스주의, 실체주의 세 가지 관점에서 비교한다. 마지막으로 사회와 경제의 역사적 검토와 인식적 논의를 통해 대안경제사회로서 사회적경제의 방향성과 이를 위한 사회질서 및 경제원리를 제시한다.

제2장은 사회적기업과 사회적책임에 대한 연구의 중요성과 사회경제적 배경에 대해 소개한다. 이를 위해 먼저, 영리기업과 비영리기업이 혼재된 혼합시장의 특성과 혼합시장에서 사회적기업의 역할을 논의한다. 또한, 사회적책임의 이론을 살펴보고 사회적책임의 전략에 대해 제시한다. 마지막으로 결론에서는 사회적기업과 기업의 사회적책임과의 연관성을 정리하고 혼합시장의 발전방향을 제안한다.

제3장 사회적경제와 복지혼합에서는 사회적경제가 사회복지 공급주체로서 참여할 수 있는 다양한 형태의 복지혼합 모형 이론을 제시하고 있다. 복지국가 위기로부터 촉발된 사회적경제와 복지혼합의 유사성과 목적성 측면을 기존 연구를 통해 상호보완 및 결합적 접근을 시도하고 있다. 또한 복지국가 위기 대안론으로 제시된 사회투자국가론, 근로연계복지, 복지다원주의는 서구 선진 국가들의 실험과정에서 나타난 결과들에

서 사회적경제와 복지혼합의 결합 및 연계 활용분야로 한국에서 적용가능한 방안에 대한 정책적 시사점을 제공하고 있다.

제4장은 사회적경제와 사회서비스에 대해 살펴본다. 사회적경제의 목적 중 하나는 지역사회에 사회서비스를 제공하는 것에 있다. 따라서 많은 연구에서 사회적경제를 사회서비스의 공급자로 인식하고 있다. 그러나 오늘날 사회서비스는 국가의 하나의 산업으로 인식되고 있고, 정부차원에서 사회서비스를 산업화하는 논의가 많이 이루어지고 있다. 그러나 현재 사회서비스 제공기관의 현실을 감안하면 사회서비스의 산업화는 어려운 실정이다. 이러한 측면에서 사회적경제는 사회서비스를 지속가능하게 제공할 수 있는 좋은 매개체가 될 수 있다. 이러한 관점에서 본 장에서는 사회서비스의 의미와 정책들을 검토하고, 사회서비스의 제공주체로서 사회적경제의 역할과 지원정책을 제시하였다.

제5장은 사회적경제와 사회적자본에 대해 살펴본다. 과거 성과주의 사회적경제 정책에 대한 성찰을 토대로 장기적 성장체계 구축에 있어서의 핵심이 되고 있는 마을공동체와 이를 통해 형성되어지는 사회적자본의 중요성 및 정책적 시사점을 제시하였다. 이를 위해 사회적경제와 사회적자본에 대한 이론과 정책을 살펴보고 장기적 관점에서 마을공동체를 중심으로 사회적자본 형성을 통해 사회적경제조직으로 발전한 사례를 살펴봄으로써 우리사회에 대한 시사점을 살펴보았다

제6장은 사회적경제와 사회적경제기금 조성으로 사회적경제기업의 육성발전과 경영안정, 운영에 필요한 재원 마련을 위하여 지역차원에서 사회적경제기금을 조성하고 운영할 필요성이 있음을 국내외 사례를 통해 살펴본다. 그에 따른 시사점은 다음과 같다. 첫째, 사회적경제에 대한 법적 지원, 중간지원기구와 각종 재정지원, 펀드, 세제혜택 등이 통합적이고, 지속적으로 결합하여 시너지를 발휘해야 한다. 둘째, 아동보육, 가사서비스, 사회주택, 쓰레기 재활용, 장애인 재활고용 등 다양한 사회서비

스 분야에서 사회적경제기업들이 참여할 수 있어야 한다. 셋째, 유망한 사회적기업들이 안정성 있게 재원을 활용할 수 있도록 장기 인내자본으로 설립되어야 한다. 넷째, 사회적경제기업의 가격 경쟁력, 서비스의 질, 이해관계자의 참여구조, 공공성 및 사회적 기여 등을 망라하여 사회적 가치를 판단하고 그에 따른 사회적금융의 활성화가 이루어져야 한다.

제7장은 일본의 사회적기업을 통해 지역재생과 지역활성화의 관계를 살피고 일본의 지역재생정책을 파악하였다. 또한 일본의 지방에서 인구감소, 고령화, 지역적 쇠퇴 등 다양한 문제의 해결방안에 대한 지역재생의 사례를 소개하였다. 특히 지역재생의 관점에서 사회적기업의 대두와 사회적 포용이라는 접근방식에 의해 심각한 지역사회의 국지적 쇠퇴에 따른 활성화 방안을 제시한 일본의 사례를 조명하였다.

이 책이 출간되어 나오기까지 도움을 주신 분들께 감사의 뜻을 전한다. 먼저, 2017년 한국연구재단 대학중점연구소로 전남대학교 지역개발연구소가 선정되었고, 연구소의 사회적경제 연구팀(학술연구교수 및 참여교수)이 있었기에 집필의 동기가 되어 출판을 할 수 있었다. 더불어 2018년 전남대학교 학술도서출판지원사업을 통해 지원을 받아 지역개발연구소의 사회적경제총서 시리즈가 계속해서 기획도서로 출간될 수 있음에 감사의 뜻을 전한다.

2018년 8월

집필진 일동

# 목차

## 제2장 사회적기업과 사회적책임



## 제3장 사회적경제와 복지혼합

## 제5장 사회적경제와 사회적자본



## 제6장 사회적경제와 사회적경제기금 조성

## 제7장 사회적기업의 지역재생과 활성화: 일본의 사례

제1장

# 사회적경제에서 '사회'와 '경제'의 다양성

윤영선

본 장은 '사회'와 '경제'의 다양성과 인식의 가변성을 살펴보기 위한 것이다. 이를 위해 먼저, '사회'와 '경제'의 역사적 변화와 각 시대별 사회질서 그리고 경제원리를 검토한 다음, 오늘날 '사회'와 '경제'의 개념과 인식이 어떠한지를 형식주의, 마르크스주의, 실체주의 세 가지 관점에서 비교한다. 마지막으로 사회와 경제의 역사적 검토와 인식적 논의를 통해 대안경제사회로서 사회적경제의 방향성과 이를 위한 사회질서 및 경제원리를 제시한다.

## 1-1 ‘사회’와 ‘경제’를 바라보는 시각

중세 공동체 경제질서에서 근대 시장경제로의 변화는 폴라니의 표현대로 “거대한 전환”이었다. 그의 이러한 표현은 인간의 노동, 화폐, 자연환경인 토지 등 사회를 구성하는 요소들이 이윤을 추구하는 시장경제에 복속되어 판매를 위한 상품으로 전락된 역사적 국면을 상징한다.

거대한 전환 시기에 ‘경제적(economic)’이라는 말은 ‘경제화(economizing)’로 혼용되어 사용되었다. 경제화는 개인의 합리적 선택, 최적화, 효용 극대화라는 단어의 동의적 표현으로 이익 지향적인 ‘경제성’을 의미했다. 경제는 인간의 욕구 충족을 위해 물질을 공급하는 일련의 사회시스템을 의미한다. 인간은 각 시대마다 자신의 삶을 위해서 주변의 자연환경을 활용했으며, 이러한 활동은 물질적 조건에 따라 역사적으로 사회제도화 되었다. 그래서 경제적이라는 단어는 인간의 삶을 위해 물질을 공급하는 실체적 활동으로 해석된다. 이와 달리 경제성은 화폐적 이윤 창출이 목적인 경제활동에 사용되는 표현이다. 경제는 재화의 생산과 분배를 위한 사회시스템으로 사회에 배태되어 존재했지만, 인간의 경제적 활동이 경제성으로 혼용되면서 사회에서 분리되더니 이윤을 추구하는 기업 집단의 고유한 기능으로 발전되었다. 급기야 오늘날에는 시장경제가 사회를 포섭해 버렸다.

시장경제가 사회를 포섭하면서 양극화, 사회 불평등 및 환경 파괴 같은 다양한 사회문제가 발생하고 있다. 이러한 사회적 문제의 원인은 인간의 경제활동을 경제성만으로 재단한 결과 경제성은 낮지만 인간의 삶에 반드시 필요한 물질적 활동이 배제되었기 때문이다. 시장경제에 포섭된 오늘날 사회는 모든 영역에서 경제성으로 최적화된 것들만 살아남아 사회 생태계 발전이나 사회 문제 해결을 위한 경제다양성은 사라지게 되었다.

형식주의자들의 주장에 따르면, 사회는 경제성을 추구하는 합리적 개인의 총합으로 이해된다. 그러나 역사적으로 '사회'와 '경제'를 바라보는 관점은 여러 가지였다. 사회를 개인들의 총합 이상으로 고유의 성질을 갖는 것으로 해석하거나 이익을 위한 결사체 등으로 이해하는 상이한 관점이 존재한다. 또한 씨족 공동체, 봉건제, 근대 산업사회로 구분하여 각 시대마다 특유의 사회와 경제를 설명하는 실체적 시각도 존재한다. 이러한 사실에서 우리는 '사회'와 '경제'는 보편적이고 고정된 것이 아니라 역사적 상황과 맥락에 따라 변할 수 있으며, 여러 관점으로 해석될 수 있다는 것을 알 수 있다.

이 글은 '사회'와 '경제'의 다양성과 인식의 가변성을 전제로 먼저, 사회와 경제의 역사적 변화과정을 살펴보고 각 시대의 사회질서와 경제원리가 어떻게 작동되고 변화되었지 검토해 본다. 그리고 현재 자본주의 사회에서 '사회'와 '경제'의 개념과 인식방식이 어떠한지를 형식주의, 마르크스주의 그리고 실체주의의 논의를 통해 비교한다. 마지막으로 사회와 경제의 역사적 검토와 오늘날의 인식적 논의를 통해 자본주의의 대안경제사회 패러다임으로 거론되는 사회적경제의 방향성과 이를 위한 사회질서 및 경제원리를 제시한다.

## 1-2 '사회'와 '경제'의 역사적 변화과정

전통경제학자들이 주장하는 보편적 경제 범주란 시간과 공간의 제약을 받지 않는 경제적 속성을 의미한다. 즉, 그들은 역사의 전(全) 단계 모든 사회에서 우연적이고 동일하게 시장경제(market economy)가 형성되었다고 주장한다. 그래서 그들은 역사적으로 다양한 사회들(societies)과 경제들(economies)이 존재했다는 사실을 부정하며, 보편적이고 유일한 시장체제로 작동되는 동질(同質)한 사회를 가정한다. 그러나 역사를 살펴보면, 고대 시대부터 지금까지 전통경제학자들이 주장하는 자연경제나 이와 유사한 것으로 불리는 사회는 존재하지 않는다.[1)]

경제는 공동체 구성원의 욕구와 그 재화의 부족에서 발생하는 "목석합리적" 행위다. 경제는 경제 주체들의 목적합리성에 따라 크게 두 가지 유형으로 구분되는데, 이 두 유형의 차이가 곧 경제다양성이 배제된 오늘날 자본주의 사회를 설명하는 중요한 열쇠가 된다. 하나는 공동체 구성원들이 자신의 욕구 충족을 위해 경제하는 경우다. 이것은 공동체 강화를 위한 제의, 다른 부족과의 급부행위 및 개인의 먹고 사는 모든 문제부터 집단의 욕구 충족을 위한 일체의 경제활동까지를 의미한다. 다른 하나는 타인의 욕구 충족을 위해 경제하는 유형이다. 이것은 욕구에 비해 재화가

1) 마르셀 모스, 『증여론』, 이상률(역), p.51.

부족하다는 실재적 상황을 이용하여 타인의 욕구를 통해 이윤을 획득하는 경제활동을 의미한다.[2)]

일반적으로 전통경제학자들이 주장하는 경제는 상품의 수요와 공급의 원리가 작동되는 가상의 시장을 상정한다. 여기서 우리는 '상품' 그리고 '수요와 공급'이라는 단어를 주목해야 한다. 사전적으로 '상품'이라는 단어는 매매를 목적으로 한 노동생산물을 의미한다. 그리고 수요와 공급은 이윤 획득 과정 즉, 시장에서의 판매를 뜻한다. 이 두 단어를 살펴보면, 전통경제학에서 말하는 경제는 전자가 배제된 후자인 타인의 욕구 충족을 위한 경제활동만을 의미한다. 그러다 보니 이들은 인류사의 거의 동일한 시점에 물물교환이 가능한 자연경제와 교환경제가 작동되는 동질적인 사회의 발생을 가정한다. 그러나 역사적으로 씨족 공동체 같은 공산주의적 집단활동, 자급자족 가정경제 그리고 호혜적 교환활동 등 다양한 경제원리와 사회질서가 존재했으며, 모든 시대에서 단일한 경제원리만으로 사회가 작동된 적도 없다.

그러므로 경제를 타인의 욕구충족을 위한 생산활동으로 정의하는 것은 그 의미가 축소될 뿐만 아니라 경제다양성이 배제된 동질적인 사회만을 가정하므로 실체적 사실성이 부족하다. 오히려 '사회'와 '경제'를 올바르게 이해하기 위해서는 역사적으로 상이한 사회와 경제의 실체를 비교하고, 각 시기마다 사회질서와 경제원리가 무엇이었으며, 어떻게 작동되었는지 알아보고, 인간의 경제적 활동이 경제성으로 왜곡되었던 거대한 전환기에 배제되었던 경제원리와 사회질서를 살펴보는 것이 중요하다.

---

2) 막스 베버, 『경제와 사회: 공동체들』, 박성환(역), p.147.

## 1. 고대 씨족 공동체의 공산주의적 경제: 대칭성과 중심성, 상호성과 재분배

고대 시대의 사회와 경제를 알기 위해서는 당시 사회제도의 기초인 씨족 공동체를 살펴보아야 한다. 씨족은 군혼(群婚)제도에서 비롯된다. 군혼은 어느 집단의 남자들과 다른 집단의 여자들이 집단혼으로 짝을 이루는 것을 의미하고, 이러한 집단혼을 통해 씨족이 형성된다. 고대 사회에서 형제가 죽으면 남은 형제가 죽은 형제의 처와 자녀를 자신의 아내와 가족으로 맞을 수 있었던 것도 군혼제도의 풍습에서 비롯된다.

씨족 공동체는 군혼제도의 특징인 자식세대의 분화 과정을 통해서 발전한다. 한 세대의 군혼으로 태어난 자녀들은 서로 형제의 관계로서 혼인의 대상이 될 수 없었다. 그들 중에 남자 또는 여자는 타 씨족의 동일한 세대의 다른 성과 군혼을 맺어 윗대와 더불어 자신이 속한 씨족 공동체를 유지하고, 그들의 친형제들은 타 씨족과 군혼을 통해 새로운 씨족 공동체를 형성하며 기존의 씨족에서 분리된다.

이렇게 씨족제도는 군혼을 통해 형성되고 자식세대의 분화를 통해 발전하고, 씨족이 속한 자연 환경에 따라 특유의 정체성을 형성하며 상호 이질적인 각각의 씨족 공동체로 발전한다. 그러므로 씨족 공동체는 그들만의 정체성을 갖는 독립된 하나의 사회(society)로 보아야 하며, 세계는 이러한 이질적인 다양한 사회들(societies)의 상호작용으로 해석해야 한다.

이렇게 씨족 공동체들은 각각 독립된 사회를 형성하지만, 공통적으로 '대칭성(symmetry)'과 '중심성(centricity)'이라는 사회질서를 통해 자신의 공동체를 유지한다. 씨족 공동체들은 자신들의 혈족과의 관계와 또 다른 씨족과의 세대 간 군혼을 위해서 공동체 간의 구분이 필요하다. 기존 씨족 입장에서 분리된 새로운 씨족 공동체는 "형제 또는 동반자"로서 연대의 대상이었으며, 거대한 부족국가로 성장하는 토대가 되었다. 씨족 공동체의 연대로 형성된 부족국가는 씨족 공동체 간 합의를 통해 사회를 유지한다. 부족국가에서 합의제도는 필연적 산물이다. 다양한 씨족 공동체 간 균형 그리고 씨족과 전체 부족의 균형을 위해서는 부족국가의 합의제도는 무엇보다도 중요하다. 이러한 힘의 균형이 곧 사회원리로서 대칭성을 의미한다. 힘의 균형은 부족의 모든 결정, 거래, 제도에서 '공정성'이 전제되어야 한다. 만약, 어느 씨족이 자신의 이익만을 추구한다면 그것은 부족 전체를 위험에 빠트리는 행위가 되어 다른 씨족의 경계 대상이 될 수밖에 없다.

대칭성은 비단 부족국가 내 씨족 공동체에만 적용되는 것은 아니다. 씨족이 군혼과 자식세대 분화를 통해 부족국가로 발전하는 과정에서 근친 회피를 위해 형제 또는 동반자들은 다른 씨족과의 군혼으로 또 다른 대칭적인 부족국가를 형성한다. 이 두 부족국가는 상호 닮았지만 종의 발전을 위해 자연적으로 상호 간의 인적 경계선을 형성하며 친분은 나누되 군혼의 대상이 되지 않는 쌍대성 원리, 즉 대칭성을 형성한다.

당시의 씨족 공동체는 공산주의적 경제구조였다. 생산은 집단적 성격을 갖고 있었으며, 분배는 자신의 역할에 따라 공동체 주도하에 진행되었다. 생산과 분배가 집단적이었던 부족국가에서 개인 소유와 공동 소유의 구분은 실질적 의미가 없었으며, 개인의 먹고 사는 문제는 전적으로 공동체 전체의 책임이었다. 이러한 경제체제에서 모든 생산물은 갈등이나 불만이 없도록 공동체에서 관리하였으며, 종교적 제의를 통해 투명하게 분배되었다. 씨족 공동체의 중심성은 단순히 신분의 개념이 아니다. 그것은 인적 경계선이다. 일반적으로 중심성은 조직 최상층의 우두머리를 정점으로 하는 피라미드 구조다. 그러나 개인 소유의 개념이 희박해서 그것을 관리하고 운영할 관료가 필요하지 않았던 씨족 공동체의 중심성은 원형 형태에 가까워 공동체 구성원 모두의 호혜적 관계가 가능했다. 이렇게 중심성은 공동체의 인적 관계와 심리적 영토를 형성하는 중요한 요소였다.

분업이 충분히 발전하지 못했던 당시의 경제는 사회 속에 배태되어 작동 되었다. 개인의 경제적 동기가 사회적이고 경제가 사회에 배태되었던 시기에 경제는 '상호성(reciprocity)'과 '재분배(redistribution)'원리에 기반했다. 상호성과 재분배의 경제원리는 그에 상응하는 대칭성과 중심성이라는 사회질서가 공동체에서 작동되고 있었기 때문에 그 효과가 발휘될 수 있었다.[3)]

고대 트로브리안드[4)]의 '쿨라(圓, cercle)'제도를 살펴보면, 고대 시대의 경제원리와 사회질서의 연관성을 쉽게 알 수 있다. 트로브리안드의 원주민들은 쿨라로 불리우는 일종의 거대한 포틀래치(potlatch) 교역을 통해 공동체 외부와 소통하며 여러 물품을 교환했다. 이들의 교환은 매매가 아니라 부족 간 유대 강화를 위한 선물 또는 증여에 가까웠다. 이들의 교역은 항상 집단적으로 진행되었다. 이는 각각의 부족들이 경제와 사회의 인적 경계선, 즉 중심성이 작동되기 때문이다. 개인들은 공동체에 대한 노력의 대가가 상호성에 의해 어떠한 형태로든 자신의 이익으로 돌아온다는 것을 알고 있었다. 또한 분배의 전체과정에 모든 구성원들이 참여했기 때문에 분배는 항상 투명했으며 그 자체로 사회적 속성인 재분배의 기능을 가졌다. 그래서 개인들은 부족의 행사나 제의에 적극 참여했다. 최초의 증여는 개시의 증여(opening gift)로 불리는 바가(vaga)로 시작된다. 이것은 수증자에게 답례의 증여를 강제하는 것으로 상대에게 반대급부 의무를 지운다. 그러므로 이들의 교환은 이윤 행위가 아니라 부족 간 급부와 반대급부가 연결된 "전체적인 급부체제"로 보아야 한다.[5)] 부족들은

---

3) 폴라니는 상호성과 재분배를 고대시대의 경제원리로 보았다. 경제원리가 효과적으로 작동되기 위해서는 그에 상응하는 사회질서가 필요하다. 당시의 공동체들은 대칭성과 중심성의 사회질서가 형성되어 그에 상응하는 호혜성과 재분배의 경제원리가 제대로 작동될 수 있었다(칼 폴라니, 『거대한 전환』, p.189).

4) 남태평양 파푸아뉴기니 밀린베이(Milne Bay) 지역에 있는 군도이다. 크고 작은 여러 섬으로 이루어져 있다(두산백과).

5) 마르셀 모스, 『증여론』, 이상률(역), p.53.

인적 경계선을 따라 독립하여 존재하므로 교역은 부족 간 대칭적으로 원(圓)운동을 하면서 진행 되었다. 쿨라 교역에는 바이구아(vaygu'a)[6]라는 일종의 화폐인 음왈리(mwali)가 사용되는데, 이것은 서쪽에서 동쪽으로 그리고 술라바(soulava)는 동쪽에서 서쪽으로 원운동을 하며 부족 전체적으로 급부체제가 가동된다.[7] 공동체 구성원들은 부족의 집단행사에 참여하고 그 대가로 자신의 역할에 따라 외부 답례품을 배분 받았다. 이러한 포틀래치 교역은 부족들이 자신에게 부족한 재원을 공급받고, 부족원들에게 공정하게 분배하는 일종의 사회제도였다. 전체적인 급부체제는 부족 간의 대칭성에 기반하며 외부 공동체와 유대를 맺는 방식이다. 그래서 증여를 받은 부족이 답례를 소홀이 하면 무례를 범하는 것으로 간주되어 부족 간 힘의 균형이 깨지고 전쟁의 원인이 된다. 부족들은 급부체제를 통해 부족 간 형제애와 상호 동등한 힘의 균형을 확인한다. 이렇게 고대시대에서는 중심성과 대칭성의 사회질서 속에 재분배와 상호성의 경제원리가 배태되어 작동되었다.

공산주의적 씨족 공동체에서 구성원의 경계를 짓는 것은 공동체의 생존과 즉결되는 매우 중요한 문제였다. 그래서 공동체들은 공동 생산과 분배를 위한 인적 경계선을 짓고 각각의 독립된 사회와 경제를 형성하였다. 공산주의적 경제체제였던 당시에 영토의 물리적 요소는 땅이 아니라 사람이었다. 공동체들이 자신의 생존을 위해 인적 경계선을 짓는 과정에서 중심성과 대칭성의 사회원리 그리고 재분배와 상호성의 경제원리가 공통적으로 생성된 것 같다.

---

6) 바이구아는 두 가지 종류가 있다. 하나는, 조개껍질 팔지인 '음왈리(mwali)'이다. 이것은 소유주나 친척들이 중요한 행사에 착용하는 것이다. 다른 하나는, 숙련된 세공인이 만든 붉은 국화조개로 만든 '술라바(soulava)'다. 이 두 가지 화폐는 지불수단으로 사용된 게 아니라 주술적인 의미로 '생명을 주는 것(life givers)'이라는 의미를 갖고 있다(마르셀 모스, 『증여론』).

7) 마르셀 모스, 『증여론』, 이상률(역).

## 2. 봉건제 사회와 장원경제: 중심성의 사회질서, 가정경영과 재분배

씨족 공동체의 경제활동은 자신의 욕구 충족이 목적이었다. 개인의 먹고 사는 문제를 집단에서 해결하는 씨족 공동체에서 계급은 당연히 존재하지 않았다. 그러나 지리적 또는 인구 증가 때문에 공산주의적 공동체는 그대로 존속될 수 없었다. 여러 지역에서 야생동물을 가축으로 길들이고 농사짓는 기술이 발전하면서 개인들은 소유권을 인식하기 시작하였고, 목축부족이 나타나면서 부족 간 교환행위는 더 빈번해졌고, 금속가공의 발달로 가내수공업이 발전하면서 잉여가 발생하기 시작했다. 이러한 변화로 기존의 부족 간 교환은 급부체제에서 이윤을 위한 경제행위로 그 성격이 전환되었으며, 개인 간의 교환도 더 빈번하게 진행되었다.

씨족 공동체의 경제원리에서 중요한 것은 상호성이었다. 상호성은 대칭적 사회에 효과적인 경제원리다. 그러나 공동체들이 이윤획득을 위해 경제하는 순간부터 공동체의 대칭성이 사라지자 상호성의 경제원리도 효과를 상실하면서 자연스럽게 씨족 공동체는 해체되기 시작한다. 씨족 공동체 내에 잉여가 발생하면서 지배와 피지배의 계급사회가 출현하고, 집단 소유에서 사적소유가 발생하면서 다양한 정부 기구와 이를 유지하기 위한 조세제도가 발전하기 시작한다. 이처럼 계급과 정부의 탄생은 부족 공동체가 해체되는 과정에서 발생된 이윤추구 사회의 소산으로 볼 수 있다. 가족 제도는 군혼에서 대우혼으로 그리고 재산의 소유와 상속을 위한 부계 혈통의 일부일처제로 빠르게 보편화 되었다. 부권제가 성립되자 씨족의 중심이었던 여성들은 출가와 동시에 자신의 재산권을 행사하지 못하게 되었다. 결국 씨족 공동체는 계급적 분열을 통해 부권을 중심으로 하는 '파밀리아(familia)'[8] 그리고 영주가 모든 결정권을 행사하는 장원(莊

8) 로마 시대의 파밀리아(familia)는 오늘날의 가족과는 다르게 가부장을 중심으로 그 처자식과 그가 거느리는 노예들로 형성된 새로운 사회질서와 경제단위를 의미한

園)으로 전환되지만, 재산권 유지를 위해 중심성의 사회원리는 더욱 강화되면서 각각의 특유한 사회들과 경제들을 형성한다.

생산력 증대에 따라 사회는 씨족 공동체에서 자급자족 경제원리가 작동되는 공동체, 즉 봉건제도[9]로 이행한다. 경제(Economy)라는 단어의 유래는 그리스 시대의 '가정경영(household management)'에서 시작되는데, 이는 봉건제도에 부합하는 경제체제이다. 아리스토텔레스가 생각하는 가정(家庭)은 인간의 욕구를 해결하는 가장 기초적인 공동체로서 부권을 중심으로 가족과 그가 거느리는 노예, 가축 및 장인 등 준(semi)요새화된 공동체 질서였다.[10] 그가 주장하는 가정의 구성 요소를 살펴보면, 가정은 단순히 혈연 관계를 나타내는 용어가 아니라 구성원의 자급자족을 위한 물리적 요소 그리고 다양한 인적 관계의 결합체이면서 계급사회를 의미한다. 이러한 자급자족의 공동체가 가정경제의 본질이었다.

씨족 공동체에서 우두머리는 존경의 대상이었다. 우두머리는 공동체 결속을 위해 생산 과정에서 더 많은 노동을 했으며, 불평 없는 분배를 위해 자신을 희생하는 존재였다. 그와 달리 봉건제도의 우두머리는 가부장으로 대표된다. 가부장은 권력의 상징이었다. 그의 권력은 토지 같은 생산수단과 그 생산수단에서 잉여를 안겨 줄 노예에서 비롯되었다. 당시의 노예는 상품에 불과했다. 가부장은 임의대로 노예를 매매할 수 있었으며 생사여탈까지도 자신의 뜻대로 할 수 있는 절대적 존재였다. 당연히 봉건제도의 사회원리는 재산과 생사여탈권을 소유한 가부장을 정점으로 하는 피라미드 형태의 중심성이 강하게 작동되었다. 가부장은 씨족의 우두머

---

다.(엥겔스, 『가족 사유재산 국가의 기원』, p.77).

9) 봉건제는 공동체 내에 계층화가 나타나면서 형성되는 새로운 사회제도를 의미한다(Thumwald, 1932; 폴라니, 『거대한 전환』, p.207). 원시 공산주의적 씨족 공동체는 생산력 증대로 더 많은 노동력이 필요하면서 지배와 피지배 계급이 존재하는 봉건제로 전환된다.

10) Hann, Chris and Hart, Keith, Economic Anthropology, p.20.

리와 달리 노동하지 않는 것이 당연했다. 그들은 신분의 성격상 권력자이지만, 씨족 공동체의 우두머리처럼 구성원들의 존경의 대상은 아니었다.

아리스토텔레스는 자급자족 가정경제와 화폐 이윤을 추구하는 교환행위를 구분한다. 그는 물물교환이 지속되면 화폐의 사용은 불가피해지고, 시간이 흐르면서 교역의 수단인 화폐는 교환 수단의 기능을 상실하고 축적의 대상이 된다고 보았다.[11] 그에게서 교환은 어느 한 쪽도 이윤을 남겨서는 안 되는 '공정한(Just)' 거래를 의미한다. 왜냐하면 공동체의 교환은 내부 구성원의 결속을 강화시키는 행위여서 항상 공정성이 요구되었기 때문이다. 이러한 생각은 중세 시대 어느 시점까지 유지되었고, 시장과 화폐처럼 내부 결속력을 약화시키는 것들은 반사회적인 것으로 배척의 대상이 되었다.

전통경제학자들은 거래의 편의성을 들어 화폐와 시장 출현을 정당화한다. 그들은 과거 어느 시점에 자연스럽게 개인의 필요에 의해 교환을 위한 시장과 편의성을 위해 화폐의 사용이 보편화 되었으며, 세계는 이러한 경제원리가 가능한 동질적인 사회가 보편적으로 존재했다고 주장한다. 그러나 지금까지 살펴보았듯이, 중세시기 상당한 시점까지 교환은 상호성에 입각한 공정한 거래였고, 이윤을 위한 거래 행위는 여전히 배척의 대상이 되었다.

## 3. 시장과 화폐의 등장: 공동체의 해체 과정

고대에도 시장과 화폐는 존재했다. 고대의 그리스, 중국 그리고 파라오 시대의 이집트 등 세계 곳곳에 '보통시장'[12]은 존재했으며 오늘날까지도

11) 아리스토텔레스, 『정치학』, 천병희(역).

12) 보통시장은 정해진 날에 도시의 정해진 구역에서 열린다. 시장에서는 고기, 생선, 채소 등을 판매하는 상인, 세금 징수인, 짐꾼, 청소부 그리고 소시민들이 여기저기서 널려 있는 형태였다(브로델, 『물질문명과 자본주의II-1』, p.22).

그 명맥은 살아남아 있다. 보통시장은 중간 상인을 거치지 않고 수요자와 판매자 간 대면을 통해 판매가 진행되기 때문에 투명한 교환이 이루어지는 '공정한' 곳이었다.[13] 중세시대까지도 공동체 구성원들은 시장이 공동체 질서를 어지럽히는 것으로 간주하여 항상 공동체의 외부에 시장을 설치하였지만, 상인의 이윤 추구에 대한 생각은 조금씩 변하기 시작했다. 중세인들은 인간관계를 지배하는 것은 정의 또는 공정으로 보고 교환도 인간관계의 정의가 실현되도록 '공정가격(Just Price)'을 따라야 한다고 생각했다. 공정가격은 이윤 추구만을 위한 상거래를 방지하고 등가교환을 통한 사회 정의를 실현하려는 자연법적 사상에서 비롯된다. 이렇게 중세까지만 하더라도 경제의 목적은 여전히 사회 유지였다.

중세시대의 시장은 도시 형성과 그 궤를 같이하며 성장한다. 11세기 이후, 유럽 사회는 경작이 증가하고 봉건제도가 발전하였으며, 다른 대륙과의 무역이 활발해지는 등 전반적으로 인구가 폭발적으로 증가하고 있었다. 이러한 영향으로 유럽은 여러 도시가 형성되었다. 이러한 상황에서도 파밀리아(familia)와 장원(莊園)은 강력한 가부장적 중심성에 의해 여전히 봉건제도는 유지될 수 있었다.

그러나 도시는 자급자족을 위한 물적토대가 부재하고 복잡한 인적관계의 집결체여서 도시에 거주하는 사람들은 먹고 사는 문제의 해결을 위해 시장을 필요로 했다. 당시의 시장은 도시민의 필요에 의해 도시에 복속된 기구 중 하나였다. 상대적으로 시골은 자급자족 공동체가 유지되었기 때문에 시장을 찾아 볼 수 없었다. 당시의 시장은 이윤활동을 위한 자유로운 거래 장소가 아니었다. 시장에서 거래를 원하는 상인들은 사전에 거래목록을 당국에 신고했고, 당국은 상인들의 모든 거래를 감독하였다. 특히 가격이나 거래 품목이 다른 경우, 당국은 상인을 중죄로 다스렸다.

---

13) 페르낭 브로델, 『물질문명과 자본주의Ⅱ-1: 교환의 세계 上』, 주경철(역), p.23.

중세의 시장은 도시와 함께 발달하지만, 인적관계의 집결지에서나 발생할 수 있는 각종 분쟁들이 발생하는 공간이었다. 그래서 도시인들은 자신의 경계 외곽에 시장을 위치시켰다.

이 당시의 시장은 각 계급과 계층을 구분하는 경계였다. 귀족들이나 부르주아 귀족들은 자신들이 소비할 식량의 공급원을 갖고 있었으며, 대다수 농민들은 자급자족 생활 방식이었다. 그래서 시장을 이용하는 사람들은 도시에 사는 이주자와 농촌의 차지농들이였다.[14] 그러나 도시가 더욱 성장하자 기존의 시장 질서를 따르지 않는 거래 방식이 나타났다. 이를 주도한 자들은 도시민 또는 인근 농민들이 아닌 대상인들이었다. 이들은 공동체 외곽에 위치했던 시장의 경계를 벗어나 공동체 내부로 침투했다. 시장의 침투는 농촌에도 발생했다. 도시의 인근 농민들은 도시에 농산물을 공급하고 화폐를 소유하게 되자 시장은 농촌 내부로 침투되고 부동산은 소수에게 집중되면서 자급자족의 장원 질서는 무너져 농민들 대부분은 자신의 노동을 팔아서 생계를 꾸리는 노동자로 내몰렸다.[15] 결국, 시장의 발달은 봉건제도의 해체를 가져오고 근대사회로의 전환을 촉진시켰다. 이처럼 시장의 생성과 발달은 도시 출현의 결과였지 결코 자연발생적이지 않았다. 또한 공동체는 내부가 아닌 외부의 힘에 의해 해체되었다.

전통경제학자들의 주장처럼 모든 곳에서 시장이 자연발생하고 자유교환이 이루어지려면, 그 전에 상품에 대한 교환가치가 동일해야 하고 교환

---

14) 이 시기에 노동분업이 나타나기 시작했고 다양한 노동조직 방식들-노예제, 봉건제, 임금노동, 자영-이 존재했다. 또한 노동조직에 맞는 다양한 노동자들도 존재했다. 대농장이나 광산작업에 종사하는 노예, 대규모 영지에서 곡물을 경작하고 나무를 채취하는 농노, 다양한 환금작물을 재배하는 차지농 그리고 인구의 대다수를 차지하는 임금노동자들이 존재했고, 소규모의 중간 집단-십장, 독립적인 장인, 소수의 숙련공-이 있었다. 그리고 귀족(peerage), 귀족적 부르주아지, 요먼(yoman)이 있었다(월러스틴, 『근대세계체제 I』, p.138).

15) 같은 책, p.51-70.

가치의 외형인 화폐의 가치도 일치해야 한다. 하지만 역사 속에서 화폐가치는 지역마다 달랐을 뿐만 아니라, 고대 문명에서 화폐는 가치 저장의 수단도 아니었다. 메소포타미아의 경우를 살펴보면, 그들은 금과 은을 대외지불을 위해 비축하였고 공동체 구성원 간에는 오히려 보리를 사용했다. 스페인이 잉카 제국을 발견했을 때, 잉카인들은 그들에게 손님을 위한 선물로 금을 건네주었다. 즉, 잉카인에게 화폐는 가치저장의 수단이 아니었다. 이러한 것을 보더라도 모든 지역에서 화폐가 동일하게 발전하거나 가치 척도로 사용된 것은 아니었다.

시장이 도시의 경계에서 도시 내부로 이동하고 모든 상품의 교환가치가 부여되는 순간부터 시장은 더 이상 물건을 사고파는 '보통 시장'이 아니라 상품의 거래가 이루어지는 관념상의 '가상공간'이 되었다. 이제, 교환이 이루어지는 모든 곳은 시장으로 명명되기 시작하고, 전통경제학자들의 주장처럼 시장체제는 유일한 경제질서가 되어 버렸다. 중세 봉건제도에서 근대 시장체제로의 변화도 전통경제학자들의 주장처럼 점진적으로 진행된 것이 아니라 역사적으로 폭력적인 단절을 통해서 전환된다. 16세기와 18세기에 시행되었던 토지종획 운동으로 화폐는 자본으로 전환되고 임금노동자들은 폭발적으로 증가했으며, 아프리카 및 동유럽 장원의 강제환금작물노동(coerced cash-crop labor)[16]으로 봉건적 질서는 급격히 무너진다.

중세시대까지 시장과 화폐는 공동체 외부에 위치했지만, 도시가 발달하면서 공동체 내부로 침투하여 공동체 질서를 어지럽히는 반사회적 작용을 한다. 또한 생산력이 증가하면서 나타나는 다양한 노동분업은 낡은

---

16) 강제 환금작물 노동이란 농민들이 국가의 법에 따라 시장에 작물을 팔기 위하여 대규모 영지에서 일정 시간 동안 노동하는 노동통제 방식을 뜻한다. 앙리 H 스탈, 세르히오 바구, 루이지 불페레테 등 많은 학자들은 이러한 농업생산이 기존 봉건제와 달리 자본주의적 방식으로서 본원적 축적 과정이라고 주장한다(월러스틴, 『근대세계체제 I』, p.145).

봉건제도로 재조직될 수 없었다. 결국 봉건제도는 폭력적 단절인 자본의 본원적 축적 과정을 통해 급격히 무너지고, 기존의 질서와 완전히 다른 평평하고 동질적인 하나의 '사회'가 출현한다.

## 4. 근대 사회와 시장경제: 상상의 공동체, 중심성의 원리

고대의 공동체는 구성원으로부터 존경받는 우두머리를 중심으로 원형의 인적 공동체를 형성하며 발전하였다. 그리고 중세시대의 봉건제에서는 절대권력을 가진 가부장을 정점으로 피라미드 형태의 계층화를 통해 장원이 유지되었다. 이 두 가지 유형들의 공통점은 인적관계에 기초한 공동체라는 점이다. 공산주의적 생산구조를 가지는 공동체에서 가장 중요한 자원은 사람이었다. 그래서 공동체들은 인적 경계선을 따라 대칭적으로 상호성의 경제원리가 작동되는 독립된 사회를 형성하였다. 그러나 공동체에서 평평하고 동질적인 근대 사회로의 전환 과정에서 공동체를 구분 짓던 인적 경계선이 사라지고 인적 경계선을 따라 형성되었던 대칭성의 사회질서와 상호성의 경제원리도 더 이상 작동되지 않게 된다. 또한 인간은 하나의 상품으로 전락하여 시장에서 노동력으로 판매되고, 생산과정에서 서로 연결될 뿐 그 관계성은 은폐된다.

근대 사회에서 인격화된 지배체제는 시장과 화폐 때문에 더 이상 존재할 수 없게 되었다. 사회계약을 통해 개인들로부터 권리를 양도받은 정부는 과거의 공동체처럼 국민들의 자발적 참여나 자신의 권력을 강제할 수 없다. 그래서 정부는 자신의 지배력을 위해서라도 국민을 통합하는 사회질서와 경제원리가 필요했고 두 가지 전략을 통해 "상상의 공동체"를 만들어 사회질서인 중심성을 형성한다.

먼저, 정부는 국민국가의 통일성을 획득하기 위해 영토의 구분과 더불어 화폐의 통일성을 제도적으로 추진한다. 영토화폐가 만들어지기 전에는 다양한 형태의 화폐가 존재했으며, 그에 따라 사회관계나 경제형태의 다양성이 존재할 여지가 있었다. 그러나 중앙정부에서 발행하는 영토화폐의 탄생으로 경제다양성이 사라지면서 국민은 날마다 국가의 일원이라는 강요된 학습을 통해 거대한 국가차원의 동질감을 갖는다.[17] 즉, 화폐의 통일은 사회 구성원에게 '단일한 경제권(The economy)'에 속한다는 중심성을 형성한다.

다른 하나는 사회 구성원의 통합적 정체성을 만들기 위해 정부가 추진하는 "국민의 인민화" 전략이다. 국민들이 서로 다른 사회질서나 이익을 추구한다면 국민국가는 애초에 탄생할 수 없었을 것이다. 그래서 정부는 사회 구성원의 차이와 다양성을 가리기 위해 하나의 집단이나 계급이 전체 국민을 대의한다는 명분을 통해 통일된 하나의 인민, 국민을 만들어 낸다.[18] 그래서 국민국가는 그 태생부터 다양한 경제들과 사회들을 배제한 채 단일한 경제와 동질적인 하나의 사회라는 관념에서 출발한다.

근대 사회에서 상상의 공동체는 정부의 존립 기반이다. 그러므로 정부는 국민의 분열을 막고 조화로운 사회를 만들기 위해 '조세'와 '복지제도'를 통해 재분배의 경제원리를 작동한다. 이것은 사회 정의라는 명분으로 진행되는데, 이 또한 상상의 공동체를 유지하기 위한 방편이다. 조세제도는 정부의 영토화폐가 국가 전체에 작동되고 국민들이 하나의 경제권으로 묶여있다는 것을 증명한다. 대중들은 복지를 통해 자신이 사회 구성원

---

17) 코헨, 『화폐와 권력』, 박영철(역), p.80.

18) 국민은 주권 국가의 구축과 결합하여 형성된 사회 정치적인 집합적 상상체이다. 근대화 과정에서 국민은 사회 질서의 통일을 위한 "계급 간의 요구와 경제 발전에 대한 욕구"의 결합을 통해 형성된 개념이다. 인민은 내적으로 정체성과 동일성으로 향하는 경향이 있으며 하나의 단일한 의지 및 행동을 제공한다. 그래서 인민은 자신과 다른 것을 배제하고 다양한 의지의 포괄적 관계인 대중과 충돌한다. 이에 반해, 대중은 복수성, 관계들의 열린 집합으로서 포괄적인 관계를 갖는다. 그러므로 국가는 단일한 사회나 경제를 구축하기 위해서 국민의 인민화 전략을 필요로 한다(네그리·하트, 『제국』, p.149-153).

으로부터 보호 받는 국민의 일원이라는 동질감을 느낀다. 정부는 동질감을 통해 인적 경계선으로서 국민의 정체성을 강화한다. 이 과정에서 정부를 매개로 재분배의 원리가 작동되는 중심성의 사회질서가 형성되고, 대중들은 국민이라는 동질감 속에 상상의 공동체를 느낀다.

씨족 공동체와 봉건제의 다양한 사회들과 경제들은 반사회적인 화폐와 시장에 의해 해체되어 동질적인 하나의 사회가 되었다. 이 과정에서 인간관계로 형성된 대칭성의 사회질서와 상호성의 경제원리는 사라지고 그 자리에 화폐적 교환이 자리를 잡았다. 이와 반대로 공동체의 계층화가 진행될수록 중심성의 사회원리와 재분배의 경제원리는 더욱 강화되었다.

**표 1-2-1.** 공동체와 사회의 사회질서와 경제원리 비교

| 구분 | 씨족 공동체 | 봉건제도 | 근대 사회 |
|---|---|---|---|
| 경제질서 | 상호성, 재분배 | 가정경영, 재분배 | 경제성, 재분배(복지) |
| 사회원리 | 대칭성,<br>중심성(원형) | 중심성<br>(피라미드) | 중심성<br>(상상의 공동체) |

## 1-3 '사회들'과 '경제들'
### : 형식주의, 마르크스주의, 실체주의

'사회'와 '경제'의 개념을 이해하기 위해서는 경제 방법론 측면에서 살펴보는 것도 하나의 방법이다. 특히, 이 두 개념은 전통경제학의 전유물인 형식주의(formalism), 마르크스주의(Marxism) 그리고 경제인류학의 실체주의(substantivism)로 구분하여 비교되어야 한다.[19] 이러한 비교에서 사회와 경제의 개념은 더욱 명확해진다.

경제주의에서 형식적(formal) 그리고 실체적(substantive)이라는 의미의 구분은 폴라니(K. Polanyi)가 촉발하였다. 그는 경제적(economic)이라는 단어를 합리적, 계산적, 극대화라는 말의 동의적인 경제화(economizing)로 해석되는 형식적(formal) 의미와 경제의 물질적 기능을 뜻하는 실체적(substantive) 의미로 구분하여 사용한다.[20]

전통경제학에서 경제는 인간의 욕망과 자원의 희소성이라는 주어진 상황에서 자원의 최적화를 추구하는 인간의 합리적 행위를 의미한다. 인간의 합리적 행위가 반드시 '경제적'이라는 의미는 아니지만, 전통경제학에서는 항상 '경제적 선택'이라고 간주한다. 그래서 전통경제학자들은 선택은 곧 합리적이고 경제적이라는 전제하에 모든 경제활동에서 최소의 비용으로 최대의 효과를 얻는 최적화를 찾기 위한 형식적(formal) 작업에

---

19) 스탠필드, 『칼 폴라니의 경제사상』, 원용찬(역), p.36.

20) 같은 책, p.56-57.

몰두한다. 또한 이들은 개개인의 경제적 동기와 행위는 선택에서 시작된다고 본다. 여기서 선택은 "무엇을 생산하고, 그것을 어떻게 생산하고, 생산된 것을 누가 어느 정도 선택할지"에 대한 결정을 의미한다. 결국, 형식주의자들이 말하는 경제는 "산업적인 행위자들 그리고 그들의 동기의 집적"에 불과하고, 사회는 경제적 동기만을 추구하는 개인들의 단순 합, 상상의 공동체에 불과하다. 이러한 관점을 견지하는 형식주의자들은 역사속에서 축적된 인간의 제도적 산물을 배제하고 오로지 개별적인 개개인의 경제적 동기와 행위에 집중하며, 탐구의 범위도 합리적 목적을 추구하는 인간행동 그 자체가 될 수밖에 없다.21)

형식주의자들은 합리적 행위의 경제적 최적화를 위해 연역적 방법을 선택한다. 이것은 경제와 사회의 역사적 상이성과 인간의 실체적 사실을 부정하는 형식주의 입장에서 선택할 수밖에 없는 경제적인 것의 탐구 방법이다. 19세기 중엽까지는 과학적 탐구에 사실들의 보편성을 구성하는 귀납적 추론(inductive inference)이 일반적이었다. 그러나 귀납법의 개별적 사실을 일반화하는 논리적 정당성에 대한 흄(David Hume)의 부정을 기점으로 '가설-연역적모델(hypothetico-deductive model)'은 형식적 학술용어로 완전히 자리를 잡게 되었다.22)

그러나 포퍼(Popper)의 주장처럼 과학적 명제는 거짓과 참을 가리는 진리의 문제가 아니라 명제의 논리적 반증가능성에 불과하다. 결론적으로, 현대의 '가설-연역적모델'은 보편적 경제적 범주라는 추상에서 시작하

21) Burling, Maximization Theories and the Study Economic Anthropology, 1962.

22) Karl Popper는 소위 '구획기준(demarcation criterion)'을 통해 과학과 비과학을 구분한다. 그는 경험적 사실로 명제를 확증(verification)하는 귀납법의 한계를 지적하며, 반증가능(falsifiability)한 경우 과학적 명제가 될 수 있다고 보았다. 가설-연역적 모델의 정확한 진술은 Mill(1843)보다 더 일찍 Popper의 The Logic of Scientific Discovery(1934)에서 발견할 수 있다. 그리고 Ernst Mach, Henri Poincare, and Pierre Duhem 그리고 20세기에 들어서서 Vienna Circle and the American pragmatists의 작업에 의해 형식주의의 중요 방법론으로 자리잡았다(Blaug, p.4).

여 연역적 추론 과정으로 논리적 일치성을 추구한다. 이러한 방식에 의해 설명되는 과학적 명제의 정책적 함의는 사실상 현실 사회문제와 괴리가 발생할 수밖에 없다. 그리고 전통경제학자들은 소위 경제학에서 말하는 한계혁명[23]을 지나면서 계급 또는 민족과 같은 사회적 집합체에 대해서는 과학적 연구가 불가능하다고 보고 사회적 단체에서 발생하는 일반성을 배제한 채 오직 개별가계 또는 개별기업만을 연구 대상으로 삼는다.[24] 한계혁명을 통해 형식주의에서 '사회'는 실체가 없이 그저 합리적 활동을 하는 개인들의 단순한 총합을 의미하게 되었다. 이러한 정의에 따르면, 역사적으로 존재했던 다양한 사회들과 경제들은 부정되고 개인들의 단순 총합으로 형성된 사회와 수요 및 공급의 시장원리로 작동되는 경제만 존재할 뿐이다.

형식적 경제 범주로 작동되는 경제구조에서는 다양한 사회제도나 그 사회의 특유한 문화적 요소가 부정된다. 하지만 인간의 경제활동은 단순히 경제적 동기로만 작동되는 게 아니다. 인간은 역사적 진행과정에서 축적된 규범, 관습, 법 등 사회적 합의를 학습하고, 그러한 규칙에 따라 활동하는 것만 보더라도 인간의 합리적 활동이 곧 경제적인 것으로 해석될 수는 없다.

마르크스(Marx)는 형식주의자들의 경제탐구가 실재를 구성하는 사회적 관계를 무시하고 자연법칙에 얽매여 필연적으로 생산에 필요한 추상적인 경제 범주만 나열한다고 보았다. 그는 인간의 본질을 개인 내부에

---

23) 한계효용이란 하나의 상품이 증가할 때 개인들이 가지는 효용의 최종증가분을 의미한다. 한계효용학파의 주장에 따르면, 상품의 가치는 한계효용에 의해 결정된다. 한계혁명 이전의 고전학파 경제학자들은 상품의 가치가 노동에 의해 결정된다고 보았다. 그러나 맹거(Menger), 제본스(Jevons), 왈라즈(Walras) 같은 학자들은 상품의 가치는 개인의 한계효용에서 결정된다고 보고, 현실적 상황을 고려하지 않은 채 추상적 이론으로 상품의 가격조정을 설명한다. 이들을 기점으로 경제학은 고전학파에서 주관적 가치론을 제창하는 근대의 신고전학파로 전환된다.

24) 헌트, 『경제사상사II』, 김성구·김양화(역), p.417.

존재하는 심리나 추상적 관념에서 찾는 형식주의자들과 달리 현실에서 생활하는 인간을 기본 전제로 한다. 그래서 그는 인간이 자신의 생존을 위해 주변 환경과 관계를 맺는 모든 행위를 경제활동으로 보며, 사회를 인간의 생산 관계들의 총체로 파악한다. 오늘날처럼 분업이 고도로 발전한 사회에서 개인의 경제활동은 항상 사회적 성격을 갖는다.[25] 즉, 개인의 노동은 사회적 관계 속에서 진행되는 타인을 위한 노동이 되고, 모든 생산 관계의 총체가 곧 사회다. 그래서 그는 인간이 사회를 구성하는 게 아니라 생산 관계라는 경제적 환경이 사회를 구성하고 인간을 규정한다고 보아 전통경제학의 선험성을 부정한다.

마르크스는 역사 발전의 원동력을 생산력의 증대로 본다. 생산력 증대는 노동분업으로 나타나는데, 역사는 노동분업을 재조직하며 발전한다. 기존의 사회질서가 더 이상의 생산력을 담아내지 못하면 사회는 새로운 노동분업을 재조직하는 방향으로 질적 변화를 한다. 그러므로 사회는 역사적 각 시기마다 질적으로 상이한 생산양식이 존재한다.

전통경제학은 경제 일반을 적용하면서 경제와 사회의 상이성을 인정하지 않는다. 그래서 그들은 보편적으로 존재하는 개인의 경제적 동기에서 사회의 조화를 찾는다. 그러나 마르크스는 생산 일반의 적용에서 '노동'을 보편성 개념으로 보았으며, 역사적 단계의 토대인 생산력 수준을 상이성의 원리로 규정한다. 그는 역사 단계별로 사회적 관계 속에서 경제의 일반법칙을 찾았고, 구체화를 이루는 수많은 규정과 다층적 관계에서 각 사회의 경제적 특수성을 파악했다. 그는 여기서 한 발 더나가 경제적 구조가 사회, 정치, 인간의 의식을 결정한다고 보고 경제적 구조에 따른 사회관계를 연구한다는 의미에서 경제적 사회구성체(Gesellschaftsformation)라는 용어를 사용한다. 그가 Gesellschaftsform

25) 마르크스, 『자본 I -1』, 강신준(역), p.134.

(사회형태)를 사용하다가 Gesellschaftsformation(사회구성체)로 개념을 발전시킨 것도 사회를 유기적 관계의 총체로 보았기 때문이다.

실체적주의자들은 원시생활부터 존재했던 선험적 인간과 보편적 경제 범주로 작동되는 사회는 존재하지 않았을 뿐만 아니라, 근대의 시장체제는 "가격지배적 경제시스템에서만 한정적으로" 적용 되는 하나의 경제원리에 불과하다고 주장한다.[26] 보편적 경제 범주로서 시장체제가 작동되기 위해서는 그 전제 조건으로 노동, 화폐, 토지 같은 인간 존재와 자연환경이 상품으로 전환되어 시장체제에 종속되어야 가능하다.[27]사회 자체를 형성하는 인간 존재와 자연 환경이 상품으로 전락하게 되면, 사회는 시장경제원리에 포섭된다.

그래서 실체주의자들은 경제를 인간과 자연환경 사이에 "제도화된 상호작용"을 통해 자신의 물질적 욕구를 충족하는 모든 행위로 정의한다.[28] 이러한 의미로 폴라니는 고대시대의 경제를 사회에 배태된(embedded) 것으로 본다.[29] 즉, 경제란 다양한 사회조직에 '묻어 있음'을 의미한다. 사회 속에 배태된 경제는 시간과 공간의 제약을 받기 때문에 각 시대마다 다양한 '사회들(socities)'에 배태된 다양한 제도들, 즉 '경제들(economies)'이 존재할 수밖에 없다.

그런데 경제규모에 대한 역사적 규정은 아직도 없다. 달톤(Dalton)의

26) Cook, The Obsolete "Anti-Market" Mentality: A Critique of the Substantive Approach to Economic Anthropology, 1966.

27) 폴라니, 『거대한 전환』, 홍기빈(역), p.238.

28) 스탠필드, 『칼 폴라니의 경제사상』, 원용찬(역), p.61.

29) 폴라니의 'embedded'는 형식주의에 반대하는 그의 논리의 출발점이다. 형식주의자들은 경제란 시간과 공간의 제약을 받지 않는 보편적인 것이므로 근대 산업사회의 경제원리가 모든 시대에 동일하게 적용가능하다고 본다. 그러나 폴라니는 경제는 사회관계에 종속되어 묻어(embedded) 있어서 각 사회마다 그 사회에 맞는 다양한 경제원리〈상호성(대칭성), 재분배(집중성), 가정경제(자급자족), 시장경제〉가 존재한다고 보았다.

주장에 따르면, 과거의 모든 문헌에서 경제는 "개인적이든 아니면 공동체 삶이든 물질적 수단을 제공하기 위한 합의이며, 이러한 합의로 구성된 규칙들을 경제체제라고 부를 뿐 그 규모에 대한 규정은 없다."

다만, 그의 주장에 따르면 경제규모는 세 가지의 특징을 가지고 있다. 첫째, 인류사의 전(全) 역사의 무리(band)부터 국가에 이르는 모든 형태의 집단은 공동체적 삶을 위한 상품과 특별한 서비스가 공통적으로 존재했다. 여기서 말하는 특별한 서비스는 공동체 또는 사회를 유지하기 위한 정치적, 종교적, 의식적 역할을 일컫는다. 그의 주장에 따르면, 공동체들은 특별한 서비스를 통해 각각의 독립된 정체성과 재화의 생산과 공급을 위한 사회시스템을 형성한다. 둘째, 다양한 경제들은 그것들 모두 자연자원의 사용, 노동차원의 인간 협동, 기술의 습득을 각각 구조화하는 유사점을 갖고 있다. 각각의 공동체들은 자신의 생존을 위해 자연과 관계를 맺고 구조화하면서 공동체 특유의 생활양식을 형성한다. 그러므로 각 시대마다 다양한 사회들과 경제들이 존재했다. 셋째, 서로 다른 경제들에서 표면적으로 유사한 장치와 관행의 통합이 존재한다.[30] 결론적으로, 공동체는 각각 독립된 사회를 형성했으며, 자원의 생산과 분배에 대한 특유의 사회제도를 구축하였다. 이러한 사회제도가 곧 경제활동이므로 경제는 사회에 배태되어 작동되었다.

형식주의와 실체주의의 논쟁에서 경제규모는 새로운 관점을 제시한다. 형식주의자들은 사회를 개인들의 단순 총합, 즉 사회의 크기에 따라 경제규모만 다를 뿐 고대시대부터 자본주의 사회까지 동질적인 사회를 가정한다. 실체주의자들은 각 시대마다 특유의 사회들과 경제원리가 존재한다고 보아 크기에 상관없이 모든 사회들이 각각의 경제규모를 형성한다. 공동체가 해체되고 동질적인 하나의 사회로 존재하는 오늘날에도 경제규

30) Dalton, Theoretical Issues in Economic Anthropology, 1969.

모에 대한 정의는 존재하지 않으므로 마을, 커뮤니티 또는 국가 단위 등 필요에 따라 사회와 경제 규모는 자유롭게 정의될 수 있다. 만약 사회와 경제가 이렇게 정의된다면, 생산활동을 전개하는 모든 조직들이 자기 나름의 사회와 경제를 구성하는 것이 된다. 결국 오늘날 사회는 상상의 공동체일 뿐 다양한 조직체로 형성된 사회들과 경제들의 집합으로 보아야 한다.

형식주의자들은 시장가격에 의한 자기조정적 경제를 주장한다. 이들은 원시생활부터 교환은 존재했으며 자연적인 성향으로 간주한다. 그래서 사회는 단순한 개인의 합으로 정의하고, 경제를 자연법처럼 자체적 원리로 작동되는 것으로 보아 사회에서 분리한다. 그러나 역사적으로 인간의 경제행위는 생존을 위해 자연을 활용하는 필연적 과정이다. 이러한 필연성이 각 시대마다 다른 생활양식을 만들고 다양한 사회들과 경제들을 탄생시킨다.

**표 1-3-1.** 사회와 경제의 개념 비교

| | 형식주의 | 마르크스주의 | 실체주의 |
|---|---|---|---|
| 개념 | 보편성 | 공통성과 상이성 | 일반성 |
| 경제 | 이기심의 집적<br>단일한 경제 | 생존을 위한 자연에<br>대한 인간활동 | 사회적 규범에 의한<br>체제(system) |
| 사회 | 실체가 없음<br>동질한 사회(society) | 생산관계속의 상호 간<br>교류의 총체 | 다양한 사회들<br>(societies) |
| 경제와 사회의<br>관계 | 분리 | 사회구성체 | 배태<br>(embedded) |

## 1-4 대안으로서 사회적경제
### : 다양한 '사회들'과 '경제들'의 공존

실체주의자들의 주장처럼 역사적으로 각 시대마다 호혜(상호성), 재분배(중심성), 가정경제(자급자족), 시장경제가 실재했으며, 오늘날에도 자본주의 질서를 따르지 않는 수많은 조직체들과 '다양한 경제들(diverse economies)'이 존재한다. 그러므로 사회는 수많은 조직체들이 실재하고 그것들의 상호관계에 의해 작동되는 다원성의 관점으로 이해되어야 한다.

사회에 존재하는 모든 조직들은 인적구성과 자원의 소유 방식에 따라 자기조직만의 정체성을 가지며 독립된 경제활동을 한다. 달톤(Dalton)의 표현처럼 현재까지도 경제규모의 정의는 없다. 마을에서 운영되는 아주 작은 조직부터 비영리조직, 중소기업 또는 대기업에 이르기까지 모두가 하나의 경제 단위를 형성한다. 오늘날 사회와 경제규모는 이러한 조직들의 총체다. 사회 속 조직들은 인적구성과 자원의 소유 방식에 따라 자기만의 정체성과 경제규모를 형성하므로 정확하게 해석하자면, '사회'는 '사회들'로 '경제'는 '경제들'로 표현되어야 한다. 이렇게 오늘날 사회는 다양한 조직들의 총화이므로 사회적경제의 '사회적'이라는 단어는 다원주의적 입장에서 해석되어야 한다.

다원주의 관점에서 사회는 수많은 조직들이 실재하고, 실재하는 조직들은 서열화 되지 않고 이해 관계에 따라 경쟁적 또는 협동적 경제원리로 작동된다. 사회는 실재하는 조직들이 제 각기 다른 기능을 수행할 때

안정된다. 오히려 하나의 경제원리로 작동되는 동질적인 사회는 사회변화에 취약하고 사회 문제에 능동적으로 대처할 수 없어 쇠퇴할 가능성이 크다. 그러므로 자본주의의 대안적 성격을 가지는 사회적경제의 다원성은 실재하는 조직들이 서열화 되지 않고 힘의 균형을 통해 상호 공존하는 사회를 구현하는 것이다.

씨족 공동체는 대칭성, 중심성의 사회질서와 상호성, 재분배의 경제원리가 존재했다. 그러나 봉건제로 이행하면서 공동체는 중심성의 사회질서는 강화되는 반면, 계층화가 발생하여 공동체 내의 상호성의 경제원리는 사라진다. 그리고 근대 사회로의 거대한 전환 시기에 인적 울타리였던 공동체가 해체되면서 대칭성의 사회질서도 함께 사라지게 되고, 상상의 공동체를 통해 중심성과 재분배는 새롭게 작동된다. 그러므로 사회적경제의 다원성을 위해서는 서열화된 중심성의 사회원리를 수평적 중심성으로 복원시킬 필요가 있고, 거대한 전환 시기에 사라진 상호성의 경제원리와 대칭성의 사회질서의 회복이 전제되어야 한다.

모든 시대에서 중심성의 사회질서는 공통적으로 존재한다. 아마도 그것은 사회를 형성하는 토대이면서 인적 또는 물리적 경계선이기 때문인 것 같다. 대칭성은 중심성으로 형성된 공동체들이 힘의 균형을 통해 상호 존재하는 양상이다. 다원주의 사회는 실재하는 조직들의 독립성과 자율성을 보장한다. 조직들은 경제적 토대, 즉 물리적 경계선을 통해 자신만의 정체성을 형성하며 실재한다. 물리적 경계선은 소유 방식을 의미한다. 모든 조직체들은 소유 방식에 따라 특유의 생산과 분배의 규범이 만들어지고, 실체주의자들의 주장처럼 독립된 사회와 경제를 형성한다. 그러므로 다원주의 사회를 위해서는 소유 방식의 전환이 필요하다.

거대한 전환 시기에 자본주의 경제질서에 반대하는 공동체에 대한 실험들이 세계 곳곳에서 진행되었다. 공동체 실험의 특징은 사회 불평등을 심화시키는 사적 소유에 저항하며, 평등이라는 사회적 가치에 초점을 맞추는 경제방식을 추구했다는 것이다. 이러한 실험은 깁슨-그래암(Gibson-Graham)의 표현처럼 오늘날의 다양한 사회들과 경제들을 형성하는 동력이었으며, 자본주의 대안적 요소를 제시한다. 가장 대표적인 운동이 사회주의자인 오웬(Robret Owen)의 '뉴하모니(New Harmony)'와 프리에(Charles Fourier)의 '팔랑듀(Phalange)'다.[31] 또한 기독교 사회주의자들은 이스라엘의 시온주의 개척자들(Zionist Pioneers)에 의한 키부츠 운동(Kibbutz Movement)[32]에서 보듯이 공동체 생활에 일치하는 생산과 조직 형태를 만들어 상호주의 운동을 실천한다. 이러한 공동체주의는 아프리카 민족주의와 결합하여 자본주의 및 중앙집중된 사회주의와 다른 탄자니아 우자마(Ujamaa)[33] 같은 제3의 방식의 다양한 사회들과 경제들을 만든다.[34] 이러한 운동은 자본주의 소유 방식과 달리 고대시대의 공동체처럼 집단소유와 분배의 평등을 추구하면서 자급자족 체제를 지향한다는 공통점을 갖는다.

---

31) 오웬이 설계한 뉴하모니는 농업과 산업이 결합한 공동체다. 주민들은 집단소유와 평등한 분배의 마을의 기본원리에 따라 공동생산을 통한 자급자족 생활을 영위한다. 프리에의 팔랑듀는 주민들이 자유롭게 자신의 정념에 따라 노동하는 공동체다. 공동체의 분배방식은 오웬과 달리 먼저, 전체 구성원을 위한 공공복지에 사용하고 그 나머지는 노동, 자본 그리고 재능에 따라 차등 배당하는 형태다.

32) 키부츠 운동의 목적은 민족주의적 유대교와 마르크스주의를 기반으로 자기 자신보다 집단을 더 잘 돌보는 "새로운 인간(new human being)"을 창조하는 데 있다. 이들은 이기적인 '경제적 인간(homo economicus)'에 반대하며 '사회적 인간(homo sociologicus)'을 강조 한다. 이러한 사상적 바탕에서 이들은 평등한 분배, 사유재산 금지, 화폐 외의 경제 등을 실천강령으로 정하고 공동 생활을 영위한다(Abramitzky, 2011).

33) 우자마는 영어로 Familyhood, 우리말로 '가족애' 또는 '동포애'를 뜻한다. 이는 자본주의의 대중 착취와 사회주의의 교조주의적 계급투쟁을 반대하며, 혈연이나 부족 중심의 아프리카 전통을 통한 사회주의 실현을 목적으로 한다. 우자마는 가족단위가 모여서 사회가 형성되었다는 인식에서 출발하고, 소유와 분배의 평등을 통한 상호성에 근간하여 작동되는 공동체다(Allafrica, www.allafrica.co.kr/entry).

34) Defourny and Develtere, The Social Economy: The Worldwide Making of a Third Sector, p.7.

근대 산업사회로의 전환에서 자본주의 경제질서에 저항하며 전개되었던 공동체 운동으로 오늘날은 소유 방식의 스펙트럼이 넓어지고, 비영리 추구 결사체, 협동조합, 사회적기업, 영리추구 기업 등 다양한 조직들이 물리적 경계선을 짓고 실재하며, 생산 관계를 통해 상호 경쟁 또는 협동을 반복한다. 오늘날 사회는 이러한 조직들의 총체다. 그러므로 조직들은 소유 방식에 따라 중심성이 형성되고, 조직 간 경쟁과 연대의 힘의 균형에 따라 대칭성이 여러 형태로 나타난다. 그러나 정부는 이러한 조직들을 경제성의 잣대로 서열화 한다. 예를 들어 정부는 '수출주도형 산업', '미래성장형 산업'으로 구분하여 산업 서열화를 추진하고, 대기업, 중견기업, 중소기업 등으로 분리하여 차별화 한다. 정부는 경제성이 높은 산업을 선별하여 육성하고, 이윤이 적은 산업은 그것이 아무리 인간 삶을 풍요롭게 할지라도 경쟁력이라는 자본주의 명령으로 구조 조정한다. 조직들은 자본주의 사회에서 살아남기 위해서 이윤을 추구하는 조직으로 변질되며, 자신의 경쟁력 확보를 위해 조직 간 연대와 협동, 즉 상호성을 배제한다. 그러므로 상호성의 경제원리로 작동되는 다원주의 사회를 위해서는 소유 방식과 정부의 산업정책에 대한 새로운 변화가 필요하다.

고대 공동체와 근대 사회의 비교를 통해 상호성의 경제원리가 작동되기 위해서는 두 가지의 조건이 필요하다는 것을 알 수 있다. 하나는 중심성의 사회질서가 전제되어야 한다. 사회에서 중심성이 작용되면 그 힘만큼 인적, 물적 경계가 형성되고, 그 경계를 따라 대칭성이 작동되면서 경쟁과 협동의 양상에 따라 상호성이 작동되기 때문이다. 다른 하나는 계층화가 없어야 한다. 공동체에서 계층화가 발생하면 인적관계에 의한 상호성은 단절된다. 씨족 공동체에서 상호성은 분배의 공정성을 의미했다. 그러나 오늘날 계층 간 조화에 기여하는 재분배의 경제원리는 상호성과 일부 충돌되는 지점이 존재한다. 사회는 이 두 개의 경제원리가 작동되는 힘의 논리에 따라 조직의 정체성은 다양하게 형성된다.

고대의 공동체에서 분배는 집단의 지배하에 진행되는 투명한 집단 활동이었다. 이것은 평등보다는 공정성이라는 의미에 가깝다. 여기서 공정성은 두 가지 측면을 의미한다. 하나는 집단의 지배하에 진행되는 절차적 공정성이다. 다른 하나는 자신의 역할에 따른 배분의 공정성이다.[35] 전자는 조직 구성원이 절차적 공성성을 통해 사회 구성원으로 인정받는 상징적 과정이다. 노동분업이 발달한 오늘날 개인의 노동은 항상 사회적 노동이다. 개인이 조직의 일원으로 생산관계에 참여하는 순간 그 개인은 노동을 통해 사회 구성원이 된다. 모든 조직들이 경제성으로 계서화(階序化)된 오늘날 사회적 불평등은 조직 간 불평등, 조직 내 불평등으로 표현된다. 이제 자신이 어느 조직에 속하느냐가 곧 사회적 계층을 의미하게 된다. 후자는 개인 노동에 비례한 보상을 의미한다. 그러나 많은 조직들은 계서화로 배분의 공정성을 달성하기 어려운 실정이다. 즉, 개인들은 자신의 노동에 비례한 보상이 아니라 자신들이 속한 조직의 서열에 따라 보상을 받는 불공정한 노동 현실에 놓여 있다. 사회에서 조직 간 연대보다 경쟁이 우세하게 작동하는 이유도 여기에 있다. 자본주의 사회에서 개인들은 소유 방식에 따른 물리적 경계선에서 생산관계에 참여하고, 자신이 포함된 조직의 서열에 의해 사회적 계층을 형성하기 때문에 계층 간 조화를 위한 재분배는 조직의 외부에 존재하는 정부의 역할이 된다.

최근 우리사회는 사회적경제를 자본주의의 대안경제사회로 제시한다. 사회적경제의 대안성은 경제성 논리로 서열화 된 사회에서 독립과 자율적인 조직들이 대칭적으로 존재하는 다원주의를 지향하는 데 있다. 이를 위해서는 다양한 소유 방식의 변화가 필요하며, 경제하는 목적을 경제성이 아닌 인간의 삶을 위한 실체적 활동으로 보아야 한다.

---

35) 박효민·김석호, “공정성 이론의 다차원성”, 2015.

## 참고문헌

박효민·김석호, 2015, 공정성 이론의 다차원성, 『사회와 이론』, 219-260.

Abramitsky, R., 2011, "Lessons from the Kibbutz on the Equality-Incentives Trade-off", *Journal of Economic Perpectives* 25, 185-208.

Aristoteles, 2009, 『정치학』, 천병희(역), 숲.

Braudel, Fernand, 2009, 『물질문명과 자본주의Ⅱ-1』, 주경철(역), 까치.

Burling, R., 1962, "Maximization Theories and the Study Economic Anthropology", American Anthropologist 64, 802-821.

Cohen, Benjamin J, 1999, 『화폐와 권력: 다시 그리는 세계 경제지도』, 박영철(역), 시유시.

Cook, S., 1966, "The Obsolete 'Anti-Market' Mentality: A Critique of the Substantive Approach to Economic Anthropology", *American Anthropologist* 68, 323-345.

Dalton, G, 1969, "Theoretical Issues in Economic Anthropology", *Current Anthropology*, 63-102.

Defourny and Develtere, 2009, The Social Economy: *The Worldwide Making of a Third Sector*, Acco.

Hann, Chris and Hart, Keith, 2011, *Economic Anthropology*. Polity Press.

Hunt, E. K., 1983, 『경제사상사Ⅱ』, 김성구·김양화(역). 풀빛.

Marx, K., 2010, 『자본Ⅰ-1』, 강신준(역), 길.

Mouss, Marcel, 2005, 『증여론』, 이상률(역), 한길사.

Polanyi, K. 2009, 『거대한 전환』, 홍기빈(역), 길.

Stanfield, J. R., 2009, 『칼 폴라니의 경제사상』, 원용찬(역), 한울.

Weber, M. 2009, 『경제와 사회: 공동체들』, 박성환(역). 나남.

제2장

# 사회적기업과 사회적책임

조수미 · 이상호

본 장에서는 사회적기업과 기업의 사회적책임에 대해 살펴본다. 먼저, 서론에서는 사회적기업과 사회적책임에 대한 연구의 중요성과 사회경제적 배경에 대해 소개한다. 다음으로 영리기업과 비영리기업이 혼재된 혼합시장의 특성과 혼합시장에서 사회적기업의 역할을 논의한다. 또한, 사회적책임의 이론을 살펴보고 사회적책임의 전략에 대해 제시한다. 마지막으로 결론에서는 사회적기업과 기업의 사회적책임과의 연관성을 정리하고 혼합시장의 발전방향을 제안한다.

# 2-1 서론

2008년 글로벌 금융위기를 거치면서 신자유주의의 문제점이 나타나기 시작하면서 기업이 사회적으로 미치는 영향력과 파급효과에 대한 사회적 인식이 점차 커지고 이에 따라 기업의 경영환경은 더 복잡해지고 있다. 최근 들어 기업들은 사회적책임 활동을 더욱 강화하고 있으며, 그러한 노력이 사회적 문제 해결에 대한 성과로 이어지고 있는지에 대한 관심이 전세계적으로 증가하고 있다.

우리나라의 경우 1997년 외환위기 이후 경제성장의 둔화와 산업구조의 변화에 따라 고용창출 능력이 감소하기 시작했다. 이로 인해 야기된 소득 양극화와 실업률을 해결하기 위한 대안경제로서 사회적기업이 논의되기 시작하였다. 이 시기의 사회적기업의 출현은 시장경제에서 발생하는 문제를 해결하기 위해 여러 산업분야에서 기업 이니셔티브에 대한 권한을 부여하는데 많은 관심을 기울여 왔을 뿐만 아니라 급속한 저출산 및 고령화로 인하여 사회 서비스에 대한 사회적 수요가 증가하면서 취약계층에 대한 일자리 창출과 사회 서비스 제공에 대한 이상적인 모델로서 사회적기업이 주목을 받기 시작한 것이다.

사회적기업은 사회적 목적과 경제적 목적을 동시에 추구하는 혼합조직이라는 특징을 가지고 있다. 대체로 기업의 경제적 목적은 기본적으로 재화와 서비스를 생산하여 제공함으로써 사회적 삶의 방향에 기여하고 있지만 기업 자체는 이윤을 획득하게 되는 경제적 합리성을 추구하는 경영활동에 주요한 초점을 둔다. 이에 반해 기업의 사회적 목적은 주로 사회 속에서 사회 구성원의 정신적 가치나 목표에 부합하는 활동을 수행함으로써 사회적 정당성을 얻는 기업활동에 초점을 둔다. 따라서, 기업에게는 경제적 활동 이외에 사회적 정당성을 얻기 위한 사회적 활동을 수행해야 하는 가능성이 열려있고 이로 인해 기업들은 사회적책임의 중요성을 인식해야 할 필요성이 있다. 최근 들어 등장하고 있는 사회적기업은 국가마다 사회적 혹은 제도적 환경에 따라 비영리 기업, 사회적 목적 기업 등으로 불리면서 사회적책임을 수행하기도 하고 비영리 조직으로서 수익 사업을 하는 기업에 이르기까지 폭넓은 범주의 형태로 나타나고 있다. 수많은 사회적기업은 사회에 대한 사명감을 가지고 조직적이고 체계적인 사회적 가치를 제공하고 있다.

21세기에 들어서면서 정보통신기술의 발달과 규제 환경의 변화, 시장경쟁의 격화, 소비자와 시민 단체의 영향력 증가, 그리고 사회적 가치 수준의 향상에 따른 기업에 대한 비판 강화 등 기업의 환경은 급속도로 변화하고 있다. 현대 사회에서 기업과 사회는 기업의 사회적책임에 대한 관심을 더욱 집중시키고 있으며, 사회는 기업에게 과거보다 더 큰 책임을 요구하고 있다. 따라서 본 장에서는 기업의 환경변화로 인해 태동한 사회적기업과 시장경제에서 생존하기 위해 관심이 커진 사회적책임에 대한 사회적 요구를 파악하고자 한다.

본 장은 총 4개의 절로 구성되어 있다. 먼저 서론에서 사회적기업과 사회적책임에 대한 연구의 중요성과 사회적 배경에 대해 파악한다.

제 2-2절은 사회적기업과 혼합시장에 대해 정리한다. 사회적기업은 사회적 사명감과 이익의 균형을 맞추는 조직으로 비영리조직의 특성과 영리조직의 특성이 동시에 나타나지만, 비영리기업이나 영리기업에서 나타나는 엄정성을 완화할 수 있는 혼합조직이다. 따라서 영리기업과 비영리

기업이 혼재된 혼합시장의 특성, 혼합시장에서 사회적기업의 역할, 사회적기업의 이론, 그리고 사회적기업과 기업의 사회적책임과의 연관성 등을 정리하고 있다.

제 2-3절은 사회적책임의 이론 및 전략에 대해 정리하고 있다. 기업의 사회적책임에 대한 관점은 크게 주주이론과 이해관계자이론으로 나눌 수 있다. 본 절에서는 두 가지 이론에 대해 간략히 소개하고 이 두 이론에 대한 절충 방안에 대해 제시하고 있다. 또한 민간 기업이 시장불완전성에 대한 대응전략으로 사회적책임을 수행하려는 전략적 사회적책임에 대해서도 다루고 있다.

마지막으로 제 2-4절은 결론으로 전체 내용을 요약하고 사회적기업과 기업의 사회적책임과의 연관성을 정리하고 혼합시장의 발전방향을 제안하고 있다.

# 2-2 혼합시장과 사회적기업의 이론

## 1. 혼합시장의 특성

시장경제는 영리조직(for-profit)과 비영리조직(non-profit)이라는 두 종류의 조직으로 구성되어 있다. 비영리조직은 이윤분배금지라는 제약때문에 엄격하게 운영되지만,[1] 지대추구를 줄일 수 있기 때문에 사회적 혜택을 누릴 수 있으며, 이윤만 극대화하는 것을 목적으로 하는 것이 아닌 사회적 사명감을 위해 헌신적으로 일할 수 있는 직원을 고용함으로 좀 더 효율적으로 운영할 수 있다(Besley and Ghatak, 2005, 2017).

이에 반해, 영리를 목적으로 하는 기업은 기업소유자의 이윤극대화라는 엄격한 임무가 있기 때문에 이윤만 관심이 있는 경영자를 선택한다면 목표를 이룰 수 있다. 이때 경영자는 수익을 기준으로 보상을 받으면서 자신에게 주어진 최선의 노력을 하게 된다. 그러나 영리조직이 수익에만 초점을 맞출 경우 수익성 있는 행동이 사회적 가치를 반영하지 않는다면 사회적 비용이 발생할 수 있다. 예를 들어 환경오염이나 가난한 노동자의

1) 이윤에 대한 분배금지제약은 사실상 어느 누구도 조직의 잔여소득에 권리가 없다는 점을 형식적으로 인식하는 것이다. 비영리조직은 본질적으로 조직을 관리하고 있는 개인에 대한 순이익의 분배를 금지한다. 비영리조직은 이윤을 분배할 수 없기 때문에 소유자는 이윤극대화를 위한 생산과정이나 정보우위에서 어떤 이익도 얻지 못한다. 따라서 소비자는 계약의 실패로부터 보호받을 수 있다.

처우에 이르는 모든 것들이 단지 이익만을 추구한다면 비난을 받을 수밖에 없을 것이다.

따라서 친사회적 행동과 효율성사이에서 올바른 균형을 유지하면서 이익과 목적을 결합하는 보다 유연한 조직형태에 관심을 가질 필요가 있는데 이러한 조직을 혼합조직 또는 하이브리드 조직(hybrid forms)이라고 한다.[2] 하이브리드 조직은 여러 종류의 기업형태가 있다. 사회적기업은 사회적 명성과 이익의 균형을 맞추는 조직으로 비영리조직의 특성과 영리조직의 특성이 동시에 발현되는 조직이며, 비영리기업이나 영리기업에서 나타나는 엄정성이 완화된 조직이다.[3] 즉, 사회적기업은 부분적으로 시장거래에서 발생하고 한편으로는 정부가 지원하는 인력 및 재정자원의 사적인 이용 및 관리를 통해 사회적 가치를 창출하는 것을 목적으로 하며 이러한 목적을 달성을 위해 이윤극대화만을 추구하는 것이 아니라 사회적으로 영향을 미치는 재화와 서비스에 대한 공급을 시장 매커니즘을 혁신으로 이용함으로써 수행한다는 점이다. 그러나 이러한 사회적기업이 효과적이기 위해서는 이익과 목적이라는 두 가지 목표 사이에서 올바른 균형을 이루는 문제를 해결해야 한다(Cho and Lee, 2017).

## 2. 혼합시장에서 사회적기업의 역할

스티글리츠는 경제위기의 여파로 인하여 협동조합이나 사회적기업과 같은 생산적인 조직이 사람들의 신뢰회복에 핵심적인 역할을 할 수 있다

---

2) 하이브리드 조직은 Martin and Osberg(2007)가 정의하였다.

3) 한스만은 시장경제에서 비영리조직의 경제적 역할에 대해 언급하면서 잠재적인 구매자가 공급자를 쉽게 모니터링 할 수 없을 때, 비영리조직은 공급자의 영리목적보다는 구매자의 이익에 부합하는 방식으로 행동한다고 하였다(Hansmann, 1980). 이에 반해 사회적기업가는 긍정적인 효과를 발생시키는 혼합상품을 공급하기 위해 민간주도의 노력을 촉진하는 방법으로서 조직형태에 관심을 갖는다.

고 주장하였다(Stiglitz, 2009). 그러나 이러한 생산적인 조직은 실제로 노동자, 소비자 그리고 공급자들이 잘 이용하지 않기 때문에 협동조합을 포함한 비영리 단체가 시장, 정부 및 여타 기관간의 균형을 유지한다면 경제는 성공할 수 있다. 왜냐하면 협동조합이나 사회적기업은 개인의 안녕과 경제적 효율을 향상시키는 데 도움이 될 수 있기 때문이다. 즉, 동일한 생산부문에 여러 형태의 기업이 존재하면 시민과 공급자의 복지는 서로 긍정적인 영향을 받을 수 있게 된다.

이러한 스티글리츠의 주장은 사회적책임이 있는 생산적인 조직의 진화에 관한 최근의 문헌을 바탕으로 한 것이다. 그렇다면 스티글리츠가 언급한 생산적인 조직이란 어떤 조직을 말하는 것인가? 생산적인 조직을 이해하기 위해서는 다음의 세 가지 흐름의 전개과정을 이해해야 한다. 첫 번째는 혼합과점에 대한 연구이다. 혼합과점에 관한 연구에서는 주로 후생극대화를 하는 국영 공기업과 이윤대화를 하는 민간 사기업간의 경쟁에 초점을 맞추고 있다(De Fraja and Delbono, 1990).[4] 두 번째 흐름은 최근의 CSR(Corporate Social Responsibility)에 초점을 맞추는 연구이다. CSR은 기업이 주주의 이익 뿐만 아니라 이해관계자의 유용성을 고려하며 소비자 및 환경 등을 다루는 기업 규제의 한 형태이다. 마지막 흐름은 비영리 단체에 관한 연구이다.[5] 비영리단체의 경우 처음에는 정부기관 및 비영리 민간 사기업과는 다른 '제3섹터'조직으로 분류되었다.

4) De Fraja and Delbono(1990)의 연구에서는 꾸르노 모형을 가정하고, 국영 공기업의 목표가 사회후생극대화가 아니고 이윤극대화라면, 과점기업의 후생수준은 매우 높을 것이며, 국영 공기업은 민영화를 해야 하며, 시장경쟁이 치열할수록 민영화를 한 국영 공기업이 실현한 사회후생 수준도 매우 높을 것이라고 주장하고 있다.

5) 비영리단체는 몇 가지 특색이 있다. 첫째, 사회적 활동에 잠재적인 잉여를 투자한다. 둘째, 시민들이 서비스 공동제작에 참여한다. 셋째, 순수 시장원리와 재분배 역할에 상반되는 상호주의 원칙을 지향한다. 넷째, 정부기관은 사회적 목적을 지닌 상업적 조직이며 비영리 기업은 영리 및 비영리 부문간 뿐만 아니라 공공 및 민간간의 경계를 넘는다. 또한 동일한 시장에서 다른 기업 형태의 공존을 목표로 한다.

동일한 분야에 다양한 형태의 기업이 공존하는 것이 경제적 효율성에 어떤 영향을 미치는지에 대한 경제이론 논문은 많지 않다(Fulton and Giannakas, 2001; Kopel and Marini, 2014; Kopel et al., 2014). 수평적 차별화 모형하에서 사회적인 서비스에 대한 여러 형태의 기업이 공존하는 경우를 살펴보기 위해 두 개의 다른 경제 시스템을 비교분석한다. 모든 기업이 이익을 극대화하는 경제는 시장경제라 하고 영리기업과 사회적 지향적 기업 모두가 존재하는 경제를 혼합경제라고 한다. 그리고 사회적 지향적인 조직을 사회적기업이라고 한다. 특히, 유럽연합의 사회적기업 가이드(European Commission, 2013a, b)에 보고된 바와 같이, 사회적기업은 사회적 사명과 기업가의 균형을 맞추는 하이브리드 조직으로 정의할 수 있다(Borzaga and Defourny, 2001).

혼합경제라는 용어는 재화와 서비스를 생산하는 공기업이나 사기업과 같은 서로 다른 경제적 행위자의 존재를 정의하기 위해 사용되기 시작했으며 복지시스템과 복지의 역할에 따라 시간이 지남에 따라 진화하고 있다. 하나의 시장에 제한적인 국영 공기업과 민간 사기업이 동시에 존재하고 서로 다른 시장경제주체가 혼합되어 불완전경쟁을 하는 것을 말한다. 이론적으로는 추상적이지만 국영 공기업이 상대적으로 집중된 분야인 전력, 통신, 석유, 철강, 그리고 자동차 분야에서 흔히 볼 수 있다. 국영 공기업이 사회후생을 극대화하고 민간 사기업은 경제적 이윤을 극대화하면서 두 유형의 기업은 서로 경쟁하며 발전해 왔다.

사회서비스 분야에 중점을 둔다면, 유럽경제에서 대부분의 사회서비스는 1970년대까지 공공기관에 의해 공급되었고, 비영리 민간 사기업은 인증시스템을 통해 통합서비스를 제공하였다. 사회복지서비스를 직접 생산하는 비영리 단체의 역할은 다소 제한적이지만 우호적인 기능을 수행하고 빈곤층에 사회복지서비스를 제공하는 것으로 제한되었다.

이러한 맥락에서 혼합경제라는 용어는 사회복지서비스 제공에 있어서

영리사업과 공공단체사업의 혼합이라고 할 수 있다. 특히 1980년대 복지국가의 위기와 더불어 새로운 사회적 요구(마약중독과 알콜중독)와 관련된 사회서비스 수요가 증가하고, 노동시장에서 여성 참여가 증가하면서 비영리 조직의 수가 증가하였으며 그들의 생산적인 역할은 서로 관련성이 높아졌다. 이러한 생산적인 비영리단체는 새로운 조직의 형태의 도입을 통해 제도화되기 시작하였다. 이의 일환으로 등장하게 된 것이 퀘벡의 연대 협동조합, 프랑스의 사회보장 협동조합 조직체, 이탈리아의 사회적 협동조합 그리고 더 일반적이면서 최근에 등장하게 된 것이 사회적기업이다. 더군다나 사회적기업의 관련성에 대한 증가는 정부로 하여금 사회정책을 보다 적극적인 부분으로 간주하고, 민간 비영리 단체가 직접 사회서비스를 제공하는 새로운 형태의 공공-민간 관계를 수립하도록 유도하고 있다.

새로운 시기의 도래와 함께 사회적기업의 증가와 사회적기업과 영리기업간의 잠재적 경쟁이 사회 서비스 분야에서 관찰되기 시작하는 등 복지체제가 더욱 더 진화하고 있다. 따라서 혼합경제라는 용어는 비영리 단체를 비롯한 다양한 생산주체에 의해 서비스가 제공되는 상황을 정의하는데 종종 사용되기도 하며, 복지체제와 혼합경제의 진화에 따라 혼합과점에 대한 새로운 흐름의 많은 이론경제학 문헌들이 등장하고 있다.

처음에는 국가 소유의 후생극대화 공기업과 이윤을 극대화하는 사기업간의 경쟁분석이 벤치마킹되었는데, 그 이후 논의의 초점은 협동기업에 의해 발생하는 효율성으로 이동하고 있다(De Fraja and Delbono, 1990, Delbono and Reggiani, 2013, Marini et al., 2015).

한편, 실증적인 관점의 국가간 연구에서 사회적기업의 성장을 조사하였다. 존홉킨스 대학의 정태적 비영리 부문 프로젝트에서 1990년대에 유럽의 국가들, 호주, 일본, 미국, 일부 중남미 국가 등 22개국을 대상으로 비영리 부분에 대한 조사가 수행되었다. 연구결과에 따르면, 대상 국가의 비영리 부문에 대한 지출은 약 1.1조 달러로 총GDP의 4.6%를 차지하였다.[6] 살라몬은 독일병원 입원 환자의 약 40%, 프랑스의 경우 거주시설 거주자의 55%, 일본에서는 고등교육을 받는 학생의 4분의 3을 비영리 단체가 담당한다고 하였으며 이탈리아의 사회서비스 제공의 상당 부분은 비영리 단체가 담당하고 있다고 하였다(Salamon and Anheier 1997).

이처럼 오늘날 많은 비영리 기업이 시장에서 제품과 서비스를 판매하는 상업적인 기관으로 자리매김을 하고 있다. 컬린은 미국의 경우 비영리 기업의 상업적 수입은 1982년 48.1%에서 20년이 경과한 2002년 총매출의 57.6%를 차지하여 평균 219% 증가했음을 보였다(Kerlin, 2006).

경제적 측면에서는 사회서비스의 생산에 사회적기업의 존재가 사회봉사와 실용적인 복지에 대한 개인의 접근을 향상시키는지에 대한 분석을 하기 위해 시장경제와 혼합경제를 비교하면 된다. 사회적기업에 대한 경제적 분석을 위해서는 손익분기점 제약이 따르기 때문에 재정적으로 자립할 수 있어야 하며(Cho and Lee, 2017, 2018), 정부가 사회적기업을 보조금과 같은 공공정책으로 직접 지원하는 정책은 무시해야 한다. 이 부분은 사회적기업이 정부에 의해 직접 지원될 가능성이 적은 국가에서 혼합경제에 의해 보장되는 서비스에 대한 접근과 효율성에 대한 규범적 통찰력을 제공할 수 있다.

## 3. 사회적기업의 이론

기업이 사회적 목적을 지향하는 경영자에 의해 운영되는 경우 그런 기

6) 프랑스는 140,000명 이상의 직원을 고용하고 있는 약 13만개의 비영리 기업이 활동하고 있다. 포르투갈은 160,000명의 직원을 보유한 기업이 약 37,000개, 스페인은 380,000명의 직원을 보유한 기업이 127,000개, 스웨덴은 95,000명의 직원을 보유한 기업이 31,400개, 덴마크는 121,000명의 약 13,000개의 조직, 그리고 독일에는 50만 6천개의 기업이 있으며 직원수는 140만 명이다.

업을 운영하는 사람을 우리는 시민 경영자(citizen manager)라고 부른다. 이러한 사회적기업의 모형은 다음과 같은 네 가지 주요한 기능을 하게 된다. 첫째, 기업의 수익성과 사회적 보수는 서로 다를 수 있는데 이때 사회적기업은 이익만을 측정하거나 이익만을 위해 활동하는 것으로 계약할 수 있다. 둘째, 사회적기업은 전반적으로 효율성을 향상시키고 상황에 따라 핵심적인 결정을 할 때 이익을 추구할 것인지 아니면 사회적 목적을 추구할지의 여부를 결정하기 위해 경영자를 고용할 수 있다. 셋째, 조직을 설계할 때 확실한 사회적 목적을 달성할 것인지 아니면 이익과 사회적 목적간의 상충관계를 경영자의 재량에 맡기고 나머지 현금흐름에 대한 할당여부를 결정할 수 있다. 넷째, 사회적기업은 경쟁적 노동시장에서 사회적 목적을 달성하는데 관심이 있는 경영자를 선발하여 고용할 수 있다.

한편, 영리를 목적으로 하는 기업과 사회적기업의 경영자는 이익에 대한 완전한 잔여청구권을 주장할 수 있는 반면, 비영리 기업의 경우 경영자의 임금은 일정하지 않다. 영리 기업과 비영리 기업은 확실한 목표를 규정함으로써 경영자의 자율성을 억제할 수 있다. 사회적기업에서 경영자는 이익과 사회적 목적의 상충관계에 대해 재량권을 갖는다. 따라서 기업의 소유자와 경영자는 그들의 동기부여 측면에서 서로 다른 것을 허용하고 있으며 조직의 형태는 최적이라는 조건에서 도출된다. 특히, 경영자가 충분히 동기부여를 받을 수 있다면, 비영리 기업과 사회적기업은 동일하다. 경영자는 항상 이윤보다는 사회적 사명감에 더 많은 비중을 두기 때문이다. 그러나 적절한 동기를 부여받은 경영자는 주어진 목표의 이윤에 대한 절충안을 완화할 수도 있고, 재량권을 부여하는 노력에 대한 인센티브의 관점에서도 더 유익할 수 있다. 이러한 경영자의 경우 노력에서 예상되는 총수익은 비영리 기업 또는 영리 기업의 이윤보다 높다. 그러나 이러한 효과로 인한 사회편익이 기업에 매우 가치있는 것이라면 비영리

기업은 사회적기업뿐만 아니라 이익을 넘어서는 선택을 하게 된다. 따라서 기업의 사회적 성과를 어떻게 평가하느냐에 따라 조직의 형태가 결정된다. 이하에서는 사회적기업에 대한 이론적 분석을 위해 기업, 시민경영자, 사회적기업가, 계약의 문제, 그리고 조직형태에 대해 간략히 설명하고자 한다.

### 1) 사회적기업 분석을 위한 가정

이산적인 재화와 서비스를 생산하는 사회적기업을 가정하고, 사회적기업이 생산하는 재화를 소비자에게 판매하는 상황을 고려하자. 사회적기업의 재무적 이윤은 0보다 크거나 0이 되는 두 가지의 값을 가질 수 있다. 일반적으로 기업의 이윤은 0보다 크지만 사회적기업은 수익성이 없으면 시장에서 퇴출할 가능성이 있기 때문에 이를 배제하고 사회적기업의 지속가능성을 담보하기 위해 최소한 이윤이 0이 되도록 보장해 준다는 가정을 한다.

사회적기업이 생산하는 재화는 사회적 목적과 관련하여 비금적적인 편익이 발생하며, 사회적기업의 행동 뿐만 아니라 외생적인 요소에 의해서도 의존한다. 이때 발생하는 편익은 소비자잉여와 기업의 재정적 편익을 제외한다면, 일반적인 외부성(externality)과 같다. 하지만 이러한 편익이 완전히 기업의 외부성만을 요구하는 것은 아니며 사회적 가치를 요구할 수 있다.

일반적으로 기업은 소유자와 경영자로 구성된다. 기업은 이윤과 사회적 보수의 결합에 대한 동기를 부여받은 소유자에 의해 설립된다. 좀 더 구체적으로 기업은 생산된 재화에 가격을 부과하며, 이 재화를 소비하는 소비자는 효용을 얻는다. 그리고 단위당 상품을 생산하기 위해 일정한 비용이 든다고 할 때 이 상품을 소비하는 소비자의 순잉여는 효용에서 가격을 차감한 만큼의 소비자 잉여를 얻게 된다. 이때 기업의 재정적 편익은 가격에서 비용을 차감한 만큼이다. 소비자가 상품을 소비하지 않는 경우 기업은 소비자의 유보보수(reservation payoff)로 표준화하고, 이때 기업은 가격을 소비자의 효용까지 부과할 수 있다. 이처럼 기업은 상품에 대한 가격은 어떻게 결정할 것이지, 누구에게 할당할 것인지 그리고 생산비용에 영향을 미치는 기술을 선택할 수 있다.

본 절에서는 사회적기업에 대한 두 가지 유형의 사회적 목적을 고려한다. 첫 번째 유형의 사회적 목적은 재분배 동기(redistribution motive)이며, 이런 목적의 대표적인 재화는 교육, 헬스케어, 그리고 법률서비스가 있다. 기업은 가격전략을 수립할 때 특정 상품에 대한 접근성 여부를 결정해야 하고 가격은 최소 수준으로 낮추고 자격이 되는 개인에게 상품을 할당한다. 예를 들어, 대학에서 불우한 환경의 학생들을 입학시키거나 병원이 열악한 환자에게 의료서비스를 제공하는 것을 소중하게 여기는 것이다. 두 번째 유형의 사회적 목적은 재화생산과 관련된 외부성 특성에 관한 것이다. 예를 들어 환경외부성이 발생하여 기업이 오염의 사회적 비용에 대한 비용효율성을 상쇄해야 할 수도 있다. 기업은 비용이 다른 두 가지 기술을 선택할 수 있지만, 오염수준이 낮고 비용은 높은 기술을 선택할 수도 있다. 이때, 기업의 외부 환경적 편익이 충분히 크다면, 비용이 많이 드는 기술을 선택하여 자신의 편익을 포기할만한 가치가 있는지의 여부를 결정한다.

이들 두 경우 모두 사회적 목적과 관련된 보수는 "비경쟁적"이다. 기업의 소유자와 경영자가 모두 관심을 갖고 있는 범위내에서 그들은 비금전적인 보수를 얻을 수 있다. 이는 보수가 금전적이며 경쟁적이라는 표준당국의 체계와는 다르다. 이런 예제의 또 다른 특징은 기업이 내리는 결정을 이끌어내는 요인이 사적인 정보의 대상이 된다고 생각하는 것이 타당하다. 예를 들어, 경영자만이 개인이 진정으로 우대를 받을만한 가치가 있는지를 알 수 있으며, 경영자만이 주어진 프로젝트에서 저비용 기술을 사용하는 환경비용이 높은지 여부를 판단할 수 있는 정보에 접근할 수 있다.

중요한 것은 재화의 생산 또는 유통이 기업의 이윤과 사회적 목표 사이에서 잠재적인 갈등을 가지고 있지만, 의사결정을 내리는 근본적인 이유는 기업의 소유자 또는 다양한 이해 관계자 그룹에서는 관찰되지 않기 때문이다. 따라서 기업이 조직을 어떻게 설계하는지와 동기가 부여된 경영자의 선택을 사용하여 분권화된 방식으로 상충관계를 처리하는 방법에 대해 살펴보아야 한다.

사회적 보수는 확률적으로 사적 재화 및 서비스의 생산 또는 분배에서 발생하는 공동 부산물의 형태로 발생한다. 다시 말해서 사회적 성과는 재화의 생산과 분배와는 분리될 수 없다. 이는 공적 제공 또는 공공 규제와 같은 정부의 조치나 기업의 소유자와 경영자가 시간과 금전을 자선단체에 기부하는 등의 사적인 이니셔티브를 통해 동일한 사회적 목적을 달성할 수 있다는 대안적 및 동등한 방법을 배제한다. 사적 비용 및 사회적 비용과 편익사이의 상충관계는 공공경제학에서는 고전적인 문제이며 흔히 세금과 보조금이라는 도구를 사용하여 처리한다. 마찬가지로 조직내의 기관문제는 인센티브 계획 및 조직설계 측면을 통해 처리한다. 그러나 우리가 바라보는 환경에서 이 두 가지 문제는 서로 복잡하게 얽혀있다. 즉, 사회적 목적을 위해 이윤을 희생하는 것과 사회적으로 바람직한 것은 상태에 달려 있으며 오직 의사결정자만이 이 상태를 관찰할 수 있다.

### 2) 사회적기업 경영자의 의사결정과 정보

사회적기업의 경영자는 두 가지 결정을 내려야 한다. 첫 번째는 목적위한 얼마나 노력을 할 것인가 이고, 두 번째는 사회적 목적과 이윤에 대한 고려에 대한 균형을 맞추는 것이다. 예를 들어 소비자에게 우선적으로 상품을 배정하려는 결정이나 기술을 선택하는 것이다. 노력에 대한 선택은 기본적인 대리인 모형과 마찬가지로 노력을 많이 할수록 이익과 사회적 보수에 대한 가능성이 높아진다. 경영자의 선택은 둘 중 하나를 선택하는 것이다. 즉, 사회적 보수가 이익과 비교했을 때 우선순위가 얼마나 영향을 미치는지에 따라 결정하게 된다. 친사회적 행동을 많이 한 경우는 사회적 목적을 위해 이익이 희생되는 경우이고 그렇지 않은 경우는 상업적인 이윤을 극대화하는 행동을 한 경우이다. 따라서 경영자의 선택은 경영자의 의사결정이 기업의 사회적 사명감과 일치하는지의 여부를 나타내는 것이다.

베슬리와 간탁의 연구에서 사회적 동기가 부여된 경영자라는 개념을 시민경영자라는 용어로 사용하기 시작하였으며, 이는 경영자가 사회적 보수에 직접적으로 관심을 갖기 시작하였다는 것을 의미한다(Besley and Ghatak, 2005). 이는 사회적기업에서 사회적 사명감을 완전하게 달성하는데 중요한 역할을 한다. 사회적 목적에 관심을 가지고 있는 사람, 즉 모든 시민은 반드시 전문성을 소유할 필요는 없지만 잠재적인 경영자 풀을 구성하고 있다. 이러한 경영자 풀은 모든 시민의 일부분으로부터 가져온 것이며, 잠재적인 경영자는 사회적 보수의 중요성에 따라 달라질 수 있다.

또한, 엄격한 사회적 사명감을 규정할 수 있는 조직형태를 기업에 부여한 기업의 소유자를 기업가로 생각해 볼 수 있다. 기업가는 누가 엄격한 사명감을 구체화할 수 있는지를 부여하고, 그들 대신에 기업을 운영할 수 있는 경영자를 모집한다. 비록 조직운영을 위임하더라도 기업의 소유자는 아이디어나 기술 또는 브랜드에 대한 권리를 보유하게 된다.

여기서 초점은 기업의 소유자가 기업의 친사회적 사명을 가치있게 여기는 경우이다. 이것은 대리인이론에서 설정하는 이해관계의 충돌 보다는 공통적인 관심사가 더 중요함을 의미한다. 만일, 재정적인 이윤에만 관심이 있는 기업의 소유자가 친사회적 사명감에만 관심이 있는 경영자를 고용하는 경우, 기업의 소유자가 경영자를 고용하는데 비용을 충분히 낮출 수만 있다면 경영자가 자신의 친사회적 선호도에 만족할 수 있게 함으로써 기업의 소유자는 여전히 이익을 얻을 수 있다.

사회적 사명감에 대한 노력을 얼마나 많이 노력하는지와 이에 대한 사회적 보수는 기업의 경영자만 알 수 있다. 여기서 경영자의 노력은 도덕적 해이 모형에서처럼 사적인 정보이다. 뿐만 아니라 비금전적인 사회적 보수의 경우 기업의 소유자에게는 관찰되지 않기 때문에 계약할 수도 없다. 즉 계약기간동안 기업의 소유자는 직접적으로 경험할 수 없으며 신뢰재와 비슷한 것으로 생각할 수 있다.

반대로, 기업의 경영자는 현실 세계에 대한 정보를 가지고 있으므로 직접적으로 사회적 보상을 경험할 수 있다. 기업의 경영자의 사회적 노력에 대한 선택 뿐만 아니라 재정적인 이익을 관찰할 수도 계약할 수도 있다. 또한 기업의 경영자와 기업 소유자의 동기는 공적인 정보라고 가정한다. 그리고 분석의 단순화를 위해 (재정적) 잔여청구권에 대한 제약이 없음을 가정한다.

### 3) 계약의 문제

계약은 중요한 두 가지 문제가 있다. 경영자의 노력은 파이의 전체 크기에 영향을 미친다는 점과 파이를 구성할 때 사회적 보수와 개인적 보수를 어떻게 구성할 것인가이다. 이때 경영자가 친사회적 사명감을 선택함으로써 원하는 보수를 얻지 못할 경우 이를 감당할 수 있어야 한다. 사회적 목적과 이윤의 균형을 추구하는 기업의 소유자는 기업의 수익성을 고려하는데 성공했는지 아니면 사회적 사명감만을 추구하기로 결정했는지 또는 경영자가 실패했는지의 여부를 알 수 없다. 이런 경우 관찰할 수 있는 재정적 이익은 0이다. 따라서 경영자가 사회적 사명감과 이익의 절충에 대한 올바른 결정을 내릴 수 있도록 해야 한다.

기업의 소유자는 유연한 선택이 항상 보장되기를 바라는 것은 아니다. 사회적 목적과 이윤의 균형을 선택하는 것이 노력인센티브 측면에서 바람직할 수도 있고 기업 소유자가 사회적 목적을 달성하는 것만 관심이 있을 수 있기 때문에 경영자의 동기와 상관없이 사회적 목적과 이윤의 균형을 이루는 선택을 선호할 수 있다. 또한 기업소유자의 사회적 목적에 대한 동기가 낮을 경우, 기업의 소유자는 경영자가 가치를 부여하는 사회적 목적을 인정하지 않을 수 있으며, 경영자는 사회적 목적과 이윤의 균형을 이루지 않는 영리조직을 선호할 수도 있다. 실제로, 비영리 목적을 추구하는 무능력한 경영자는 법의 원칙에 따라 기업의 표준모형과 주주의 가치를 추구하는 특징을 가질 수 있다.

### 4) 조직형태

조직형태를 선택하기 위하여 최적계약이론과 관련된 조직을 두 가지 차원으로 나누어 설명할 수 있다. 첫째, 기업의 소유자가 사전에 사회적 사명과 이익간의 상충관계에 영향을 미치는 행동을 명시하는지의 여부이다. 즉, 조직은 경영자가 사회적 목적과 이윤의 균형을 선택할 수 있는지에 대한 권한을 가지고 있는지 또는 소유자가 정해져 있는지의 여부에 따라 달라질 수 있다. 둘째, 조직은 경영자가 재정적으로 인센티브를 받는 정도가 다르다. 이에 대한 단순화를 위해 생산비용이 0과 1사이의 연속적인 값을 취하는 대신 0 또는 1이라는 두 개의 개별적인 값을 취할 수 있다고 가정한다. 즉, 다시 말해서 경영자가 모든 잔여 청구권자이거나 일정한 보수가 있는 조직형태로 제한하는 것이다. 경영자가 부분적인 잔여청구권가 될 수 있다면, 사회적기업이 선호되는 매개 변수의 범위가 확장되지만 주요 결과는 크게 변하지 않는다.

따라서 다음의 세 가지 조직형태에 집중할 것이다. 첫째, FP(For-profit)는 이윤을 극대화라는 엄격한 임무를 가진 영리기업이며, 여기서 경영자는 재정적 잔여청구권자이다. 이 경우 경영자에 대한 모든 보상은 사적 소비의 형태이기 때문에 경영자의 사회적 보상과는 관련이 없다. 둘째, NP(Non-profit)는 엄격한 친사회적 임무를 수행하는 비영리기업으로 경영자는 평균적인 임금을 받는다. 경영자는 사회적 보상에 가치를 부여하는 경우에만 자신의 노력을 기울일 동기가 부여된다. 셋째, SE(Social enterprise)는 시민-경영자가 행동에 대한 통제권을 가지고 있는 사회적 기업을 나타내며, 이윤을 얻거나 사회적 목적을 추구하는지에 대한 여부를 선택할 수 있으며 재정적 잔여청구권자이다. 따라서 사회적기업은 친사회적 사명과 이윤사이의 유연한 절충의 범위가 있는 혼합기업이다.

각각의 경우 경영자는 기업을 운영하기 위하여 조직의 소유자로부터 외부 옵션에 의해 고정되어 있는 고정된 보수를 받는다. 이때 고정보수의 부호는 미리 알 수 없다. 영리를 목적으로 하는 기업의 경우 일반적으로 기업의 소유자가 로열티 지불과 관련하여 경영자에게 제품 라이센스를 제공할 것을 기대하기 때문에 고정보수는 0보다 작다. 이에 반해 비영리기업의 경우 경영자는 기업을 운영하기 위해 보수를 받아야 하는데 여기서, 0보다 큰 고정보수는 보조금이거나 기업이 생존할 수 있도록 하는 기부금이다. 그러나 경영자는 기업이 추구하는 사유에 전념한다면 시장가격이하로도 기꺼이 일할 의사가 있다. 즉, 이 경우의 경영자는 무료로 일하거나 조직에 기부할 수도 있다.

조직으로서 사회적기업을 확인할 수 있는데, 이는 행동 선택에 대한 경영자의 통제권을 부여함으로써 인센티브 호환성이 이윤과 임무의 상충관에 대한 행동선택의 관점에서 만족된다. 또한, 기업의 소유자가 정부의 우발적인 행동선택을 규정하는 조직으로서의 사회적기업을 생각해 볼 수 있고, 인센티브 호환성이 충족되기 때문에 경영자는 실제 원하는 상태, 즉 우발적인 조치를 선택할 수 있다.

임무완전성을 충족하지 못하는 조직으로서 FPs가 있고, 경영자는 모든 재정적 잔여청구권을 보유한다. 이것은 기업의 소유자가 엄격한 임무를 선택하기 때문일 수 있다. 예를 들어 사회적 보상은 0보다 작다. 또는 기업의 소유자는 엄격한 임무를 규정하지 않지만 경영자의 형태가 주어지면, 사회적 사명감을 완전하게 유도하지 않기 위한 선택을 한다. 마찬가지로, NP는 임무완전성을 충족하지는 않지만 경영자에게 0의 재정적 잔여청구권을 보유하도록 하는 조직이다. 즉 기업의 소유자가 엄격한 임무를 선택하기 때문일 수 있다. 또는 경영자가 사회적 사명감, 즉 사회적 보상이 0보다 크다는 것을 인식하고 항상 친 사회적 사명을 선택할 것이다.

경영자의 유형은 조직의 선택을 유도하는데 중요한 역할을 한다. 만일 모든 경영자가 동일한 유형을 갖는다면 유일한 계약수단은 잔여소유권 및 행동선택에 대한 통제권 정도일 것이다. 그러나 이와 달리 경영자 유형이 이질적이라면, 엄격한 사회적 사명감을 선택하기 위한 기업 소유자의 요구는 정렬되지 않은 선호의 경우에만 발생한다. 경영자의 유형이 주어진 경우, 사회적 목적과 이윤의 균형에 대한 선택을 하는데 있어서 공식적이고 실질적인 권한은 인센티브 호환성이 주어진 경우와 동일할 것이다.

### 4. 사회적기업과 사회적책임과의 연관성

기업의 재무적 성과인 경제적 가치에 대한 중요성 뿐만 아니라 기업의 사회적, 환경적, 윤리적 측면의 사회적 가치를 동시에 고려하는 투자가 요청되고 있다. 즉 기업의 존립이 기업의 사회적책임과 밀접한 관련이 있음을 의미한다.

이러한 기업의 사회적책임에 대한 관심으로 인해 기업들의 사회적책임 수행이 장기적으로 기업의 성과에 긍정적인 영향을 미친다는 인식이 확산되고 있다. 기업과 사회가 윈윈할 수 있기 위해서는 지속가능한 사회공헌 활동을 통한 성과를 내야하며 이러한 기업성과를 내기 위해서는 사회공헌활동이 기업의 경영전략에 포함되어야 한다.

## 2-3 사회적책임의 이론 및 전략

기업의 사회적책임에 대한 관점은 크게 주주이론과 이해관계자 이론으로 나누어 살펴볼 수 있다. 기업의 사회적책임은 우리 사회의 목적과 가치의 관점이 바람직하다고 여기는 행동을 따르거나 그에 바탕을 둔 의사결정을 하고 원칙을 추구하는 것에 대한 기업인들의 책무로 정의할 수 있다(Bowen, 1953). 따라서 본 절에서는 기업의 사회적책임에 대한 두 가지 이론에 대해 간략히 살펴보고 두 이론의 발전적인 통합 방안 및 사회적책임의 전략에 대해 살펴보기로 한다.

### 1. 주주이론

주주는 국적, 수량, 보유기간 등에 관계없이 기업의 주인이기 때문에 기업경영은 그 주인을 이롭게 하는데 최대한 초점을 맞춰야 한다. 주주이론(Shareholder theory)은 기업의 목적이 이윤추구에 있으므로, CSR도 이윤추구의 한편으로 봐야 한다는 논리이다. 이는 노벨경제학 수상자인 밀튼 프리드만이 강력히 주장한 것으로 경제학적 시각의 이론이다. 프리드만은 기업의 사회적책임이 이윤을 극대화하는 행위라고 하였다. 기업이 만일 이윤추구가 아닌 사회적책임의 일환으로 자원을 비효율적인 분야에 배분한다면 그만큼 이윤이 줄어들게 되어 주주에게 손해를 끼치게 되고 결국은 기업의 본질을 훼손하게 된다고 주장한다. 다시 말해서 기업의 유일한 사명과 사회적책임은 법이 정하는 테두리 안에서 이익을 극대화하는 것이다. 기업은 주주의 이익을 극대화할 때, 비로소 납세의 의무와 고용의 기회를 보다 많이 창출할 수 있으며, 이들 통해 사회에 대한 책임을 충분히 감당하게 된다. 이와 유사한 관점으로 기업을 설명하고 있는 학자로 도날드슨과 프레스톤이 있다.

## 2. 이해관계자이론

기업은 주주들만의 전유물인가라는 물음에서부터 주주 이익에 반하는 일체의 기업행위는 기업목적에 반하는 것인가라는 의문까지 다양하고도 복잡한 여러 가지 문제가 있다. 오히려 기업은 주주뿐만 아니라 다수의 소비자, 금융권, 근로자, 하청업체 그리고 사회 공동체 모두에 대한 희생의 소산이기 때문에 이해관계자들에게는 상당량의 채무를 지고 있다고도 할 수 있다. 이러한 문제의 제기와 더불어 등장한 이론이 바로 이해관계자 이론(Stakeholder theory)이다. 여기서 이해관계자란 기업의 성과에 영향을 받는 개인 또는 집단을 말하며, 기업활동의 결과로 인하여 손해를 보거나 혜택을 얻기도 한다. 또한 조직이 목표를 달성하는데 영향을 미치거나 조직에 의해 영향을 받는 집단 또는 개인으로 정의된다. 이러한 이해관계자 이론의 특징은 주주이론에서 주주의 이익을 극대화하는 것에 초점을 둔 것과는 달리 경영자의 역할을 강조하는 측면이 있다. 경영자도 종업원과 유사한 계약을 조직과 맺고 있지만 이해관계자의 권리와 이익을 고려해야만 한다. 따라서 이해관계자가 상충되는 권리를 요구할 때 경영자는 이를 조정하는 책임이 있다. 이해관계자 이론은 경영자가 이해관계자들에게 충실해야 한다는 점을 강조한다.[7]

---

7) 이해관계자란 정부, 경쟁기업, 주주, 공급자, 시민사회, 고객, 종업원 등의 그룹으로

기업의 사회적책임을 바라보는 관점에서 이해관계자 중심의 접근법을 제시한 사람이 바로 프리만(Freeman)으로 1984년 프리만의 『전략적 경영: 이해관계자적 접근』 연구를 시작으로 경영학에서 많은 연구가 진행되며 그 개념이 발전되어 왔다. 이해관계자 이론은 기업이 주주 뿐만 아니라 기업과 관련된 소비자, 종업원, 지역민 등의 이해관계자들도 고려해야 한다는 관점이다. 즉, 기업은 여러 이해관계자와 연결되어 있고, CSR을 통해 기업에 대한 지지를 유도할 수 있기 때문에 결국 기업에게 도움이 된다는 것이다. 따라서 이해관계자 이론에서 바라보는 기업의 목적은 이윤극대화 뿐만 아니라 기업으로서의 지속가능한 능력을 고양하는 것까지를 포함한다. 이는 이해관계자의 이익이 기업의 규모를 축소시킨다고 하더라도 그 이해관계자들의 이익은 보호되어야 한다는 것이다. 다시 말해서 주주이론에서 이해관계자의 이익은 이익극대화라는 기업의 목적을 실현하기 위한 수단으로 간주된 반면, 이해관계자 이론에서 이익은 '수단'이 아니라 바로 '목적'인 것이다.

이런 의미에서 이해관계자 이론은 기업의 CSR 행위를 설명하는 이론이라기 보다는 CSR에 대한 규범적인 측면을 설명하는 것으로 도덕 및 윤리적인 측면이 가미되어 있으며 기업을 바라보는 관점도 주주이론과는 다르다.

### 3. 두 이론의 발전적 통합

주주이론은 기업이윤을 목표로 하기 때문에 기존의 경제학적 체계를 따르는 반면, 이해관계자 이론은 기업의 목표가 기업이윤이 아닌 사회후생을 목표로 하는 접근이라는 측면에서 두 이론은 상당히 극단적으로 전개된다. 그렇다면 이 두 이론의 절충 방안은 없는가? 이 물음에 답하기

---

기업의 행동에 영향을 주거나 영향을 받는다(Freeman, 1984).

위해서 다음 세 가지 측면을 살펴보아야 한다. 첫째, 주주이론은 경영자들에게 기업의 이익 증대를 위해서라면, 수단과 방법을 가리지 않고 어떤 행위도 할 수 있고 또 그것은 정당화 되어야 한다고 본다. 그러나 진정한 주주이론이라면 모든 경영행위는 합법적으로 추구되어야 한다. 각종 규제와 규율을 지키는 것이 비록 비용을 증대시키고 경영 여건을 악화시킨다 하더라도 지켜져야 한다. 둘째, 주주이론은 장기적 기업 이익을 희생하며 단기 이익만을 추구한다는 본다. 그러나 합리적인 대부분의 주주이론 신봉자들은 '이해할 수 있는 확실한 자기 이익'(enlightened self-interest)을 추구할 것을 주장한다. 즉, 여기서 이해할 수 있는 확실한 자기 이익이란 단기적 이익이 아니라 장기적 이익, 즉 지속 가능한 이익일 것이다. 셋째, 주주이론은 경영자가 사회공헌 프로그램을 실시하거나 종업원의 사기진작을 위해 자금을 지출하는 것을 금지한다고 본다. 그러나 주주이론 역시 그러한 노력에 대해서는 지원을 하고 있다. 시스코의 '네트워킹 아카데미'를 비롯한 여러 외국 기업들의 프로그램에서 그 예를 찾을 수 있는 것처럼 보다 집중적이며 전략적인 프로그램들은 장기적으로 주주이익에 우호적이며 기업 성장에 순기능으로 작용한다는 점을 경험적으로 알 수 있었다.

주주이론과 이해관계자 이론은 정적인 측면에서는 서로 대치되지만 동적인 측면에서 접근하면 충분히 조화를 이룰 수 있다. 즉 기업의 목적이 장기적인 가치 추구라고 보면 기업이 장기적으로 기업관련 이해관계자들의 지지가 없이는 이윤을 형성하기 어렵다. 따라서 장기적 가치를 추구하기 위해서 이해관계자들을 고려해야 하기 때문에 장기적인 관점에서 주주이론과 이해관계자이론은 같은 맥락을 가지고 있다고 해석할 수 있다.

영미권에서는 오랫동안 주주이론과 이해관계자 이론은 상호 대립된다고 믿었다. 이해관계자의 이익을 도모하게 되면 주주 이익은 감소한다거나 혹은 그 반대의 상황도 벌어질 수 있다고 생각했다. 그러나 최근 양주체간에 서로 이익을 도모하는 것이 장기적으로 볼 때 서로에게 이익이 된다고 주장한다. 이러한 주장을 하는 이유는 다음의 네 가지를 들 수 있다. 첫째, 기업의 소유문제에 대한 인식론이 변화되었다. 주주가 기업의 주인이라는 인식은 초기 자본주의의 산물이다. 현대의 지식정보산업 사회에서 자산의 개념은 변화하고 있다. 다시 말해서 자산의 구성요소의 중심추가 유형자산(토지, 기계, 건물)의 개념에서 무형자산(종업원의 지적자산, 상표, 특허, 기술, 그리고 실무경험)의 개념으로 이동하고 있다.

둘째, 경영 패러다임이 크게 바뀌고 있다. 무한경쟁하에서 기업이 지속적으로 존재하고 발전하기 위해서는 새로운 전략과 기법들이 요구된다. 예컨대, 고객과의 관계설정을 얼마만큼 구체적으로 제고하느냐에 따라 기업의 성패가 좌우된다고 보는 고객관리경영(CRM), 경영평가에 있어서 각종 이해 관계자들의 관점에서 다면적으로 평가하는 균형평가표(BSC), 기업 경영의 전후방에 위치하고 있는 파트너들을 효율적으로 관리하는 것을 중요하게 판단하는 공급망관리(SCM) 등은 기업 경영이 전통적인 기업들처럼 기업 내부나 단일 기업만을 잘 관리한다 해서 성공할 수 없다는 것을 말해 주고 있다.

셋째, 환경규제 등의 강화이다. 온실가스 감축에 관한 국제 협약인 '교토의정서'가 발효되었고 선진국 기업들에게 있어서 환경요소가 추가적인 생산비용과 세제 발생요인으로 작용하고 있다. 따라서 환경문제에 대해 기업들이 어떻게 대응하느냐에 따라서 기업의 경쟁력이 좌우될 수밖에 없다. 과거, 기업들의 상당수가 별다른 규제 없이 내부비용을 외부에 전가 시켜 왔던 행위(Cost Externalization)에 대해서 각종 규제와 감시가 더욱 심해질 것이다. 이러한 변화에 맞춰 각종 환경오염물질을 적절히 관리할 수 있는 기술과 친환경적인 경영을 도모하는 기업들은 유무형의 사회적 혜택을 입게 될 것이며 그것은 곧 기업 가치의 증대로 이어질 것이다.

넷째로, '지속가능한 발전'(Sustainable Development)이라는 개념의 등장이다. 과거 이 개념은 종교집단이나 사회운동가, 시민단체들만의 전유물이었지만 사회적, 윤리적, 환경적으로 고양된 회사들의 기업실적이나 주가가 그렇지 못한 기업들보다 우월함이 장기 경험적으로 입증됨으로써 이제는 장기투자자들도 투자를 할 때 이 개념을 더욱 깊이 활용하고 있다.

주주이론과 이해관계자이론은 결코 진공속에서 존재하지 않는다. 두 논리를 정확히 이해하고, 적절히 수용하려는 절충적 시도가 필요하다. 따라서 기업 경영자들과 투자자들, 그리고 정부 관료들을 비롯한 언론들까지 새로운 사고와 관점을 갖도록 해야 한다. 이런 점에서 세계적 경영 전략가인 하버드 대학의 마이클 포터의 개념틀은 상당한 시사점을 던져준다. 그는 기업의 경쟁환경에 있어서 4가지 핵심 요소들을(생산요소의 조건, 수요자의 조건, 경쟁환경의 조건, 관련 기업들과 지원 산업들의 조건) 제시하면서 이것들은 서로 밀접한 연관성을 맺고 있기 때문에 이것들 중 어느 하나라도 소홀히 한다면 그 기업의 경쟁력은 급격히 약화될 것이라고 경고하고 있다. 주주이익은 기업경영의 결과이지 결코 그 자체가 목적이 될 수 없다. 그리고 주주의 이익은 다양한 이해 관계자들의 이익이 함께 고려되고 제고될 때 그 결과물로 자연스럽게 얻어지는 것이다. 따라서 이해관계자의 이익과 주주의 이익은 기업가치라는 동전의 양면을 구성한다 해도 과언이 아니다.

## 4. CSR 경제학

초기의 CSR에 대한 연구들은 주로 CSR이 왜 존재해야 하는가에 초점을 맞추고 있다. 특히 초기의 경제학 연구들은 시장이 사적재가 아닌 상품에 대한 효율적인 가격책정이나 상품을 제공하는데 한계가 있다는 것을 인정하면서도 사회를 위한 기업과 정부의 책임이 다르다는 고전적 이분성(the classical dichotomy)에 근거하여 사회적책임, 환경적 책임을 이행하는 자발적인 행동도 할 수 없으며, 그러한 자발적 행동을 해서도 안 된다고 강조하였다(Kitzmueller and Shimshack, 2012). 그러나 CSR에 대한 분석은 다양한 측면이 있다. 즉, 표 2-4-1에서 보는 바와 같이 무용적 CSR, 이타적 CSR, 강제적 CSR, 그리고 전략적 CSR이 그것인데, 초기에는 기업의 의사결정은 이윤극대화를 추구하는 주주에 의해 이루어져야 하며, 이해관계자들은 규제나 사회적 계약에 의해 보호받아야 한다는 무용적 CSR이 설득력이 있었다. 이후 무용적 CSR과 이타적 CSR이 서로 대결하는 구도였으며, 강제적 CSR를 위해 정부개입이 필요하다는 관점으로 변화하였다. 그러나 전략적 CSR은 아담스미스식 사고를 만족시키며 기업이 이윤을 추구하면서 동시에 사회이익도 만족시킨다고 보았다.

**표 2-4-1.** CSR에 대한 시각

| 구분 | 내용 |
|---|---|
| 무용적 CSR | CSR은 기업의 이윤추구와는 무관하므로 신경쓸 필요 없다는 시각 |
| 이타적 CSR | 기업의 이윤에 관계없이 기업의 사회 의무감을 가지므로 이타적 배경에서 CSR을 해야 한다는 시각 |
| 강제적 CSR | 기업은 이윤만 추구하고 사회에는 관심이 없으므로 정부가 강제로 CSR을 하도록 해야 한다는 시각 |
| 전략적 CSR | CSR도 기업의 이윤추구의 행위의 한 일종으로 봐야 한다는 시각 |

출처: 현진권 편, 기업 사회공헌의 경제학, 2014, p.20 인용

경제적 관점에서의 CSR은 위에서 언급한 CSR의 이론적인 접근 중 주주이론을 바탕으로 설명할 수 있으며 사적이익 추구모형을 바탕으로 한다.[8] 나바로(Navarro, 1988)는 CSR을 이윤추구모형과 관리재량모형으로

8) 경제적 관점에서 연구동향을 조사한 연구로는 Keim(1978), Bagnoli and Watts (2003), Besley and Ghatak(2007), Kitzmueller and Shimshack(2012), Reinhardt, Stavins, and Vietor(2008) 등이 있다.

구분하고 있다. 후자의 모형은 주인-대리인 모형처럼 기업경영자는 기업 이윤보다는 자신의 명성을 높이기 위해 기업의 이윤극대화 수준이상의 사회기부를 하게 된다는 접근법이다. 즉, 주주이론과 이해관계자 이론을 모두 하나의 지표를 사용하여 접근했다는데 유사성이 있다.

기업의 이윤극대화가 사회후생극대화로 이어질 때 시장의 보이지 않는 손은 자원을 효율적으로 배분하며 기업의 CSR에 대한 역할은 없다. 그러나 외부성 및 분배문제 등으로 기업의 이윤극대화와 사회후생극대화 간에 괴리가 생길 때 시장은 형평성 문제를 해결하는데 도움이 되지 않는다. 사회분위기가 경제민주화와 같이 공평문제에 관심을 가질 때, 기업의 이윤극대화 전략은 기업에 손해가 될 수 있으며 사회분위기는 기업의 존재여부를 결정할 정도로 심각한 문제가 된다.

기업은 효율성을 추구하는데 사회는 공평성에 더 치중할 때 기업은 어떻게 해야 할까? 기업과 사회의 보는 관점에서 차이가 있을 때 CSR은 기업의 생존을 위한 전략이 될 수 있다. CSR의 경제적 의미는 환경문제(외부성)와 분배문제의 두 가지 측면에서 발생한다. 이 두 가지의 문제에 대해 정부는 해결할 수 없는 한계에 직면하게 된다. 따라서 환경문제와 분배문제에 정부개입 전 혹은 정부가 해결할 수 없으므로 CSR로 해결할 필요가 있다. 따라서 CSR은 경제문제이며, 시장실패와 시장경제의 한계를 CSR로 해결함으로써 사회후생을 높일 수 있다. 기업측면에서도 이윤극대화 행위로서 CSR를 통해 기업 리스크 감소, 규제자와의 긴장완화, 기업의 브랜드 이미지 향상, 종업원 생산성 향상, 그리고, 자본비용을 감소시킬 수 있다.

한편, 기업의 CSR은 정부, 시민단체, 사회적 압력 등 민간부문의 정치영역을 포함시켜 CSR 지출을 설명하기도 한다(Baron, 2007). 바론은 기업이 환경오염과 같은 부정적 외부성을 유발하고 재분배 기능을 담당하게 되는 경우 정부가 개입하여 사회최적수준을 달성하도록 조절하는 것은 불가능하지만, 정부가 실패하면 사회후생을 증가시킬 수 있는 가능성이 존재하는 경우에는 이를 기업이 달성할 수 있다고 하였다.

현실경제에는 이윤만을 추구하는 기업과 기업의 사회적책임을 하는 기업이 동시에 존재한다. 이윤만을 추구하는 기업도 사회적 압력에 의해 일정수준의 사회적책임을 수행하게 되지만, 자발적인 사회적책임을 수행하는 기업의 사회공헌 수준은 이윤만을 추구기업보다 높다. 그러나 장기적으로 상품시장에서 자발적인 사회적책임을 수행하는 기업의 상품수요 증대로 인한 이윤증대가 사회전체적인 공헌비용을 충분히 감당할 수 있으면 자발적으로 사회적책임을 수행하는 기업과 비자발적인 기업의 사회적 공헌액은 수렴하게 된다. 왜냐하면 사회적책임에 대한 사회적 압력이 증가함에 따라 비자발적 사회적책임을 수행하는 사회공헌액은 증가할 수 밖에 없기 때문이다.

CSR에 대한 후생경제학적 효과는 베르그스트롬의 연구가 있다(Bergstrom, et. al., 1986). 소비에 있어 사적공급과 공적공급이 완전 대체 가능한 경우, 정부에서 제공하는 공공재 성격의 재화 및 서비스를 민간기업이 제공하게 되면 사회후생을 높일 수 있다고 주장하였다. 즉, CSR은 공공재 속성을 가진 사유재 제공을 바탕으로 하며, 기본성격은 사적재이지만 소비를 통해서 양(+)의 외부성을 가지는 재화이며, 이 외부성을 공공재로 해석한 것이다.[9)]

그렇다면 민간 사기업이 CSR을 제공하는 것이 정부나 NGO가 제공하는 것보다 사회후생을 증가시키는가? CSR에 대한 후생경제학적 분석은 이를 확인하는 작업이다. 바놀리와 와츠는 민간기업이 CSR을 통해 공공재를 제공하는 것은 상품가격을 올림으로써 이윤을 증가시킬 수 있기

9) 예를 들어 일반적인 승용차는 기본적으로 사유재(사적재)이지만 하이브리드 자동차는 환경오염을 절감하기 위해 개발되기 때문에 공공재 속성을 가진 사유재로 해석할 수 있다.

때문이며 이런 이유로 민간기업이 CSR에 지출을 한다고 주장하였다(Bagnoli and Watts, 2003). 베슬리와 가탁은 기업의 이윤극대화 모형을 통해 CSR 지출행위 분석했는데, 소비자가 이타적이지 않을 경우 기업이 CSR을 통해 공공재를 제공하게 되면 소비자들은 무임승차를 할 수 있다. 따라서 민간기업이 CSR을 통해 공공재를 제공하는 경우 정부실패가 없으면 완전한 정부가 하는 것보다 사회후생이 낮지만 정부실패가 있으면 민간기업이 CSR 지출을 하는 것이 사회후생을 더 크게 할 수 있음을 보였다(Besley and Ghatak, 2007). 뿐만 아니라 블롬그렌은 CSR에 대한 후생경제학적 분석을 위해 다섯 가지 가정을 하였다(Blomgren, 2011). 첫째, 민간기업, 정부, 그리고 NGO단체는 사적이윤을 위해 활동한다. 둘째, CSR은 자발적인 행위이다. 셋째, CSR은 사적재이지만 공공재적 특성을 가진 재화이다. 넷째, CSR을 통한 공공재적 재화의 제공수준이 낮은 경우 기업의 성과에는 부정적인 영향을 미친다. 다섯째, CSR을 통한 공공재적 재화의 제공은 사적재와 연결되어 있는 경우에 바람직하다. 이상의 다섯 가지 가정을 통해 민간기업이 CSR을 통하여 공공재 공급하는 것이 정부와 NGO단체에 비해 후생을 높일 수 있는 경우는 공공재적 재화가 사적재화와 연결된 상품을 생산하는 경우라는 결론을 얻었다. 이런 결과는 CSR에 대한 윤리적인 측면을 무시하고 경제적인 논리를 가지고 분석하더라도 사적이윤을 추구하는 기업도 CSR을 제공할 수 있다는 측면을 보여주기 위한 것이다.

기업이 CSR을 통해 지출하는 영역의 많은 부문은 정부가 담당해야 하는 역할이다. 그러나 정부가 제대로 작동하지 못하는 정부실패의 경우에는 기업이 CSR을 통해 얼마든지 정부역할을 할 수 있고, 이러한 행위가 기업의 이윤추구 목표와 대립되지 않는다. 정부가 정부실패로 최적수준의 공공재를 제공하지 못하면, 기업의 CSR을 통해 공공재를 공급하는 것이 효율적이다. 만일 정부가 부패하거나 재분배 정책방향으로 간다면 비효율적일 수밖에 없다. 따라서 후생경제학적 관점에서 기업의 CSR을 분석하는 연구는 주주이론 뿐만 아니라 공공재 관점(최적수준의 CSR)에서 이해관계자이론 측면으로 발전하고 있다.

기업이 왜 CSR을 하는지와 CSR 체계에 대한 분석은 최근 CSR에 대한 경제학적 연구의 주요 주제이기도 하다. 많은 연구자들이 기업에게도 이익이 되고 사회에도 좋은 영향을 미치는 CSR활동을 전략적 CSR로 정의한다. 2000년대 초반 포터와 크래머는 CSR을 전략적 관점에서 바라보는 장기간에 걸친 연구를 진행하였고 경쟁력의 강화수단으로 전략적 사회공헌의 중요성을 강조하였다. 이후 전략적 사회적책임의 개념을 발전시켜 CSR이 비용의 개념이 아닌 기회, 혁신, 경쟁우위의 원천이라고 하면서 (Porter and Kramer, 2002, 2006) 기업의 CSR을 반응적 CSR과 전략적 CSR로 분류하였다. 반응적 CSR은 좋은 기업시민으로서의 역할, 유해한 가치사슬을 완화시켜주는 역할을 하는 반면, 전략적 CSR은 이를 뛰어넘는다는 점을 강조하였다. 다시 말해서, 전략을 강화하면서도 사회에 기여하도록 가치사슬을 변형시키고 기업의 능력을 넘어 경쟁우위를 점하기 되는 전략적 공헌을 포함한다(표 2-4-2 참조).

**표 2-4-2.** 반응적 CSR과 전략적 CSR

| 일반 사회적 영향 | 가치사슬의 사회적 영향 | 경쟁맥락의 사회적 차원 |
|---|---|---|
| 좋은 시민 | 가치사슬 활동으로 인한 피해 완화 | 역량 활용으로 경쟁상황의 주요 영역을 개선하는 전략적 자선사업 |
| **반응적 CSR** | 전략을 강화하면서 사회에 이익을 주기 위해 가치사슬 활동 전환 | **전략적 CSR** |

출처: Porter and Kramer, 2006, p.89 인용

전략적 CSR에 대한 2010년 이후 대표적인 연구로 키츠뮬러와 심삭(Kitzmueller and Shimshack, 2012)의 연구가 있다. 그들은 기업의 사회적 책임이 사기업의 공공재 공급이나 법적기준을 초과한 외부불경제효과의 차단활동을 의미한다고 경제학적으로 정의하고 있으며 기업의 사회적책임에 대한 경제적 의미를 이해하기 위해서는 전략적 CSR의 가능성과 기업의 동기에 대한 분석이 필요하다고 지적하였다. 베슬리는 기업의 목표를 크게 두 가지 방향으로 나누고 비상업적 가치에 기반을 둔 기업 목표가 어떻게 실행되는지를 살펴보았다. 시장에는 사회적책임을 의시하는 소비자가 존재하기 때문에 이를 의식한 기업이 존재하게 된다. 이에 반해 다른 측면은 기업이 압력단체 등 사적 정치에 의해 유도된다는 것이다. 즉, 기업이 순수하게 이윤을 극대화하려는 상업적인 동기만을 가지고 있다고 할지라도 사회적으로 책임활동을 할 수 있다는 것이다. 이는 바론이 말한 전략적 CSR과 맥락을 같이 한다. 또한 키츠뮬러와 심삭은 전략적 CSR을 시장, 정치, 그리고 사회적 규범으로 나누어 설명하고 있다. 기업이 수행하는 CSR이 고용자와 피고용자와의 관계에 영향을 미치게 되고, 이를 통해 고전적인 노동시장의 결과를 변화시켜 사회적 소비자의 선호도 및 사회적책임을 유도할 수 있다고 주장하였다. 다시 말해서 기업들은 잠재적인 사회운동이나 정부의 감독으로 비용상승, 수요감소, 경쟁열위 등의 위험을 미연에 방지하기 위해 CSR을 사용하기도 한다.

비나보와 티롤은 CSR을 크게 세 가지의 관점으로 나누어 설명하였다(Bénabou and Tirole, 2010). 첫째, 윈윈(win-win) 관점으로 기업은 CSR을 통해 이익을 얻을 수 있다. 둘째, 위임 관점(delegated philanthropy)으로 기업은 시민가치 표현의 매개체로서 CSR을 위임된 자선활동으로 본다. 셋째, CSR을 내부자 관점(insider-initiated corporate philanthropy)으로 보며, 경영진이나 이사진의 필요에 따라 사회적책임 활동에 참여한다고 설명한다. 세 가지 관점 가운데 첫 번째에 해당하는 윈윈 관점이 전략적 CSR과 관련이 있다. 즉, 기업은 일반적으로 단기이윤에 초점을 맞추는 경향이 있다. 이러한 단기적 성향은 장기적인 이윤에 손실을 가져오거나 이해관계자에 대한 외부효과를 가져올 수 있다. 따라서 기업이 CSR을 고려하게 되면 장기적인 이윤극대화를 할 수 있게 되므로 기업에게도 이익이 된다. 키츠뮬러와 심삭(Kitzmueller and Shimshack, 2012)은 CSR 전략에 대한 결정요인과 영향에 대해 언급하면서 CSR이 공공경제학 논쟁에서 동기부여 논쟁으로 바뀌고 있다고 하였다. 과거, CSR을 결정하는 요인이 공공재의 사적제공과 공공악재의 축소를 위한 것이었다면 최근의 CSR은 기업의 사적인 특성과 수평적 선호를 갖는 파라메터로 분류된다는 것이다.

또한, 주주 및 기타 이해관계자의 사회적 선호 여부에 따라 CSR을 분류한다면 비영리적인가 아니면 전략적 CSR을 하는가의 두 가지 유형으로 분류할 수 있다. 비나보와 티롤은 비전략적 CSR에서 전략적 CSR을 분해하는 핵심 요소로 '사회적 선호와 동기'를 강조하였다. 레인하트도 전략적 CSR의 관련성에 초점을 맞추고 기업이 사회적 이익의 명목으로 이익을 희생할 수 있는지 여부를 검토하였다(Reinhardt et al., 2008). 이러한 접근법은 매우 포괄적이며 직원, 소비자, 사회활동가 그리고 정부와 같은 이해관계자의 사회적 선호뿐만 아니라 경영자의 사회적 규범과 이미지 문제를 기반으로 하는 CSR 결정의 전략 및 비전략적 이론을 뒷받침하는 이론 및 경험적 논증이 된다.

## 5. 사회적책임의 전략

시장과 정부가 모두 최적의 결과를 제공하지 못하면, 민간 기업은 불완전성에 대한 대응으로써 사회적책임을 수행할 수 있는 여지가 있게 된다. 즉, 적어도 한 유형의 이해관계자가 사회적 선호를 충족시키기 위해

법적 요구사항을 넘어설 수 있음을 의미한다. 그러나 사회적 선호가 CSR을 정의하는데 전제조건으로는 필요하지만, CSR 전략에 대한 결정요인을 설명하기에는 충분치 않다. 실제로 시장의 불완전성이 규제, 경쟁 또는 계약에 미치는 영향에 따라 특정 이해관계자가 사회적 선호를 충족시키기 위해 시장불완전성에 대한 사적인 대응책으로 CSR 전략을 제시할 수 있기 때문이다.

시장불완전성에 대한 사적 대응책으로서의 CSR 전략은 세 가지 범주로 설명할 수 있다. 첫째, 규제에 영향을 미치는 시장불완전성은 외부효과, 공공재의 공급 및 이타주의의 존재로 부터 비롯된다. 이 경우 CSR은 규제기관, 사회활동가, 비정부기구인 NGO, 그리고 이타주의자 등 환경에 대한 이해관계자로부터 발생하는 유인과 외부압력에 의해 좌우될 수 있다. 둘째, 경쟁에 영향을 미치는 시장불완전성으로 상품차별화, 비대칭 및 시장의 경쟁가능성에 근거한다. 이 경우 CSR전략은 소비자, 경쟁자 또는 명성에 대한 관심으로부터 비롯된 경쟁압력과 이에 기반한 기업의 시장구조 유인에 의해 추진된다. 마지막 시장불완전성은 계약불완전성에 의존한다. 계약은 본질적으로 불완전하기 때문에 제한된 합리성과 불완전한 정보로 인한 불완전한 계약은 기업경영진에게 권한을 위임해야 한다는 것이다. 즉, 임원이 주주가 아닌 다른 이해관계자의 이익에 호의적인 방식으로 재량권을 행사할 수 있기 때문에 CSR 전략은 주주, 직원 및 이사의 내부압력을 토대로 기업의 이해관계자와의 관계에 대한 유인에 의해 추진된다. 따라서 본 절에서는 CSR 전략에 대한 세 가지의 범주인 규제, 경쟁, 계약에 대해 구체적으로 살펴보고자 한다.

### 1) 규제에 영향을 미치는 시장불완전성

CSR을 주도하는 규제에 영향을 미치는 시장불완전성은 외부효과, 공공재의 공급, 그리고 이타주의의 존재가 그 원인이다. 특히, 환경적·사회적 요인에 기반한 대부분의 CSR 활동은 오염저감과 같은 부정적인 외부효과를 줄이거나 금융이나 병원과 같은 긍정적인 외부효과를 창출하는 것을 목표로 한다. 이 경우 CSR 전략은 규제기관, 비정부기구(NGO)와 사회활동가, 이타주의자 등 주요 이해관계자의 외부압력에 기반하여 공공재(public goods)를 생산하거나 공공악재(public bads)에 대한 영향을 줄이기 위한 기업의 유인에 의해 추진된다. 따라서 시장불완전성에 대한 CSR 전략은 공공규제와 사회적 압력, 사적인 정치에 반응, 그리고, 사회적 활동을 수행하는 자의 도덕적 의무 이행 등 세 가지 유형의 CSR에 대한 동기를 제시할 수 있다.

첫째, 공공규제와 사회적 활동의 도덕적 의무로서의 CSR로서 사회적 비용과 관련된 문제를 코즈적 방법으로 해결할 수 있으며 규제과정에서 거래비용을 절약할 수 있다(Heal, 2005). 또한 CSR은 규제실패에 직접적으로 대응할 수도 있다. 사실, 피구세를 부과하는 것은 정부가 개인의 선호, 기술 및 비용에 대한 정보가 완벽한 경우 매우 효율적이다. 그러나 정보가 완전하지 않으면 외부효과와 공공재를 효율적으로 제공할 수 없다. 따라서 이론적인 연구는 공공재 공급이나 공공악재(public bads) 축소를 위해 CSR이 공공규제를 대체(약화) 또는 보완(강화)하는 조건을 구체화하는데 목적을 둔다. 지배적인 관점에서 CSR은 먼저 미래의 규제제약을 피하는 데 도움을 주는 경우 규제를 대체할 수 있다. 루츠는 규제가 공표되기 전에 기업이 품질수준에 도달한다면 규제자는 기준을 약화시킬 수 있고 후생은 감소한다고 하였다(Lutz et al., 2000). 제한된 금액으로 예상되는 정부표준을 초과하는 기술비용을 전략적으로 낮춤으로써 품질 선도자는 정부에 영향을 주어 최소 품질기준을 낮출 수 있다. 맥스웰 역시 정부규제의 위협이 기업으로 하여금 자발적으로 오염 배출을 저감시키고 보다 약한 오염규제를 유도할 수 있다고 하였다. 두 가지 접근 방식 모두 CSR은 정부규제를 선점할 가능성이 있는 자체 규제 메커니즘으로 작용한다(Maxwell et al., 2000).[10] 그러나 맥스웰과 데커는 많은 환경투자가 미래규제를 선점하기보다는 기존규제를 준수하는 비용을 줄이는 데 목적이 있다고 하였다(Maxwell and Decker, 2006). 따라서 자기 규제적인 CSR과 (규제적인) 규제 사이의 대체가능성 (경쟁) 보다는 보완성을 제안한다. 이 경우, 규제기관은 기존의 환경규제를 집행하는 역할을 하고 기업 모니터링 빈도를 줄임으로써 자발적인 환경투자에 대응하게 된다. 기업은 예상되는 벌금이 감소함에 따라 행동을 취할 동기가 있게 된다. 샘과 이네스는 독성 폐기물 감축 프로그램(US 33/50)에 대한 참여가 완화된 규제 감시의 기대에 의해 동기가 부여되었음을 보여줌으로써 이러한 주장을 경험적으로 지지하였다(Sam and Innes, 2008). 존스톤과 라본의 연구에서도 OECD 7개국 약 4,000개 시설에 대한 데이터를 사용하여 환경인증이 규제당국에 신호가 된다는 강력한 증거를 제공하였다(Johnstone and Labonne, 2009). 뿐만 아니라 CSR은 로비 및 기타 이해집단에 의한 포획, 비효율, 높은 거래비용, 열악한 정보 및 높은 배달 비용과 같은 정부실패의 경우 규제를 보완할 수 있다. 예를 들어, 규제기관은 규제비용을 줄이고 자발적 협약을 협상하고자 하는 의사를 공유할 수 있다(Lyon and Maxwell, 2008). 요약하면, 문헌연구에 따르면, 지금까지의 CSR은 규제를 대체하거나 보완하는지 여부에 대한 명확한 답을 제공하지 못했으며, 실증분석은 환경기업정책에 국한되어 왔으며, 더 나아가 사회적 활동에 대한 작업에 매우 적절하다는 것이다.

둘째, 사회적 압력과 사적 정치에 대한 반응으로서의 CSR로서 기업환경을 이끌어내는 사회적 활동가 및 비정부기구(NGO)와 같은 사적행위자

---

10) 이러한 메커니즘은 Arjali'es and Ponssard(2010)의 경험적 연구와 Brouhle et al.(2009)의 계량경제분석에서 확인가능하다. 금속가공업계 데이터를 사용하여 온실가스감축 및 상당한 배출감축을 위한 자발적 프로그램 참여가 규제위협을 비롯한 여러 가지 외부압력과 관련이 있음을 보였다.

로부터 나오는 외부 압력에 의해 CSR를 하게 된다. 기업은 공공재를 생산하거나 캠페인을 통해 공공악재를 감소시키려고 한다. 사회적책임이 약한 기업은 보이콧을 통해 '운영허가'를 박탈할 수 있다(Post et al., 2002). 대표적인 사례로 네슬레(Nestl'e)의 지속가능하지 않은 팜유 사용을 중단한 2010 Greenpeace 'Kit-Kat' 캠페인을 들 수 있다. 경영이론에서는 내재적인 사회적 항의의 위협이 기업행동을 효과적으로 규율하고 CSR 결정을 유도할 수 있다고 명시되어 있다. 오멜과 고다르는 프랑스에서 유전적으로 변형된 유기체 산업 보이콧에 대한 사례를 사용하여 기업의 경쟁가능성은 기업의 제품 또는 프로세스에 기인하는 커뮤니티 환경과 건강관련 위험 및 경쟁자의 경제적 논쟁이라는 두 가지 유형의 위협에 노출되어 있다고 하였다(Hommel and Godard, 2001, 2002). 따라서 기업이 시장에서 중요한 역할을 하면서 혁신적이고 악명높은 산업에 속할 때 기업활동은 사회적 비판의 대상이 될 수 있다. 이처럼 시장에 대한 기업의 가시성과 CSR 수준 사이의 연관성은 많은 경험적 연구에서 발견되었다(Margolis and Walsh, 2001). CSR은 사회적으로 경쟁가능성을 방지하고 회사의 장기적인 이익을 보호하기 위한 전략적 정책이 될 수 있다. 그러나 사회적 압력은 시민들이 직접적으로 발휘하는 것이 아니라 NGO와 같은 사회활동가들에 의해 자주 발생한다. 바론이 사적 정치인으로 정의한 NGO는 공공기관이나 주주에 의존하지 않고 불매운동, 부정적인 캠페인과 같은 위협 또는 보상(보증)을 기업에 직접 요구한다(Baron, 2001). 바론과 디르메이어는 위협이 대상활동의 수준을 낮추는 데 효율적이기 때문에 위협이 보상보다 높다는 점을 강조하였다(Baron and Dirmeier, 2007). 예를 들어, NGO가 큰 위협을 가할 때 기업은 불안한 이해관계자를 안심시켜야 하기 때문에 정확한 환경보고에 투자를 하지만 불안하지 않은 자신감이 있는 이해관계자의 위협은 자발적인 공개가 모호하다(Sinclair-Desgagn'e and Gozlan(2003)). 그러나 모든 경쟁기업이 사회 활동가의 표적이 되는 것은 아니다. 기업의 CSR에 대한 가시성은 소비자 지향적 산업과 마찬가지로 공공계약의 정도에 따라 증가한다(Margolis and Walsh, 2001). 특히, 오염산업은 대중의 관심을 끌기 때문에 눈에 잘 띄게 된다.(Heal, 2005; Brown et al., 2006). 시겔과 비탈리아노는 경험재나 신뢰재는 탐색재를 판매하는 기업보다 사회적책임을 더 많이 짊어지기 쉽다고 하였다(Siegel and Vitaliano, 2007).[11] 한편, NGO가 반드시 높은 수준의 부정적인 외부효과를 가진 기업을 대상으로 하지는 않는다는 새로운 연구가 발표되었다. 바론(Baron, 2009)의 연구에 따르면 시민들이 도덕적 동기가 부여된 CSR과 사회압력에 의해 유도된 CSR을 구별하지 않는다면 도덕적으로 동기가 부여된 기업을 목표로 삼을 가능성이 높다는 것이다. 바론의 가설에 따르면, 사회운동가들은 실제로 도덕적으로 관리되는 회사에 대한 캠페인을 목표로 삼을 수 있다. 바론이 제시한 이와 같은 주장은 1996-2004 기간 동안의 수많은 기업 자료에 기인한다(Baron et al., 2008). 요약하여 정리하면, 사회적 압력은 대형 소비자 단체나 악명 높은 기업이 CSR 면허를 보호하기 위해 CSR의 주요 동인으로 나타난다. 사회활동가는 이 메커니즘에서 핵심적인 역할을 하지만, 그들의 역할은 더 복잡하고 더 깊은 이해가 필요하다.

마지막으로, 이타주의와 친사회적 행동은 공공이익을 제공하고 기업의 부정적인 외부효과를 내부화하는 CSR활동을 유도한다. 예를 들어, 1973년 설립된 미국의 아웃도어 브랜드 파타고니아는 1985년 이후 풀뿌리 환경단체에 매년 1%의 매출을 기부하고 있다.[12] 심리학 및 행동경제학의

---

11) 경험재란 사용전에는 알 수 없지만 책과 같이 소비를 하면 확인이 되는 상품, 신뢰재는 유기농 커피와 같은 정상적인 용도로는 품질을 평가할 수 없는 상품, 그리고 탐색재는 비행기표처럼 품질을 쉽게 확인할 수 있는 재화이다.

12) 파다고니아가 기업으로 환경문제에 강경하게 대응하는 것은 단순히 수익 때문만은 아니다. 환경에 최소한의 영향을 주는 방식으로 모든 생산과정을 운영하면서 매출의 1%를 기부하고 있다. 1986년에 본격적인 환경 보호 기부를 시작할 당시에는 매

최근 발전은 CSR을 사회적 이익에서의 이익 희생의 행동으로 검토하는 데 사용되어 왔다(B'enabou and Tirole, 2010). 여기서 CSR은 이타적인 이유로 경영자가 자선 활동에 참여할 의지를 반영하는 사회적 행동으로 해석한다. 이는 밀튼 프리드먼(Milton Friedman, 1970)이 주장하는 CSR에 대한 견해를 따르는 것으로 CSR이 개인의 사회적 동기로 다른 사람들에게 돈을 쓰는 것에 해당한다. 사실, 경제주체는 법률가가 공유하지 않는 가치를 증진하기를 바랄 수 있다.

바론도 CSR은 도덕적 관심에 의해 동기부여된 자체규제로 간주 될 수 있다고 하였다(Baron, 2010). 즉, 자체 규제의 범위를 도덕적 선호 함수로 보고 쉽게 완화될 수 있다고 보았으나 친사회적 동기부여는 사회적 영향을 상쇄할 수 있다. CSR 활동에 대한 광고를 많이 할수록 이타주의보다는 단순한 이미지를 추구하는 것으로 전락할 수 있다.

### 2) 경쟁에 영향을 미치는 시장불완전성

CSR을 견인하는 시장 불완전성의 두 번째 범주는 상품차별화, 정보비대칭성 및 시장 경쟁가능성에 기반한 불완전경쟁이다. CSR은 기업이 생산하는 제품이 신뢰할 수 있는 상품이라는 신호가 될 수 있고, 경쟁자와 경쟁할 수 있으며, 시장에서 다른 기업의 상품과 차별할 수 있는 효율적인 도구일 수 있다. 다시 말해서 경쟁자보다 경쟁우위를 확보하는 것을 목표로 한 전략적 CSR정책으로 간주될 수 있다(Baron, 2001, Delmas et al., 2011). 이 경우 CSR 전략은 소비자, 경쟁자 또는 사회적 명성에 대한 관심으로서의 기업의 시장구조 유인에 영향을 미칠 수 있다.

기업이 공정무역 상품이나 환경 친화적 상품처럼 CSR에 대해 지불하

---

년 이익의 10%를 기부하기로 선언했지만, 이후 매출의 1%를 후원하는 것으로 원칙을 바꿨으며 적자가 나더라도 기부하겠다고 하였다. 지금까지 파타고니아가 환경보호를 위해 기부한 금액은 7,800만 달러(약 858억원)에 이른다.

려는 고객을 식별할 수 있다. 특히, 자신의 상품을 모방하는 틈새시장을 방어할 수 있는 경우 CSR은 비대칭 정보, 규모의 경제 및 지식재산권 보호와 관련된 마케팅 및 산업경제의 표준문제에서 상품차별화와 유사하다(Reinhardt and Stavins, 2010).

수많은 논문들이 CSR을 상품차별화 전략으로 간주하고 있다. 이는 기업이 사적으로 공공재를 생산하고, 소비자는 윤리적 속성에 대해 기꺼이 지불하려는 속성에 기인한 것이다(Becchetti et al., 2005; Graff Zivin and Small, 2005; Baron, 2007; Besley and Ghatak, 2007). 경험적인 여론 조사에서 소비자는 윤리적 소비에 대한 관심이 증가하는 경향이 있다는 점을 확인하였다(De Pelsmacker et al., 2005).

소비자의 지불의사는 죄인과 성자의 제품과 CSR 문제에 의존한다(Sen and Bhattacharya, 2001). 또한, 루레이로와 로데드는 소비자들이 공정무역과 그늘에서 자란 커피를 유기농 커피보다 더 높은 프리미엄을 지불할 용의가 있다는 점을 직접 대면조사를 사용하여 밝혀냈다(Loureiro and Lotade, 2005). 그러나 기로드-에러드와 호프만은 소비자가 안전하고 건강한 음식을 기꺼이 먹을 수는 있지만, 실질적인 비용을 지불하는 데 어려움을 나타낸다고 하였다(Giraud-H'eraud와 Hoffman, 2010). 이러한 관점에서 라벨과 인증은 정보의 비대칭을 줄이기 위해 상품차별화 전략에서 핵심적인 역할을 한다. 사실, 상품의 CSR 속성은 정상적인 용도로는 평가할 수 없는 신뢰할만한 상품의 품질에 의존하므로 소비자의 신뢰를 얻으려면 추가로 값비싼 정보가 필요하다. 바론은 CSR 보증(인증)과 정보(소셜 라벨)의 역할을 구분하고 있다(Baron, 2010). 즉, 사회적 명성은 도덕적 선호도가 강한 사람들을 도덕적 선호도가 약한 사람들과 분리시킬 수는 있지만, 무조건적인 이타주의와 규제의 범위를 확장할 수는 없다는 것이다. 이처럼 상품차별화 전략의 하나로 간주되는 CSR은 마케팅과 경영 및 산업경제 분야에서 연구되고 있다.

다음으로 경쟁압력이 윤리적 행동을 파괴하거나 강화하는지 여부와 CSR이 가격경쟁과 양립할 수 있는지 여부를 파악해야 한다. 쉴레이퍼는 비윤리적인 행동으로 비용이 절감되다면, 경쟁으로 인한 가격하락과 기업가의 소득은 하락하므로 윤리적 행위에 대한 지불의사가 줄어들게 된다고 하였다(Shleifer, 2004). 따라서 비윤리적 기업행동은 순수한 탐욕보다는 경쟁에서 발생할 수 있다.[13] 그럼에도 불구하고 기업들이 사적재의 판매와 공공재 공급을 연계하여 사회적으로 책임있는 소비자들과 경쟁할 때 사회적 활동은 상품시장 경쟁의 부산물이 될 수 있다는 점을 강조한 몇 가지 논문이 있다. 또한, 진입장벽을 높이고 잠재적 진입자 비용을 높이기 위해 CSR 활동을 사용할 수도 있다. 사회적 또는 환경적 기업정책을 시행하는 것은 경쟁자에 대한 규제장벽을 직접적으로 높일 수도 있다. 샹볼레와 기로드-에러드는 제품 인증을 비관세 장벽으로 공식화하여 시장의 경쟁력을 줄임으로써 CSR에 대한 진입장벽은 확실히 수익성을 높일 수 있다는 점을 확인하였다(Chambolle and Giraud-H'eraud, 2005).

경쟁압력과 혁신적인 경쟁도 CSR 전략의 또 다른 강력한 지렛대가 될 수 있다. 유명한 포터의 가설(Porter and Van der Linde, 1995)은 환경규제가 혁신 및 생산비용 절감을 유발하여 경쟁우위를 차지한다고 하였다. 바그너의 연구에서는 환경관리시스템이 프로세스 혁신과 관련이 있는 반면 제품혁신은 소비자에게 정보와 생태계로 유도됨을 확인하였다. 하지만 최근의 또 다른 연구에서는 일반적인 경우 포터의 가설을 부인하기도 한다.

CSR에 대한 경쟁의 긍정적인 역할에 대해 상당한 양의 연구에서 상당히 낙관적으로 보고 있지만, 섬유산업의 사례는 이 모델의 한계를 더 잘 이해할 필요가 있음을 분명히 지적하고 있다. 실증연구는 기본적으로 환

13) 2013년 4월 방글라데시의 라나 플라자 의류직물의 붕괴와 1,100명이 넘는 사망자 수가 이러한 메커니즘 때문에 발생하였다.

경문제에 초점을 두고 있다. 그러나 시장혁신은 사회적 형태를 취할 수도 있다. 예를 들어, 머피는 신흥시장에서 새로운 시장기회를 준비하기 위해 기업이 사회적 이슈에 어떻게 투자할 수 있는지를 강조한다(Murphy et al., 2012).

마지막으로 많은 기업이 사회적책임에 투자를 하게 되면서부터 그린워싱으로 기소되고 있다. 그린워싱이란 경제적 이익을 목적으로 상품의 친환경적인 특성을 과장하거나 허위로 꾸며 광고하거나 포장하는 행위로, 기업이 표면적으로는 친환경 경영과 거리가 있지만 녹색경영을 표방하는 것처럼 홍보함으로써 경제적 이익을 보는 행위이다. 즉, 기업의 환경적 성과나 사회적 성과에 대한 부정적인 정보를 긍정적인 것처럼 숨기고 이익을 얻게 되는 기업은 기소된다. 특히, 미국과 유럽에서는 규제가 극도로 제한되어 있기 때문에 사회활동가는 그린워싱을 공개한다(Delmas and Cuerel Burbano, 2011). 비나보우와 티롤은 CSR에서 얻을 것이 많으면 좋은 행동이 수행되는 진정한 동기(평판 훔치기 효과)에 대해 의구심이 생긴다는 점을 보였다(B'enabou and Tirole, 2006).

사례 연구 이외에도, 환경 친화적인 환경분석은 여전히 제한적이다. Kim and Lyon(2008)은 전기사용에 대한 실용적인 온실 가스 감축량의 자발적 공개를 통해 실제 배출량과 비교하여 분석함으로써 전체적으로 탄소집약도에 아무런 영향을 미치지 않음을 보여 주었다. 그러나 기업의 평판을 보호하는 것은 그린워싱을 넘어선 CSR 활동의 중요한 동기이다. CSR은 품질을 관찰하기 어려울 때 상품의 특성을 나타내는 역할을 할 수 있다(Fisman et al., 2006). 따라서 사회적 평판, 진정한 CSR 및 친환경 광고는 반드시 양립할 수 있는 것은 아니지만, CSR이 전략적 무형 자산으로 간주되며 확실히 기업의 평판을 쌓는 도구로 작용하고 있다.

결론적으로, CSR이 그린워싱을 피하고 규제자의 관점에서 이러한 매카니즘의 정도와 잠재적인 한계를 파악하기 위해서 기업차원의 관점에서 이해해야 한다고 할지라도 CSR, 명성 및 이미지는 양립할 수 있다.

### 3) 계약에 영향을 미치는 시장불완전성

CSR을 견인하는 시장불완전성의 세 번째 범주는 계약불완전성에 의존한다. 하트의 연구에서 계약관계에 영향을 미치는 모든 미래의 사건은 최초의 계약과 연관되어 있다고 한다(Hart, 1995). 그러나 제한된 합리성과 불완전한 정보는 계약이 본질적으로 불완전하기 때문에 기업의 경영진에게 임의의 권한을 위임해야 한다는 것이다. 따라서 경영진이 주주가 아닌 다른 이해 관계자의 이익을 위해 재량권을 행사함으로써 CSR 전략이 불완전 계약의 효율적인 도구가 될 수 있다. 실제 경영진의 재량권은 항상 주주나 임원과 같은 특정 당사자에게 유리하게 작용하기 때문에 다른 이해 관계자는 기업과는 거래하지 않을 것이다. CSR 전략은 주주, 직원 및 이사의 내부압력에 기반하여 기업의 이해 관계자와의 관계에 대한 인센티브에 의해 추진된다.

주주들은 신탁의무 외에도 기업이 왜 CSR 활동을 하는지를 물어볼 수 있다. CSR 및 주주에 대한 연구는 사회적책임 투자(SRI) 관리 및 금융 관련 문헌에 필수적으로 포함되어 있다. 투자 결정 프로세스에서 재무실적뿐만 아니라 비재무성과 기준도 고려하고 있다(Crifo and Mottis, 2013). 따라서 SRI 시장의 전개는 CSR 결정에 중요한 이슈이다(Scholtens, 2006). 댐과 스콜튼은 소유권의 유형이 CSR 정책에 중요하며 CSR에 대한 상대적 가치가 다양한 유형의 소유자에 따라 다를 수 있음을 입증하였다(Dam and Scholtens, 2013). 일부 기관투자가는 신탁의무 또는 독립적인 사회적 및 환경적 의무 부과를 이유로 SRI 정책을 명시적으로 적용할 수 있다고 하였다(Sandberg, 2013).

Chatterji et al.(2009)는 사회투자자를 네 가지 동기로 구별하여 다루었다. 즉, 재무적 동기, 의무론적 동기, 결과주의적 동기, 그리고, 표현적 동기이다. 재무적 동기는 CSR이 기업성과를 높인다고 믿고, 의무론적 동기는 비윤리적 또는 가식적인 행동으로는 이익을 발생하지 않는다고 한다. 그리고 결과주의적 동기는 좋은 행동을 보상하고 인센티브를 제공한다. 마지막으로 표현적 동기는 자신 또는 타인에게 개인의 정체성을 표현한다. 여기서 CSR에 대한 위임된 책임은 마지막 세 가지 동기를 다룬다.

CSR 전략을 평가하기 위해 투자자는 지속가능성과 윤리적 지표에 의존한다(Hoti et al., 2007). 이론적 관점에서 볼 때 CSR 전략에 대한 책임투자자의 영향은 재무성과와 CSR간의 연계에 관한 문헌과 관련이 있다. 기본적로 SRI의 재무성과에 중점을 둔 연구 결과를 볼 때, SRI는 투자자의 수익성에 최소한의 해를 주지 않고 CSR이 충분하지 않은 기업에 불이익을 줄 수 있는 효과적인 지렛대로서의 역할을 한다.

한편, CSR을 통해 책임을 위임받을 수 있는 기업 이해 관계자의 두 번째 범주는 노동력이다. 이해관계자의 역할은 주주의 역할만큼 잘 이해되지는 있지는 않다. 먼저, CSR은 기업문화의 신호로 보일 수 있으므로 노동자의 정체성과 인센티브 형성에 기여할 수 있다. 브레크와 나이보르그는 친환경 기업이 팀의 업무 가치로 동기부여된 직원을 채용할 수 있으며 확고한 생존과 장기적인 성과를 보장할 수 있음을 보였다(Brekke and Nyborg, 2008). 또한 CSR이 우수한 인재를 유치할 수 있다는 것이다(Portney, 2008). 동기부여된 직원은 자신의 업무가 개인적 가치 충족으로 보상되기 때문에 공정한 시장가치보다 낮은 임금을 받을 가능성이 있다고 하였다(Frank, 1996). 최근 프랑스의 실증연구에 따르면 환경 기준(ISO 14001)을 채택한 기업의 직원들은 자신의 업무에 대한 유용성이 높았으며 다른 근로자에 비해 공정한 가치를 지니고 있다는 점을 확인하였다(Lanfranchi and Pekovic, 2011).

결론적으로 사회적책임 투자가 기업의 불충분한 CSR에 불이익을 주는 효과적인 도구로 등장하지만 능동적인 CSR은 다양한 경로를 통해 직원의 생산성을 향상시킬 수 있다.

CSR을 이사의 위임된 책임으로 본다면 대리인 이론으로도 설명할 수 있다. 기업지배구조의 목적에 따라 주주는 일반 협의회에서 회의를 열고 CEO의 운영 결정을 감독하는 이사회에 통제 권한을 위임한다. 이사는 계약 불완전성을 처리하는 데 필요한 임의 도구로 CEO를 CSR에 위임할 수 있다. 즉, 주주가 아닌 다른 이해 관계자의 이익을 우선시하는 방식으로 재량권을 행사할 수 있다. CEO를 세우고 소유하는 것은 비즈니스 모델과 개인의 목표에 따라 회사의 CSR 수준을 선택할 수 있는 모든 권한을 갖는다.

프리드만(1970)에 따르면 경영자가 자영업자나 주주가 아닌 CEO가 될 때, 그들의 책임은 수익성을 보장하는 것이다. 그러나 CEO가 CSR을 하면 기회주의적 이유로 인하여 주주의 자금을 잘못 사용할 수도 있다. 대리인 이론에 정립된 이러한 CSR은 사회성과 지지자들의 찬사를 좋아하는 경영자들에게는 보람이 될 수 있다(Baron et al., 2008). 세스파와 세스톤은 비효율적인 경영자가 주주를 희생시키면서 자신의 지위를 강화하기 위해 CSR 전략을 사용한다는 이론을 제시하였다(Cespa and Cestone, 2007). 즉, 경영진 교체의 경우에도 기업이 이해관계자를 보호할 수 있도록 도와주는 전문기관의 출현에 대한 근거를 제공한다. 이는 일반적인 대리인 이론을 넘어 이사회가 CSR 활동에 미치는 영향에 대한 관심이 점점 커가고 있다는 것을 의미한다.

## 2-4 결론

애초에 아담스미스 이후 고전경제학의 논리에서는 시장의 '보이지 않는 손'의 작용으로 시장에 참여하는 개개인 모두가 자신의 최대 이익을 추구하는 행동을 하면 자원은 효율적으로 분배된다고 생각하였다. 시장이 완전할 때, 즉 완전경쟁, 완전한 정보, 완전한 합리성이 있을 경우 생산과 교환은 효율적으로 이루어지기 때문이다. 완전경쟁시장에서 시장기능이 정상적으로 작동했을 때, 시장에서 결정되는 가격과 생산량은 소비자와 생산자 모두에게 최선의 이익을 제공하는 것과 일맥상통한다. 이러한 논리에서 1970년대에 프리드만은 자원을 사용하고 법규와 규칙의 범위 안에서 이윤을 늘리기 위해 고안된 활동에 종사하는 것이 하나의 사회적책임이라고 주장하였다.

만약 시장의 자동조절장치가 제대로 유지된다면 기업의 경영자는 자신의 이익만을 추구하는 행동을 하더라도 사회적책임의 문제가 개입될 여지가 없지만, 시장이 불완전하게 되면 시장의 자동조절장치는 제 기능을 하지 못하게 되어 효율적인 배분을 달성할 수 없게 된다. 더군다나 시장은 기본적으로 현실에서 불완전성을 경험하게 된다. 이런 의미에서 시장불완전성은 사회적기업의 등장이나 기업의 사회적책임에 대한 결정을 내리는 이론적인 틀을 제안할 수 있다. 이에 더해 시장과 정부의 불완전성을 따로 분리하여 분석할 수는 없게 된다. 즉 시장과 정부가 최적의 결과를 제시하지 못할 경우, 민간 기업이 사회적 불평등에 대한 대응책으로서 사회적 선호를 충족시키는 사회적 가치가 중요해지고 이에 따라 사회적기업의 역할이 강조되어야 하며 기업이 사회적책임 활동을 더욱 활발하게 수행할 수 있어야 한다.

지난 20년 동안 기업은 사회적으로 책임을 지고 있거나 적어도 사회적으로 책임을 져야하는 것으로 나타나고 있다. 사회적기업이나 협동조합이라는 이름으로 비영리적인 중소규모의 기업조직들이 등장하고 있는 것이 대표적인 현상이다. 또한, 이러한 변화는 선진국의 대기업 중 거의 3분의 2가 CSR(Corporate Social Responsibility) 또는 지속 가능한 개발정책(KPMG, 2011)에 대한 보고서를 게시하고 있는 것으로도 확인할 수 있다. 이에 따라 사회적 가치와 사회적책임에 대한 정의, 그 결정 요인 분석, 기업 성과에 미치는 영향의 척도, 특히, 경영과학과 조직경제학 분야에 상당한 관심을 기울이고 있다.

사회적 선호를 담보하는 사회적 가치의 개념은 현실적으로 복잡하기 때문에 사회적기업이 담당해야 할 역할이나 범위가 광범위하고 이와 동시에 기업이 CSR에 참여하는 이유와 실질적인 영향은 결코 사소한 것이 아니다. 기업의 재무적 성과인 경제적 가치에 대한 중요성 뿐만 아니라 기업의 사회적, 환경적, 윤리적 측면의 사회적 가치를 동시에 고려하는 사회적 투자가 중요해지고 있다. 이는 사회적기업의 형성과 기업의 존립이 기업의 사회적책임과 밀접한 관련이 있음을 의미한다.

기업의 사회적책임에 대한 관심으로 인해 기업들의 사회적책임 수행이 장기적으로 기업의 성과에 긍정적인 영향을 미친다는 인식이 확산되고 있다. 기업과 사회가 윈윈(win-win)할 수 있기 위해서는 지속가능한 사회공헌 활동을 통한 성과를 내야하며 이러한 기업성과를 내기 위해서는 사회공헌활동이 기업의 경영전략에 포함되어야 한다. 기업 차원의 관점에서 CSR의 경제적 결정요인을 분석하기 위해 CSR이 시장불완전성,

즉, 외부효과, 공공재의 공급 및 이타주의의 존재, 불완전 경쟁 및 계약 불완전성에 의해 어떻게 유도되는지를 세심히 살펴보아야 한다. 특히, 기업이 CSR 및 다양한 CSR 활동에 참여할 수 있는 분명한 유인을 이끌어내는 시장 불완전성을 이해해야 하고, CSR의 재정성과에 대한 경영학적 연구뿐만 아니라 CSR의 사회적 결과에 대한 사회경제적 분석의 필요성이 점차 중요해지고 있다. 따라서, 사회적기업이 혼재하고 있는 혼합시장의 발전을 눈여겨봐야 할 것이며, 혼합시장에서 기업의 존립을 위해 경쟁하는 기업이 수행하는 사회적책임 활동의 전략적 의의와 사회적 가치를 재평가해야 할 것이다.

## 참고문헌


송헌재, 2014, "경제학적 관점에서 바라본 CSR", 자유기업원.

송헌재·고선, 2015, 경제학적 관점에서 바라본 CSR의 이론 및 실증분석: 공공재로서 CSR과 전략적 CSR을 중심으로, 『재정학연구』, 제8권 제1호, 111-136.

현진권 편, 2014, 기업사회공헌(CSR)의 경제학, 한국경제연구원.

Bagnoli, M. and Watts, S., 2003, "Selling to socially responsible consumers: competition and the private provision of public goods", *Journal of Economics and Management Strategy* 12, 419-445.

Baron, D.P., 2001, "Private politics, corporate social responsibility and integrated strategy", *Journal of Economics and Management Strategy* 10, 7-45.

Baron, D.P., 2007, "Corporate social responsibility and social entrepreneurship", *Journal of Economics and Management Strategy* 16, 683-717.

Baron, D.P., 2009, "A positive theory of moral management, social pressure, and corporate social performance", *Journal of Economics and Management Strategy* 18, 7-43.

Baron, D.P., 2010, "Morally motivated self-regulation", *American Economic Review* 100, 1299-1329.

Baron, D.P. and Diermeier, D., 2007, "Strategic activism and nonmarket strategy. *Journal of Economics and Management Strategy* 16, 599-634.

Baron, D.P., Harjoto, M. and Jo, H., 2008, "The economics and politics of corporate social performance", *Working Paper*, Stanford Graduate School of Business Research paper 1993.

Becchetti, L., Giallonardo, L. and Tessitore, E., 2005, "The game of social responsibility: a product differentiation approach", Mimeo, University Tor Vergata Roma.

Benabou, R. and Tirole, J., 2006, "Incentives and prosocial behavior", *American Economic Review* 96, 1652-1678.

Benabou, R. and Tirole, J., 2010, "Individual and corporate social responsibility", *Economica* 77, 1-19.

Bergstrom, T., L. Blume, and H. Varian, 1986, "On the private provision of public goods", *Journal of Public Economics* 29(1), 25-49.

Besley, T. and Ghatak, M., 2005, "Competition and Incentives with Motivated Agents", *American Economic Review* 95(3), 616-636.

Besley, T. and Ghatak, M., 2007, "Retailing public goods: the economics of corporate social responsibility", *Journal of Public Economics* 91, 1645-1663.

Besley, T. and Ghatak, M., 2017, "Profit with purpose? A theory of social enterprise, *American Economic Journal: Economic Policy* 9(3), 19-58.

Blomgren, Atle, 2011, "Is the CSR craze good for society? The welfare economic approach to corporate social responsibility", *Review of social Economy*, December, 495-515.

Borzaga, C. and Defourny, J., 2001, The Emergence of Social Enterprises Routledge, London.

Bowen, H. Ro., 1953, Social responsibilities of the businessman, New York: Harper & Row.

Brekke, K. and Nyborg, K., 2008, "Moral hazard and moral motivation: corporate social responsibility as labor market screening", *Resource and Energy Economics* 30, 509-526.

Brouhle, K., Griffiths, C. and Wolverton, A., 2009, "Evaluating the role of EPA policy levers: an examination of a voluntary program and regulatory threat in the metal-finishing industry", *Journal of Environmental Economics and Management* 57, 166-181.

Brown, W.O., Hellanda, E. and Smith, J.K., 2006, "Corporate philanthropic practices", *Journal of Corporate Finance* 12, 855-877.

Cespa, G. and Cestone, G., 2007, "Corporate social responsibility and managerial entrenchment", *Journal of Economic Management and Strategy* 16, 741-771.

Chatterji, A., Levine, D. and Toffel, M., 2009, "How well do social ratings actually measure corporate social responsibility?", *Journal of Economics and Management Strategy* 18, 125-169.

Cho, S. and S.H. Lee, 2017, "Subsidization Policy on the Social Enterprise for the Underprivileged", *The Korean Economic Review* 33, 153-178.

Cho, S. and S.H. Lee, 2018, "Subsidization Policy on the Social Enterprises and Endogenous Choice of Private Leadership", *Working Paper*.

Crifo, P. and Mottis, N., 2013, Research note: socially responsible investment in France. Working Paper, Ecole Polytechnique.

Dam, L. and Scholtens, B., 2013, "Ownership concentration and CSR policy of European multinational enterprises. *Journal of Business Ethics* 118: 117-126.

De Fraja, G. and Delbono, F., 1990, "Game theoretic models of mixed oligopoly", *Journal of Economics Surveys* 4(1), 1-17.

Delbono and Reggiani, 2013, "Cooperative firms and the crisis: evidence from some Italian mixed oligopolies", *Annals of Public and Cooperative Economics* 84(4), 383-397.

Delmas, M. and Cuerel Burbano, V., 2011, "The drivers of greenwashing", *California Management Review* 54, 64-87.

Delmas, M., Hoffman V. and Kuss, M., 2011, "Under the tip of the iceberg: absorptive capacity, environmental strategy and competitive advantage", *Business and Society* 50, 116-154.

European Commission, 2011, A renewed EU strategy 2011-14 for corporate social responsibility. Communication From the Commission to the European Parliament, the Council, the European Economic and Social Committee and the Committee of the Regions, Com. 681 final, 6.

Fisman, R., Heal, G. and Nair, V.B., 2006, A model of corporate philanthropy. Working Paper, Wharton School, University of Pennsylvania. Available at http://knowledge.wharton.upenn.edu/papers/1331.pdf accessed on

December 28, 2013.

Friedman, M., 1970, "The social responsibility of business is to increase its profits", *New York Times Magazine* Sept. 13, 32-33.

Freeman, R. Edward, 1984, Strategic management: A stakeholder approach, Boston: Pittman-Ballinger.

Fulton, M. and Giannakas, K., 2001, "Organizational commitment in a mixed oligopoly: agricultural cooperatives and investor-owned firms", *American Journal of Agricultural Economics* 83(5), 1258-1265.

Giraud-Héraud, E. and Hoffman, R., 2010, "Corporate social responsibility as a strategy for safe and healthy food",. In P. Crifo and J.P. Ponssard (eds.), Corporate Social Responsibility: From Compliance to Opportunity? (pp.169-187), Paris: Editions de l'Ecole Polytechnique.

Graff Zivin, J. and Small, A., 2005, AModigliani-Miller theory of altruistic corporate social responsibility. The B.E. Journal of Economic Analysis and Policy 5(1). Available at: http://works.bepress.com/jgraffzivin/1 accessed on December 28, 2013.

Hansmann, Henry B., 1980, "The Role of Nonprofit Enterprise, *The Yale Law Journal* 89(5), 835-901.

Heal, G., 2005, "Corporate social responsibility: an economic and financial framework", *The Geneva Papers* 30, 387-409.

Hommel, T. and Godard, O., 2001, Contestation sociale et stratégies de développement industriel. Application du modèle de la Gestion Contestable à la production industrielle d'OGM. Working Paper, Ecole Polytechnique 15.

Hoti, S., McAleer, M. and Pauwels, L.L., 2007, "Measuring risk in environmental finance", *Journal of Economic Surveys* 21, 970-998.

Keim, G., 1978, Corporate social responsibility: an assessment of the enlightened self-interest model, The Academy of Management Review, Jan., 32-39.

Kerlin, J. A., 2006, "Social enterprise in the United States and Europe: understanding and learning from the differences", *Voluntas* 17, 247-263.

Kitzmueller, M. and Shimshack J., 2012, "Economic perspective on corporate social responsibility", *Journal of Economic Literature* 50, 51-84.

Kopel, M. and Marini, M.A., 2014, "Strategic delegation in consumer cooperatives under mixed oligopoly", *Journal of Economics* 113(3), 275-296.

Kopel M., Lamantia, F. and Szidarovszky, F., 2014, "Evolutionary competition in a mixed market with socially concerned firms", *Journal of Economic Dynamics & Control* 48, 394-409.

Lanfranchi, J. and Pekovic, S., 2011, "How green is my firm? Worker well-being and job involvement in environmentally-related certified firms", *Working Paper*, Centre d'Etude de l'Emploi.

Lutz, S., Lyon, T.P. and Maxwell, J.W., 2000, "Quality leadership when regulatory standards are forthcoming", *The Journal of Industrial Economics* 48, 331-348.

Margolis, J.D. and Walsh, J., 2001, People and Profits? The Search for a Link between a Company's Social and Financial Performance, Mahwah: Lawrence Erlbaum.

Marini, M.A., Polidori P., Teobaldelli D. and Zevi A., 2015, "Welfare enhancing coordination in consumer cooperatives under mixed oligopoly", *Annals of Public and Cooperative Economics* 86(3), 505-527.

Martin, Roger L. and S. Osberg, 2007, Social entrepreneurship: the case for definition", *Stanford Social Innovation Review* 5(2), 29-39.

Maxwell, J.W. and Decker, C., 2006, "Voluntary environmental investment and responsive regulation", *Environmental and Resource Economics* 33: 425-439.

Murphy, M., Perrot, F. and Rivera-Santos, M. 2012, "New perspectives on learning and innovation in cross-sector collaborations", *Journal of Business Research* 65, 1700-1709.

Navaro, 1988, "Why Do Corporations Give to Charity?", *The Journal of Busines* 61(1), 65-93.

Porter, M. and Van der Linde, C., 1995, "Toward a new conception of the environment-competitiveness relationship", *Journal of Economic Perspectives* 9, 97-118.

Porter, M. E. & Kramer, M. R., 2002, "The competitive advantage of corporate philanthropy", *Harvard Business Review* 80(12), 56-68.

Porter, M. E. & Kramer, M. R., 2006, "The Link between Competitive Advantage and Corporate Social Responsibility", *Harvard Business Review* 84(12), 78-92.

Portney, P.R., 2008, "The (not so) new corporate social responsibility: an empirical perspective", *Review of Environmental Economics and Policy* 2, 261-275.

Post, J.E., Preston, L.E. and Sachs, S., 2002, Redefining the Corporation: Stakeholder Management and Organizational Wealth. Stanford: Stanford University Press.

Reinhardt, F.L. and Stavins, R.N., 2010, "Corporate social responsibility, business strategy, and the environment", *Oxford Review of Economic Policy* 26, 164-181.

Reinhardt, F.L., Stavins, R.N. and Vietor, R.H.K., 2008, "Corporate social responsibility through an economic lens", *Review of Environmental Economics and Policy* 2, 219-239.

Salamon, L.M. and Anheier, H.K 1997, Defining the Nonprofit Sector. a Crossnational Analysis, John Hopkins Nonprofit Sector Series, Manchester University Press, Manchester.

Sam, A.G. and Innes, R., 2008, "Voluntary pollution reductions and the enforcement of environmental law: an empirical study of the 33/50 program", *Journal of Law and Economics* 51, 271-296.

Sandberg, J., 2013, "(Re-)interpreting fiduciary duty to justify socially responsible investment for pension funds? Corporate Governance", *An International Review* 21, 436-446.

Sen, S. and Bhattacharya, C.B., 2001, "Does doing good always lead to doing better? Consumer reactions to corporate social responsibility", *Journal of Marketing Research* 38, 225-243.

Shleifer, A., 2004, "Does competition destroy ethical behavior?", American Economic Review 94(2), Papers and Proceedings of the One Hundred Sixteenth Annual Meeting of the American Economic Association San Diego (January 3-5), 414-418.

Siegel, D. and Vitaliano, D., 2007, "An empirical analysis of the strategic use of corporate social responsibility", *Journal of Economic Management and Strategy* 16, 773-792.

Sinclair-Desgagné, B. and Gozlan, E., 2003, "A theory of environmental risk disclosure", *Journal of Environmental Economics and Management* 45, 377-393.

Stiglitz J., 2009, "Moving beyond market fundamentalism to a more balanced economy", *Annals of Public and Cooperative Economics* 80(3), 345-360.

제**3**장

# 사회적경제와 복지혼합

박상하

본 장에서는 사회적경제가 사회복지 공급주체로서 참여할 수 있는 다양한 형태의 복지혼합 모형 이론을 제시하고 있다. 복지국가 위기로부터 촉발된 사회적경제와 복지혼합의 유사성과 목적성 측면을 기존 연구를 통해 상호보완 및 결합적 접근을 시도하고 있다. 또한 복지국가 위기 대안론으로 제시된 사회투자국가론, 근로연계복지, 복지다원주의는 서구 선진 국가들의 실험과정에서 나타난 결과들에서 사회적경제와 복지혼합의 결합 및 연계 활용분야로 한국에서 적용가능한 방안에 대한 정책적 시사점을 제공하고 있다.

## 3-1 서론

오늘날 사회복지 공급체계는 국가와 지방정부 그리고 민간으로 구성된 시스템은 점차 사라지고 있다. 소위 공사혼합체계로 변화해가고 있다. 복지공급 주체가 기존의 국가중심에서 민간의 다양한 공급주체와 혼합하는 형태를 일반적으로 복지혼합(welfare mix), 복지다원주의(welfare pluralism)라고 말하는데, 엄격히 말하면 이 두가지 용어는 구분될 필요가 있다. 복지혼합은 경험적·기술적 개념이고, 복지 다원주의는 처방적·가치지향적 개념이라 할 수 있다. 복지혼합은 가치중립적 개념으로서 다양한 복지서비스 공급주체의 구성방법에 대한 기술(description)을 의미한다. 반면에 복지다원주의는 '주의(ism)'라는 의미가 내포하듯이 하나의 이념으로서 사회복지에 대한 역할과 책임이 국가로부터 다른 공급주체들에게 이전되어야 한다는 주장이다. 복지 다원주의는 신우파(new right)의 사상과 맥을 같이 하고 있으며, 국가 역할의 축소를 정당화하는 구실로서 주장하고 있다(현외성, 2016).

공적 복지서비스의 제공자는 국가이었으나, 이제 국가가 직접적인 복지공급을 하는 것에서부터 계약방식이나 허가, 보조금 방식 등의 관리 위탁하는 방식을 점차 다양화해가고 있다. 이러한 복지공급체계의 다양화 다변화는 1970년대 이후 신자유주의와 복지국가 위기로부터 출발할 수 있다.

사회적경제의 역사와 발전은 태동, 번영, 쇠퇴, 부활, 재번영의 다섯 단계를 거치면서 발전해오고 있다. 1970년대 사회적경제가 다시 등장한 것은 복지재정 축소로 인한 복지국가의 역할과 기능 축소 뿐만아니라 신자유주주의와 세계화의 흐름에 따른 복지민영화 전략과 연관지어 살펴볼 수 있다. 서구 유럽은 국가가 담당해야할 빈곤과 실업문제 해결, 사회서비스 공급의 역할을 많은 부분 사회적경제 조직으로 대신하는 모양을 취하게 되었다. 이는 복지혼합과 사회적경제가 시대적으로 상호간 결합할 수 있는 정치 경제적 배경 및 추구하는 내용의 유사성과 목적성 측면에서 양자간의 관계를 확인할 수 있다.

# 3-2 복지국가 위기와 대안론

## 1. 복지국가 위기론

제2차 세계대전 후 서구 선진국가들은 케인즈주의적 국가개입을 통해 정치적 안정과 완전고용을 달성하면서 복지국가로의 발전을 지향해 왔다. 제2차 세계대전 후부터 1970년 초까지를 케인즈-베버리지안이 주도한 복지국가의 전성기라 부르는데, 대부분의 서구 선진국가들에서는 지속적인 경제성장과 낮은 인플레이션, 낮은 실업률을 유지하여서 고부담 고복지의 정책이 가능했다. 그러나 1970년대 오일쇼크 이후 서구에서는 경기가 침체되고 인플레이션 현상이 나타나면서 경제적 위기를 맞게 된다. 서구 경제는 저성장, 고실업이 장기화되고 케인지언 경제정책의 실효성을 점차 상실해 갔다. 이에 대부분의 국가에서 사회복지 지출의 둔화 및 축소 현상이 나타나게 되는데, 이러한 현상을 '복지국가의 위기'라고 한다.

복지국가 위기의 징후들에 관해 Mishra는 ①스테그플레이션의 시작과 경제성장의 종식, ②완전고용의 종말과 대량실업, ③정부세입은 감소되면서 재정지출은 증가되는 재정위기, ④사회서비스 예산의 삭감, ⑤복지국가 사회체제에 대한 일반적 신뢰의 상실 등으로 요약하고 있다.

결국 복지국가 위기의 발생원인이나 해결방안에 대해서는 크게 세

가지 관점으로 구분하여 볼 수 있다.[1)]

### 1) 신자유주의 관점

신자유주의 관점은 복지국가 위기 문제의 원인을 복지국가의 성장에 따른 국가의 자유시장 경제체제에 대한 지나친 개입으로 보고 있는데, 경제의 침체를 막기 위해서는 경제가 시장의 자율조정 기능에 맡겨져야 하며, 기업 간의 경쟁을 더욱 강화시키고 시장경제 내에서의 정치적 간섭을 배제하여 경제의 활성화를 꾀하여야 한다는 것이다. 또한 국가가 사회복지 프로그램에 지나친 지출을 해서 문제가 야기 되었으므로 사회복지 지출을 억제, 축소하며 국가개입이 없는 자유경쟁 시장체제로의 복귀를 주장하고 있다.

영국에 있어서의 신자유주의 정책은 1979년 집권한 대처로부터 시작된다. 대처의 주요 정책 중 특히 사회정책 부문에 있어서 목표로서 내세우고 있는 전략은 민영화, 지방정부의 억제, 불평등의 장려 등으로 집약된다.

민영화란 기본적으로 국가의 역할을 줄이고 그 기능의 일부를 민간영역에 이양하는 것을 말한다. 여기서 민간영역은 상업적 성격을 지닌 기관이나 공식적 또는 비공식적 조직 혹은 가족, 친구 및 이웃의 비공식적인 관계망이 해당된다. 민영화에는 자유경쟁의 시장기제 우월성을 지나치게 강조하여 거의 모든 사회복지서비스나 재화는 민간부분에서 제공해야하며, 공공부문의 역할은 극히 일부분으로 제한해야한다는 관점과 특정의 사회복지의 서비스나 재화는 공공부문 혹은 민간부문에서 제공되는 것이

1) 세 가지 관점 이외에도 복지국가 기반약화론과 정부실패론 등 다양한 견해가 존재한다. 기반약화론은 케인즈주의적 복지국가는 50~60년대 황금기를 구가했던 포드주의적 자본주의 생산방식의 비효율성 증대와 내수의 포화상태 도달, 국제 경쟁심화 등으로 기반이 약화되었다는 입장이다. 정부실패론은 시장에 대한 정부개입 증대로 민간경제의 약화, 투자위축, 근로동기 저하로 인한 노동력공급 저하 등 정부의 과도한 개입으로 평가하는 입장을 말한다.

바람직하기 때문에 사회복지의 재화나 서비스는 공공부문과 민간부문에서의 적절한 역할분담을 통해서 제공되어야 한다는 관점이 있다. 지방정부의 억제 또는 통제 방법으로는 지방정부의 지출(expenditure)에 대한 통제와 도시정책을 직접 정부가 관장함으로써 지방정부의 권한을 축소시키는 조치가 있으며 주택과 교육부문 등과 같은 영역에서의 기능 축소 등이 있다. 영국에서 보면 보수당 정부하에서 불평등이 증대되었다. 보수당 정권의 목표자체가 직접수단을 통해 불평등을 증대하려고 했을 뿐만 아니라 불평등을 불가피한 것으로 받아들이도록 전략적 차원에서 시도되었다.

### 2) 맑스주의 관점

맑스주의자들은 대개 국가가 자본에 완전히 종속적이라고 생각한다. 아무리 민주적으로 구성된 국가라 하더라도 국민을 위해 정책을 시행하는 것이 아니라 자본가들의 이익을 수호하기 위해 기능한다는 것이다. 이들의 견해에 의하면, 사회주의의 등장으로 인해 자본주의 체제가 위기를 맞은 상황에서 국가가 자본주의라는 체제의 안정을 위해 노동자들에게 사회주의로 전환하지 않고서도 사회주의에서 받을 것 같은 혜택을 제공하기 위해 복지국가가 등장했다는 것이다. 따라서 복지국가 위기는 자본주의 체제가 갖고 있는 기본적인 모순의 필연적인 결과라는 것이다. 즉, 국가는 자본가들의 자본축적을 유지시켜야 하는 한편, 이로 인해 야기되는 정치적, 사회적 문제를 해결해서 국민들, 특히 노동자들로부터 그 정당성을 확보해야만 한다. 그래서 국가는 복지정책을 통해 부가 분배되어지도록 하는데, 이렇게 분배하여 소비를 하게 되면 저축 또는 자본의 축적을 통한 투자가 어려워져서 자본주의 시장경제의 성장률이 떨어지고 결국 국가는 재정파탄을 초래하게 된다는 것이다. 이것이 복지국가의 위기이며 복지국가 자체는 자본주의 자체 내의 모순에 의해 소멸할 것이라고 주장한다.

### 3) 조합주의 관점

조합주의 관점은 복지국가의 위기를 복지국가가 발전하는 과정에서 나타난 시행착오와 상황의 변화로 인한 일시적인 현상으로 보는데, 복지국가 위기를 1973년의 석유파동, 전반적인 세계경제의 침체 등 악화된 경제상황 때문이라고 본다. 특히 외부적인 경제환경의 변화로 인해 경제상황이 나빠졌기 때문에 복지국가가 원하는 목표를 이룰 수 없게 되어 위기가 온 것으로 파악한다.

조합주의 관점은 복지국가 위기의 재편과정에서 경제정책과 사회정책을 밀접히 연관시키고 있으며, 복지국가의 제도속에 함축되어 있는 체계통합(system integration)을 사회통합(social integration)과 관련된 것으로 본다. 즉, 경제정책과 사회정책을 상호통합하고 조화시켜 경제와 사회복지 간의 기능적 통합을 시도하며, 사회구성원들은 공동협의와 사회적 합의를 바탕으로 공동체의식을 다졌으며, 노·사·정 공동 결정의 원칙을 세워 경제사회정책에 대한 국민적 합의를 통하여 대립구조와 갈등구조를 극복해 나가려고 노력한다.

조합주의적 복지국가에 있어서 이익집단은 그들의 힘을 집중화시켜 더욱 강력한 조직으로 성장함으로써 국가에 대하여 자율적인 대표성을 확보할 수 있었으며, 스스로 집단성원들에 대한 통제도 가능한 한 사적인 기관이면서 공적인 성격을 가진 조직의 성격을 지닌다. 이러한 이익집단들은 계급간의 협조적 행동을 바탕으로 전반적으로 사회경제정책의 형성과 실행에 있어서 정부와 각 이익집단들의 행동이 원만하게 이루어질 수 있도록 해서 사회안정과 복지 수혜층의 확대라고 하는 결과를 도출해 냈다.[2)]

2) 스웨덴과 오스트리아의 경우에 조합주의적 관점에 의한 실행은 경제적 효율성이나 사회정의라는 측면에서 복지국가의 위기를 무난하게 극복한 것으로 인정되고 있다.

## 2. 복지국가 위기 대안론

복지국가 위기론이 주로 전통적인 사회적 위험에 초점을 맞추고 있다면 신자유주의 체제하에서 복지국가를 재편하려는 복지국가 위기대안론은 신사회적 위험의 출현에 관심을 갖고 있다. 신사회적 위험은 여성의 점증하는 경제활동 참여로 인해 보편적 생계부양자 가구로의 전환, 고령사회의 도래, 인구감소 위협, 노동시장 유연화로 인한 비전형적인 일자리의 증가, 복지서비스의 민영화로 인한 계층화 등을 대부분의 복지국가가 직면한 공통의 사회위험으로 인식하고 있다. 1990년대에 본격적으로 등장한 위기대안론은 국가중심의 사회투자, 근로와 복지의 연계정책, 그리고 복지공급주체의 다변화를 강조하는 것으로 선진 자본주의 국가가 전통적인 복지국가의 재정적 위기를 극복하기 위한 노력의 산물이다. 이러한 복지국가 위기 대안론에서 사회적경제의 역할은 더욱 견고하게 다루어질 수 있으며 복지공급의 전달체계와 수단 측면에서도 복지혼합과의 연계는 자연스러운 접근방식으로 이해할 수 있다. 복지국가 위기를 극복하려는 대안적 처방으로 제시된 내용 세 가지를 요약하면 다음과 같다.

### 1) 사회투자론

사회투자론과 관련하여 사용되는 사회투자국가라는 용어는 영국의 신노동당 정책노선의 이론적 기반을 제공한 앤서니 기든스의 저서 '제3의 길'(The Third Way)에서 처음 사용되었다(Giddens, 1998). 이는 제1의 길인 사회민주주의와 제2의 길인 자유주의를 통합하여 새로운 제3의 길을 실현한다는 것으로 모든 개인의 평등한 가치, 기회의 평등, 책임, 공동체라는 네 가지 요소를 제기함으로써 자유주의와 사회민주주의의 근본적 가치를 결합시키고자 시도하였다. 제3의 길에 기반한 복지모델의 기본원칙은 잔여주의와 보편주의의 중간형태를 취한다. 즉, 신자유주의 복지원칙인 대부분의 사람들에게는 시장복지를, 극빈층에게만 국가복지를 제공하는 잔여주의와 사회민주주의의 기본원칙인 대부분의 사람들에게 국가복지를, 급여와 서비스 질 개선을 위해 지출을 증대하는 보편주의의 중간형태를 추구한다. 따라서 제3의 길에서 내세우는 복지개혁의 핵심내용은 일할 능력이 있는 사람들에게 일자리를, 그리고 일할 능력이 없는 사람들에게는 사회보장을 제공한다는 것이다.

기든스가 말한 '사회투자국가'는 복지국가를 대체하는 모델로 제안되었지만, 사회투자담론은 한 가지 모델로 수렴되지 않고 국가별로 다양한 경로를 보인다. 사회투자담론은 고용확대, 소득 불평등, 재정압박의 트라일레마(trilemma)에 대응하는 방법에 따라 북유럽의 노르딕 모델, 중부유럽의 대륙모델, 영국과 미국의 모델 등 다양한 특징을 보인다.

사회투자의 기본골격은 다음과 같이 정리될 수 있다. 첫째, 사회투자모델의 주요관심은 경제정책과 사회정책을 통합시키는데 있다. 이를 통해 사회투자는 사회적 지출을 낭비적이고 의존성의 근원으로 파악하는 신자유주의의 비판에 효과적으로 응답하려는 것을 목적으로 한다. 둘째, 사회투자는 전통적인 소득재분배를 통한 평등보다 새로운 사회적 위험에 능동적으로 적응할 수 있는 능력을 길러주는 기회의 재분배에 대한 투자, 특히 인적 자본에 대한 투자를 강조한다. 셋째, 사회투자전략은 교육과 훈련을 통해 많은 사람들을 경제활동에 참여하도록 지원하는 것에 초점을 둔다. 예를 들면, 에스핑-안데르센은 여성친화적인 정책의 핵심으로 적절한 가격의 보육제공, 유급 출산휴가, 유급 아동 양육휴가, 아동이 아플 경우 결근을 인정해주는 등의 요소를 주장한다. 사회투자의 주요전략 중 하나로 자산형성접근법은 미국에 이어 최근 영국, 싱가폴, 캐나다 등으로 확산되는 프로그램이다. 이 프로그램의 기본 아이디어는 단순히 저소득층이나 취약계층에게 공공부조를 통해 현금을 지원하는 것 외에 저축으로 상징되는 물적자산을 형성시켜 줌으로써 노동시장 진입을 촉진하고 공공부조 수혜자의 근로의욕의 감소를 줄이자는 전략이다.

사회투자전략의 핵심 프로그램들은 고전적 복지국가의 주요 정책이었던 소득보장제도와는 구별되는 특징을 보이고 있다. 고전적 복지국가가 소득상실 등의 사회적 위험에 대처하는 소득보장 프로그램 위주의 복지정책이었다면, 사회투자전략에서는 인적자본 향상과 시민들의 노동시장 적응을 지원하는 프로그램들이 핵심을 이루고 있다.

### 2) 근로연계복지

근로연계복지 개념에 대해서는 국가별 학자들에 따라 다양한 견해와 개념을 달리하고 있다.

근로연계복지는 workfare가 그 어원이며 work for fare를 줄인 것으로 1960년대 미국 닉슨 정부 시절에 만들어졌다. 넓은 의미에서의 workfare는 노동중심적인 복지정책 전반을 아우르는 개념으로 사용하는 이가 있는가 하면, Jessop(1993)처럼 아예 새로운 형태의 축적 체제를 뒷받침하기 위한 새로운 형태의 국가 복지 체계(workfare-state)로 이해하는 사람도 있다. 하지만 유럽에서는 workfare가 저열한 미국식 복지모델을 상징하는 언어로 여겨져 기피용어가 되어 버렸다. Welfare to work란 말은 글자 그대로 번역하면 '복지에서 일자리'로 라는 뜻이다. 이것 역시 미국에서 만들어진 말로 복지 급여에 의존해 사는 사람들을 노동시장으로 내보내는 정책을 상징한다. activation은 활동적이지 않던 것을 활동적인 것으로 만든다는 뜻이다. 사회정책에서는 노동시장 밖에 머물며 복지급여에 의지하던 수급자를 노동시장 안으로 끌어들이는 정책이나 프로그램을 의미하는 용어로 쓰인다. 이 때 노동시장을 떠나 복지급여에 의존하는 사람은 비활동적인 사람, 즉 소극적이고 수동적인 사람으로 간주한다. activation의 대상이 되는 제도는 일반적인 사회부조는 물론이고 연금과 실업 보상 제도를 포함하는 사회보장 제도 전반이다. 사회보장 제도의

activation은 가능한 한 근로 유인을 높이는 방향으로 제도를 개편하는 데 목적을 둔다. activation은 좁은 의미로 사용하여도 workfare나 welfare to work보다는 포괄적인 내용을 담고 있다. 따라서 유럽의 연구자들이나 정책 입안자들은 activation을 최상위의 개념으로 사용하는 경향을 보인다. workfare가 전형적인 미국 사회정책의 산물이라면 Insertion은 프랑스 고유의 철학이 담겨 있는 사회정책의 산물이라고 할 수 있다. Insertion은 사회적으로 배제된 사람들을 노동시장이나 사회생활에 재통합시키기 위한 정책이라고 할 수 있다. 프랑스의 Insertion는 사람들로 하여금 노동시장에서 일자리를 갖도록 하는데 역점을 두기 보다는 국가복지에 묶어 두는 역할을 수행하는 경우가 종종 있어 유럽 다른 나라의 activation 정책에 비해 효과성이 떨어진다는 지적도 가능하다. 프랑스에서 복지수급자는 사회적으로 배제된 사람으로 여겨지는 데 반해 미국에서는 의존적인 사람으로 여겨진다. 의존은 개인적인 결함이며 배제는 사회구조의 결함으로 간주된다.

근로연계복지는 나라마다 용어를 어떻게 해석하고 적용하는가에 따라 차이가 있으며 유형별로는 미시적 접근과 거시적 접근으로 나누어 생각할 수 있다. 전자는 근로연계복지를 주로 프로그램 수준에서 접근하는 것이고 후자는 복지국가와 노동시장의 체계 변화라는 차원에서 유형화를 시도한다. 근로연계복지에 대한 유형화 작업은 대부분 둘 또는 세 개의 모델로 정리되고 있다. 미시적 차원에서의 유형화는 프로그램이 징벌 위주냐 유인 위주냐의 구분에 초점을 맞추고 있는데 비해 거시적 유형화는 노동시장 통합이냐 사회 통합이냐를 중심으로 모델 구분이 이루어지고 있다.

이와 같은 다양하고 복잡한 내용을 토대로 근로연계복지의 특징을 정리하면 다음과 같다. 첫째, 근로연계복지는 강제성을 띠고 있다는 것이다. 이는 근로활동 참여를 이행하지 않을 경우 급여중단, 혹은 급여삭감 위험에 처할 수 있다는 것이다. 둘째, 역사적으로 구빈법 사상에 기초한 대단히 보수주의적 이데올로기에 기반하고 있다. 즉, 가치 있는 빈민과 가치없는 빈민을 구분하여 후자를 어떻게 통제할 것인가에 관한 공적 관심과 무관하지 않기에, 징벌적·훈육적 성격이 강한 것이다. 셋째, 근로연계복지 개념은 수급요건으로서 근로참여와 여타 의무를 강조하는 대신 적절한 프로그램 제공에 대한 국가의 의무에 대해서는 애써 왜면하고 있다. 넷째, 근로연계복지는 훈련 혹은 다른 형태의 프로그램에 비해 노동시장 취업을 더 선호하는 근로 우선주의의 특징을 지니고 있다.

### 3) 복지다원주의

복지다원주의는 국가중심의 복지제공 패러다임의 변화이면서 사회복지 공급의 주체로서 영리부문과 비영리부문의 역할을 확대하자는 것이다. 이는 복지다원주의의 기본전제가 사회복지 전달체계 개선에 의한 복지확충에 있기 때문이다. 국가복지의 관료화와 권위주의적인 성격으로 인하여 사회복지서비스의 질과 사회환경적 비용면에서 한계가 있다. 반면에 복지혼합에서는 재정부담자와 서비스 공급자 사이의 구분을 전제로 하여 국가는 재원을 보조하며 시장에 대한 규제의 역할을 수행하고, 사회복지서비스 공급은 가족, 비영리조직, 사회, 시장이 담당하도록 하게 한다. 이러한 복지다원주의는 다음과 같은 특징을 가지고 있다. 첫째, 사회서비스 공급주체는 국가 이외에도 영리부문, 비영리부문, 비공식부문 등 다양하게 존재하고 있으며 각 영역이 담당하고 있는 역할을 국가가 모두 효과적으로 대체할 수 없다. 복지다원주의에서 국가의 역할은 공공지출의 설계 및 사회복지서비스 공급구조의 개혁을 담당하여야 한다. 사회복지서비스 전달은 국가의 직접적인 서비스 공급이 아닌 제3의 정부의 출현에 관심을 갖는다. 이는 국가의 책임을 민간영역으로 전가시킨다는 비판도 있지만, 사회복지서비스 제공에 있어 분권화, 권한이양, 권한부여의 의미를 가진다고 할 수 있다. 둘째, 복지다원주의는 국가복지의 시장화 민영화의 방식들 즉, 효율성과 효과성을 높이는 사회복지서비스 전달체계와 관련이 있다. 즉, 복지국가의 위기가 자본주의 체제적인 결함이라기보다는 시장의 원리를 무시한데서 온 당연한 결과라는 것이다. 따라서 서구 우파들은 복지 축소주의를 옹호함으로써 국가복지의 축소를 의도하였으며, 이는 시장확대나 민영화 전략으로 이어지면서 사회복지서비스 공급에서도 강제적 경쟁입찰제도와 같은 유사 시장제도가 도입되었다. 셋째, 복지다원주의는 국가가 재정보조자로서의 역할과 시장에 대한 규제자로서의 역할을 한다. 이는 구조화된 시장, 관리되는 경쟁, 그리고 영국 신노동당이 추진한 비영리와 정부의 계약을 시스템화했던 시도와 같이 비영리 부문을 시장과 정부의 중간 또는 제3의 길로 정착시키려는 과정이다.

# 3-3 복지혼합모형

## 1. 복지삼각모형

복지혼합과 관련된 많은 논의가 있었지만 비교적 포괄적인 분석모형을 제시한 최초의 연구는 로스의 연구인데 그는 복지혼합의 구성요소로 국가, 시장, 가구의 3분법을 제시하고 있다(Rose, 1985). 로스의 3분법은 제3섹터를 포함하지 않았지만 1950년대 초부터 약 30년간 영국의 복지혼합이 매우 안정적인 구조를 유지해 왔음을 보여주었다. 그는 기본적으로 영리기업과 비영리조직간에 근본적인 차이가 없다고 보아 제3섹터를 3분법에 포함하지 않았다. 즉, 비영리조직도 직원들에게 인건비를 지급하며, 시장공급자의 이윤은 서비스 생산비용의 극히 일부에 지나지 않고, 수혜자 1인당 소요비용은 비슷하다고 보았기 때문이다.

제3섹터를 포함한 보다 분석적인 복지혼합 모형은 제3섹터강화론을 표방하는 유럽의 연구자들에 의해 개발되기 시작하였다(Evers, 1993, 1995; Pestoff, 1998, 김진욱 재인용, 2016). 이들은 소위 복지삼각형 모델(welfare triangle model)을 제시하고 있는데, 복지혼합의 구성요소를 국가, 시장, 공동체(지역사회), 제3섹터로 분류한다. 에버스의 복지삼각형 모형에 의하면 국가, 시장, 공동체(지역사회)가 복지삼각형의 세 꼭지점에 위치하며, 제3섹터는 삼각형의 중앙에 위치한다. 바로 이 영역이 시장과 국가 및 제3섹터의 원리간에 긴장이 관찰되며, 국가의 보편주의와 제3섹터의 특수주의간의 대립이 나타난다. 또한 비공식부문과 제3섹터간 많은 부분에서 개인적 관계, 이웃, 사회적 연결망 등과 같은 원칙들을 공유함으로써 하위 영역간 경계가 모호해진다.

복지삼각형 모델은 스웨덴의 페스토프에 의해 더욱 정교하게 발전되었다(Pestoff,1998). 그는 복지혼합을 사회복지서비스 공급구조를 평가하기 위한 좌표들로 규정한다. 복지혼합은 가변적이고 정치적이며 사회적인 개념이다. 그러기에 복지혼합의 변화는 사회의 주도적 가치나 이데올로기의 변화를 함축하고 있다. 그림에서 보듯이 페스토프의 복지삼각형 모델은 공/사, 영리/비영리, 공식/비공식 이라는 세 축에 의해 설명되며 영역간의 상호작용, 긴장, 협력 등을 표현하고 있다 특히, 유럽의 제3섹터 강화론은 시민사회라는 거시적 맥락에 기반하고 있음을 상기한다면 민주주의와 참여의 가치를 잘 드러내고 있는 모형이라는 점에서 제3섹터와 사회적경제를 자연스럽게 결합할 수 있다는 해석을 할 수 있다. 또한 복지삼각형 모델이 한 사회의 복지공급 혼합구조를 객관적으로 보여줄 수 있는 틀이라기보다는 기본적으로 제3섹터의 중요성을 강조하기 위한 모형으로 볼 수 있다. 페스토프 모형에서 제3섹터는 다른 하나의 영역들을 중재하고 조정하는 핵심적 위치에 있다. 국가와 시장을 넘어선 유일한 대안으로 제3섹터에 주목하고 있는 페스토프는 한 사회의 복지혼합에서 가장 결정적인 역할을 수행하는 것이 제3섹터이어야 함을 전제로 한다.

사회적경제는 정치와 경제적 측면 모두를 포함하며 근대 시민사회의 규범적가치가 경제영역에서 추동되는 것에 주목하고 있다. 따라서 사회적경제는 복지혼합, 다원적경제, 혼합경제라고 불리는 폴라니의 실질경제 개념을 바탕으로 재분배(정부), 교환(시장), 상호성(공동체)의 세가지 축을 연결하는 매개적 영역으로 파악한다(Laville, 1992). 라빌(Laville)은 이런 폴라니의 사회질서 모델을 바탕으로 경제를 시장경제(commercial),

비시장경제(non-commercial), 비화폐경제(non-monetary)로 구분한다. 이런 사회질서와 경제행위들은 혼합된 경제안에서 상호의존적으로 작동한다(pestoff,1998). 결국 사회적경제는 제3섹터로 그려지는 영역에서 각각의 축을 연결하는 매개적 영역으로 그려질 수 있다. 만약 시장을 중심으로 사회적경제가 발현된다면 영리적인 경향이 두드러지게 나타날 것이며, 강력한 국가의 재분배 기능이 가능해진다면 공공적인 성격이 더 강하게 나타날 것이다. 반면, 비공식적 영역인 공동체 활동이 강해진다면 상호성이 더 크게 나타날 것이다. 이와같이 사회적경제는 복지혼합의 삼각형 위에서 다양한 모습으로 나타날 수 있으며 사회적경제 유형도 분류될 수 있다.

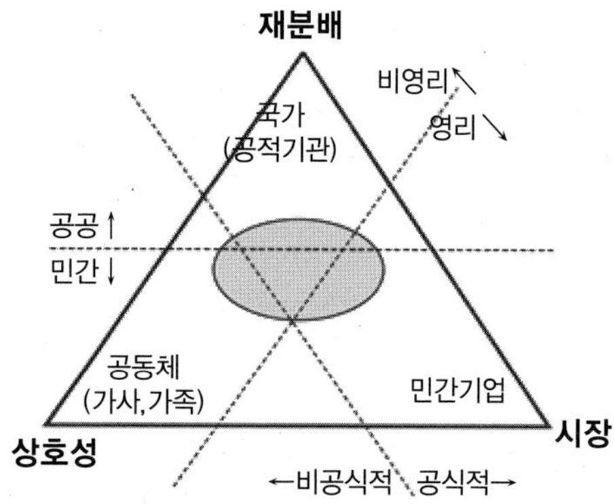


자료: Pestoff(1998)

**그림 3-3-1.** 복지혼합모델에서 사회적경제

Ranci는 복지레짐에 대한 연구가 페미니스트(Lewis, 1993)와 비교(Esping-Andersen, 1999)학문 모두에서 이중적 관점을 유지하고 있다고 보았다. 즉, 사회보호에 대한 국가의 책임이 증가하면 여성에게 지워지는 가족에 대한 책임이 줄어들고 그 반대의 경우는 책임이 증가하게 된다는 것이다. 그러나 혼합경제하에서 국가, 시장, 가족에 의해 수행되는 역할도 중요하지만 삼각형안의 원으로 표시된 제3섹터[3] 영역인 사회적경제의 중요한 역할을 강조하고 있다. Ranci는 제3섹터가 없었다면 사회서비스시스템은 거의 존재하지 않았을 것이라고 주장하면서 복지레짐 유형을 구분함에 있어서 제3섹터의 역할과 정부로부터 재정을 조달받는 정도에 따라 사회경제 체제 유형을 보조적 모델, 제3섹터 주도모델, 국가주도모델, 시장지배적 모델로 분류하고 있다.

**표 3-3-1.** 사회보호제공의 조직모델

| 사회보호제공에서 제3섹터의 역할 | 정부 자금의 조달정도 | |
|---|---|---|
| | 전체(60% 이상) | 부분(60% 미만) |
| 지배적(50% 이상) | 보조적 모델 (독일) | 제3섹터주도 모델 (이탈리아) |
| 보완적(50% 미만) | 국가주도 모델 (프랑스) | 시장지배적 모델 (영국) |

자료: Ranci(2002), 재인용

보조적 모델에서 제3섹터는 사회보호의 주요 공급자 역할을 하며 국가로부터 대부분의 자금을 공급받는다. 국가는 사회보호서비스의 지극히 일부만 제공하고 재정지원과 관리기능만 수행하기 때문에 민간 영리기업이 발전할 여지를 주지 않는다.

제3섹터주도 모델에서는 제3섹터가 사회보호서비스 공급의 주도적인 역할을 하며 보조적 모델에 비해 국가로부터 좀더 제한적인 재정조달을

3) 국제적으로 제3섹터는 NPO, 시민단체 그 외의 민간의 비영리단체를 나타내고 영어권(특히 영국)에서는 NPO나 자선단체 등 공공서비스를 제공하는 민간단체를 나타낸다. 본래 제3섹터는 영어에서 비영리 기업을 일컫는 말이지만, 현재는 민간 부문이 가진 우수한 정보·기술과 풍부한 자본을 공공부문에 도입해 공동출자 형식으로 행하는 지역개발사업을 말한다. 제3섹터는 준정부조직으로서 영리를 목적으로 하는 민간부문이 비영리활동을 하는 QUANGO(Quasi-Autonomous NGO)와 공공기관이 영리활동을 하는 QUAGO(Quasi-governmental Org) 두 가지로 나뉜다.

받게 된다. 국가주도 모델에서는 대부분의 사회복지서비스가 국가에 의해 공급되고 제3섹터는 오로지 잔여적인 역할만 한다. 제3섹터의 조직들은 특정 영역에 한정하여 주요한 역할을 하며 주로 공적자금에 의존한다. 시장지배적 모델은 국가와 제3섹터 측면에서 상당한 사회복지서비스가 시장의 민간 영리조직에 의해 공급된다. 이러한 상황에서 정부의 자금조달은 제한적이며 제3섹터 조직들은 민간의 기부와 서비스공급 요금으로 지출의 상당부분을 충당한다. 이와 같은 사회서비스 공급과 복지혼합 이론 측면에서 우리나라는 사회보호서비스에 대한 제3섹터의 역할이 어떤 모델에 속한다고 정확히 말하기는 어렵지만 사회적경제 기반의 취약성 및 중앙집권적 요소가 존재한다는 측면에서 혼합형에 가깝다고 할 수 있다. 우리의 사회적경제 성격이 정부통제의 재정의존적 성향속에서 제3섹터의 역할이 아직 잔여적 수준에 머물러 있다는 점에서 복지공공성 확보와 이용자 민족도 제고를 위해서 사회보호서비스 분야의 사회적경제 활성화 필요성이 제기된다.

## 2. 복지오각모형

기존의 복지혼합 모형들은 한 사회의 전반적인 복지공급 구조를 분석하는 데는 미흡하다고 평가할 수 있다. 그렇다면 대안적 복지혼합 모형을 설정하기 위해서는 기본적인 전제로서 복지혼합이 규범적 차원을 넘어 한 사회의 사회복지체계 전체를 포괄하는 중립적이며 객관적인 분석이 가능해야만 한다. 또한 복지혼합의 공급구조뿐만 아니라 규제 및 재정이슈, 하위 영역간의 상대적 중요성, 기업복지의 독립된 하위영역 등을 고려하여야 한다. 이러한 네 가지 전제조건을 바탕으로 복지오각모형을 대안적 복지혼합 모델로 제시할 수 있다(김진욱, 2011). 대안적 복지혼합 모형은 국가, 시장, 기업, 제3섹터, 가족으로 구성된 5개 하위영역으로 요약된다. 표 3-3-2에서 복지 오각모형의 주요 특징과 원리를 우선 공/사, 공식/비공식, 영리/비영리의 세 범주는 앞서 살펴본 복지삼각형 모델의 분류기준과 동일하다. 국가복지를 제외한 나머지 하위영역은 사적 부문으로 정의되고, 가족을 제외한 나머지 공급주체는 공식부문으로 분류될 수 있다. 시장은 복지재화의 공급이 이윤추구이며, 국가, 제3섹터, 가족은 기본적으로 비영리를 목적으로 한다. 다만, 기업은 시장의 가장 중요한 행위자로서 이윤추구를 목적으로 하지만 기업복지의 수혜여부는 근로자의 구매력이 아니라 고용여부와 고용상의 지위, 예를 들면 상용/임시/일용 등에 따라 결정되는 것이 대부분이다. 따라서 기업복지는 영리성을 간접적으로 지닌다고 볼 수 있다.

**표 3-3-2.** 복지오각모형의 구성요소: 특징과 원리

| 하위영역 | 공/사 | 공식/<br>비공식 | 영리/<br>비영리 | 화폐교환 | 고용<br>관련성 | 급여원리 |
|---|---|---|---|---|---|---|
| 국가 | 공공부문 | 공식적 | 비영리 | 없음 | 없음/있음 | 권리,<br>시민권 |
| 시장 | 사적부문 | 공식적 | 영리 | 있음 | 없음 | 구매력 |
| 기업 | 사적부문 | 공식적 | 간접적 | 없음 | 있음 | 고용관계 |
| 제3섹터 | 사적부문 | 공식적 | 비영리 | 없음 | 없음 | 멤버십,<br>연대성 |
| 가족 | 사적부문 | 비공식적 | 비영리 | 없음 | 없음 | 의무, 애정 |

자료: 한국의 복지혼합, 김진욱, 2011.

한편, 급여제공 원리를 살펴보면 국가복지는 보편주의와 사회권에 기반하고 있지만 시장의 복지공급은 개인과 가계의 구매력에 의존하고 있다. 기업복지의 경우는 고용여부와 고용상의 지위가 급여결정의 주요한 요인이며 제3섹터는 해당집단이나 조직의 소속 구성원들에게 제공하는

멤버십 원리와 사회연대의 원칙이다. 가족의 복지공급은 애정과 같은 개별화된 동기 또는 가족으로서의 의무와 같은 문화적 규범에 기반하고 있다. 이러한 특징들은 이상적인 기본원리를 제시할 뿐 실제로는 5개의 각 영역과 원리가 혼재된 다양한 형태가 존재할 것이다.

이제 모형 분석의 범위를 확장하여 재정과 규제의 차원을 포함시켜 살펴볼 필요가 있다. 통상적으로 복지혼합의 하위영역간의 경계를 비교적 명확히 구분할 수 있는 것은 복지공급 측면뿐, 재정과 규제의 측면에서는 공·사의 구분이 더욱 모호해진다.

**표 3-3-3.** 복지오각모형의 구조: 급여, 재정 및 규제

| 구분 | 급여의 종류 | 주요재정 | 규제기구 |
|---|---|---|---|
| 국가 | 소득보장<br>의료서비스<br>사회서비스 | 조세<br>사회보장기여 | 정부<br>독립적 규제·감독기관 |
| 시장 | 사적의료, 연금시장<br>영리 사회서비스 | 보험료, 요금,<br>간접적 세제혜택 | 시장의 자기규제,<br>정부규제,<br>정부의 복지시장<br>허용 및 도입 |
| 기업 | 법정 기업복지 급여<br>자발적 기업복지급여 | 고용주의 법정 기여<br>고용주의 자발적 기여<br>간접적 세제혜택 | 단체협상,<br>정부의 제도도입,<br>정부의 규제 |
| 제3섹터 | 비영리 사회서비스<br>캠페인·사회운동 | 정부 보조금,<br>민간기부, 요금,<br>간접적 세제혜택 | 자기규제<br>정부의 규제와 감독 |
| 가족 | 사적 소득이전<br>비공식적 보호·서비스 | 개인 및 가구의 부담,<br>기회비용, 조세혜택(소득<br>및 세액공제) | 도덕, 의무, 애정<br>사법제도 |

자료: 한국의 복지혼합, 김진욱, 2011.

대부분의 비국가 영역에서 제공하는 복지급여와 서비스에 대해 국가는 직·간접적인 세제혜택을 부여하고 있으며 동시에 일정한 규제를 행사

하고 있다. 우리나라의 경우 민간보험료 납입에 대한 소득공제, 개인연금에 대한 연금소득세 면제, 비영리법인에 대한 법인세 비과세, 부양가족에 대한 소득공제 등의 다양한 간접적 재정지원제도를 갖추고 있다. 규제나 관리감독 측면에서 국가는 특정한 복지시장을 도입하거나 시장공급자의 참여를 허용하였고, 다양한 기업복지 법제를 통하여 강제적·자발적인 기업복지 공급에 관여해 왔으며, 사회복지서비스의 실질적 전달주체인 사회복지법인에 대한 감독과 개입의 수준도 매우 높다. 국가복지서비스에 대한 요금을 징수할 때 공적 사회보험기금의 운용에 민간의 참여를 허용하는 경우 등에서 재정 및 규제측면의 공·사혼합의 모습을 발견할 수 있다.

이상의 논의를 통해 국가가 재정 및 규제측면에 개입하여 복지혼합의 각 하위 영역을 분류할 때 재정을 누가 부담하는가 또는 누가 규제하는가의 차원으로는 공·사의 구분을 명확히 할 수 없다는 점을 알 수 있다. 따라서 한 사회의 복지혼합 구조를 분석할 때에는 일차적으로 복지공급측면에 의존할 수밖에 없다는 것을 확인할 수 있다.

### 3. 복지혼합 역할분담론

복지공급 주체들 간의 역할분담에 대한 보다 구체적인 모형은 Gidron, Kramer & Salamon(1992)에 의해서 제시된 바 있다. 이들은 정부와 비영리 부문간의 역할분담 모형을 4가지로 제시하였다. 첫째, 정부주도 모델(Government dominant model)은 정부가 사회복지체제의 주도권을 갖고 재원부담과 공급전달을 제공하는 방식으로 주로 재원을 조세에 의존하는 형태의 북구 사민주의 국가들이 이에 속한다. 정부부문은 지방정부로 분권화가 비교적 잘되어 있지만 비영리참여는 매우 제한적인 모델이다. 둘째,비영리 주도 모델(NPO dominant model)은 복지서비스의 공급과 재원 모두 민간의 자율성에 따르는 모델로써 미국의 경우가 이에 속한다. 즉 정부는 서비스의 잔여적 기능에 중점을 두고 있는 반면, 민간이 사회서비스에 대한 재정부담과 제공에 있어 적극적이다. 셋째, 이중모형(dual model)은 정부와 비영리가 재정 및 공급에 모두 관여하는 모형으로 두 영역 간의 관계가 개별적이지만 대체적으로 보완적인 관계로 발전할 수 있다는 모델이다.

하위모델로는 보충형(supplement) 모델과 보완형(complement) 모델로 구분된다. 보충형 모델은 정부가 지원하지 않는 대상자에 대하여 정부와 동일한 종류의 서비스를 제공하는 것인 반면, 보완형은 정부가 지원하는 대상에게 정부지원으로 충족되지 않는 잔여욕구를 충족시키기 위하여 제3섹터가 서비스를 제공하는 모델이다. 넷째, 협조모형(collaborative model)은 정부가 재정부담을 하고 제3섹터가 공급을 맡는 모형으로 대리인 모형과 파트너십 모형으로 나뉠 수 있다. 대리인모형은 주종관계 형성으로 비영리가 재량권이 없는 반면, 파트너십 모형은 협력관계 및 자율성이 존재한다. 즉 대리인 모델은 제3섹터의 자율성이 낮은 수준으로 단지 공급을 대행하는 유형이며, 파트너십 모델은 서비스 관리와 정치적 과정에서 제3섹터의 자율성이 인정되는 유형이다.

**표 3-3-4.** 정부와 비영리조직간 역할분담 모형

| 구분 | 역할분담 모형 | | | |
|---|---|---|---|---|
| 기능 | 정부주도 | 이중모형 | 협조모형 | 비영리주도 |
| 재정부담 | 정부 | 정부/비영리 | 정부 | 비영리 |
| 서비스공급 | 정부 | 정부/비영리 | 비영리 | 비영리 |

자료: Gidron, Kramer & Salamon(1992)

여기서 최근 논의되는 복지혼합 핵심은 이중 모형과 파트너십 모형이다. 즉 재정과 서비스공급 둘 모두에 있어 정부 또는 비영리 한쪽에 치중되지 않고, 어떻게 다원적으로 관계를 설정하고 수용할 것인가에 있다. 최근 급격하게 증가하고 있는 민영화 추세는 각 부문의 역할에 관하여 많은 의문점들을 낳았다. 복지국가의 전통적인 역할분담 모형인 대리인 모델은 재정만 정부가 도맡고 공급은 제3섹터가 공급하는 체계이기 때문에 경쟁을 통한 효율성을 보장하기 어려웠다. 또한 많은 사회서비스를 제공하는 민간비영리기관들은 혼합(hybrid)성격을 보이고 있어 재원 측면에서 보면 공공으로부터 그리고 민간으로부터 또한 시장과 지역사회 원조로 각기 구성되는 경우가 많아, 서비스 공급전달 면에서만 역할을 한다는 것은 현실을 무시한 측면이 있다. 따라서 사회서비스 공급의 전통적 계약방식을 탈피하면서 역할분담을 통해 효과적인 발전을 기한다는 접근은 주로 이중모델과 파트너십 모델에 관심을 가지게 한다. 이중모델은 공공과 민간이 함께 재원과 공급에 참여하는 체계로 일정정도의 책임성을 각기 부담하며 상호경쟁과 성과 계약방식을 통해 수요자 중심의 서비스 체계를 구축하게 한다. 한편 자율성이 낮은 대리인 역할은 제3섹터의 사회적 옹호 및 지역사회 자발적 미션의 기능 상실이라는 점에서 바람직하지 않은 반면, 파트너십 모형은 비영리 민간부분의 자율성을 지키는 수준에서 정부와 의사소통을 긴밀히 유지하며 정부가 제시하는 기준의 범위 내에서 통합적으로 서비스가 전달되기 때문에 적극적으로 옹호되는 모델이다. 즉 재정적으로는 정부에 의존하지만 민간 비영리부문의 운영은 정부정책에 대한 영향력을 크게 받지 않는 수준에서 독립적이므로 보다 효율적으로 서비스 욕구에 대응하는 전달체계를 구축하게 한다. 구체적으로 역할분담 모형에 따라 서비스 전달체계의 형태는 다양할 수 있다. 복지서비스의 전달에 있어 공공 및 민간의 서비스 공급기관들 간의 관계와 재정적 지원체계의 구조는 매우 중요한 이슈이며 이에 따라 다양한 형태의 전달모형이 도출될 수 있다.

복지혼합의 역할분담에 있어 새로운 관심은 어떻게 사회복지서비스 공급기관들을 경쟁시키고 그 중에서 서비스를 자유롭게 선택하게 하며, 보편적 서비스와 특수한 욕구의 서비스(예컨대 아동심리, 정서적 지원, 반사회적 행동 감소, 스트레스 해소 등의 대인서비스 등)의 광범위한 범위를 통합적으로 제공할 수 있는 전달체계를 구축하느냐이다.[4)]

---

4) 이와 관련하여, O'Looney(1993)는 사회복지 서비스 제공에 있어 민간과 공공 영역에서 경쟁과 서비스통합의 수준을 기준으로 사회서비스 전달체계의 모형을 구분하였다. 그에 따르면 서비스통합의 수준은 느슨한 연계와 긴밀한 연계로 구분된다. 느슨한 연계는 탈중앙화되고 독립적이며 비조정적으로 활동하는 조직으로써 개인 및 사회의 욕구에 보다 민감하게 반응하며 창조적이고 선택권 및 다양한 의견이 반영될 수 있는 서비스 공급구조인 반면, 긴밀한 연계는 중앙화되고 협동적인 조직으로서 규모의 경제를 실현함으로써 포괄적 서비스를 제공하며 서비스 접근성이 높고 형평성 또한 높은 구조이다.

# 3-4 한국의 사회적경제와 복지혼합

## 1. 한국 사회적경제의 특징과 과제

한국에서 사회적경제는 전통적인 사회적경제와 새로운 사회적경제로 구분할 수 있는데, 전통적 사회적경제는 1980년대 이전에 발생하여 성장하였고, 농·수·축협이나 산림조합, 새마을금고, 신협 등 제도권의 역사를 말한다. 새로운 사회적경제는 1980년대 민주화를 계기로 등장한 흐름들을 가리키며 사회운동의 영향으로 활성화 된 소비자생활협동조합이나 노동자협동조합 그리고 IMF이후 등장한 사회적기업, 마을기업, 농어촌공동체회사, 사회적협동조합 등 여러 실험적인 조직들을 일컫는다. 2007년 사회적기업육성법과 2012년 협동조합기본법 제정을 통해 한국은 단기간에 획기적인 양적성장을 이루었다. 그러나 풀뿌리 시민사회의 성장을 통한 연대와 협력 등 전반적인 사회적경제의 질적 성장을 포함한 생태계 구축이 시급하다고 할 수 있다. 그동안 진행되었던 한국의 사회적경제 특징은 다음과 같다.

### 1) 국가의 주도적 역할

한국에서 국가의 주도적 역할은 오랜 역사적 기원을 가지고 있다. 국가를 인식하는 철학적 기반과 관료집단의 역할 및 비중이 컸던 중앙

집권적 국가형태가 오랫동안 지속돼왔고, 일제강점기를 통한 강압적 통치기구의 규모를 이어받은 군사정권 체제의 국가주도 경제성장 전략은 한국사회에서 국가기구에 절대적인 역할을 부여해왔다. 국가에 우호적이지 않은 사회운동 경향의 19세기 결사체주의와 20세기 후반 신사회운동의 영향을 받은 유럽의 사회적경제는 시민사회의 주도적 역할을 강조해왔음에 비해, 한국의 사회적경제는 도입에서부터 성장에 이르기까지 국가가 주도적인 역할을 해왔다는 특징을 발견할 수 있다. 농·수·축협이나 신협 등 민간차원에서 시작된 협동조합들도 제도화와 이를 매개로 한 국가의 관리감독에 강한 영향을 받아오고 있다. 민간단체의 상당 부분을 차지하는 사단법인이나 사회복지법인도 국가와의 파트너십을 통한 지원과 역할대행의 관계를 유지해오고 있으며, 자원의 상당부분을 국가로부터 지원받고 있는 상황이다(엄형식, 2008). 민주화 이후 신자유주의와 세계화에 의한 외부논리로 인해 국가의 역할이 갖는 성격과 내용이 변화했음에도 국가의 주도적 역할은 지속되고 있다.

### 2) 근린영역의 왜곡과 영향

근대화와 산업화가 200여년에 걸쳐 치열한 갈등과정을 겪으면서 전통사회가 근대적 시민사회로 재편된 유럽과 달리, 한국은 식민통치와 군사독재에 의해 왜생적으로 진행되었다. 이 과정에서 전통사회의 점진적 합리화에 기반한 시민사회로의 재편은 지체되거나 억압되고, 전통사회 또는 근린영역은 국가의 동원대상으로 도구화되어 왔다. 권위주의적 사회구조와 식민통치의 수탈체제로서 권력의 통제와 정당화의 기제로서 많은 사회적경제 조직들은 국가에 의해 동원되었다. 그러나 간과해서는 안 되는 부분은 이러한 동원이 국가의 일방적인 강요에 의해서만 이루어진 것이 아니라는 점이다. 근대화와 산업화라는 시대적 과제에 대한 요청과 이를 통해 얻을 수 있는 경제적 이익 그리고 근린영역에서 기득권구조를 재생산할 수 있는 동조세력의 존재가 함께 맞물림으로서 가능했던 것으로 볼 수 있다(엄형식, 2008). 즉, 전통적 사회적경제 조직의 상당수는 국가영역과 근린영역이 부정적인 방식으로 조합됨으로써 근린영역을 왜곡시켰다고 평가할 수 있다.[5)]

### 3) 시민사회의 빠른성장

1980년대 이후 저항적 시민사회의 주도로 이루어진 민주화 과정은 한국에 근대적인 의미의 시민사회가 형성되는 과정이라고 이해될 수 있다. 근대적 시민사회는 수많은 시민단체의 등장으로 이어져 그 영향력은 국가, 시장 그리고 근린에 대한 개혁과 재편을 위한 시도로 이어졌다. 이 과정에서 민주화 운동의 동력에 힘입어 등장한 시민단체와 생협, 노협 이외에도 국가의 하위파트너로 또는 왜곡된 근린영역의 외피로 존재하던 전통적 사회적경제 조직들이 민주화와 개혁을 통해 뒤늦게 사회적경제 조직으로서 본질을 회복하는 변화도 동반되었다. 2000년대 이후 사회전반의 민주화와 개혁의 영향으로 비록 낮은 수준이지만 민주적이고 참여적인 운영이 보편적인 규범으로 자리잡게 되었다(엄형식, 2008). 정치적으로는 보수적이거나 중립적인 시민단체들도 증가하였으며, 사회운동에 대한 개념이 없이도 자연스럽게 결사체를 결성하여 자신의 이해나 보편적 가치를 주장하는 활동들이 증가하였다. 원대한 포부가 없더라도 좋은 일을 하면서 먹고 살 수 있다는 논리는 사회적경제에 대한 일반 대중의 합의와 지지를 이끌어내는 토대가 되고 있다. 이런 차원에서 본다

---

5) 근린영역은 개인과 지역사회의 요구에 부응한 서비스이면서 객관적으로 특정 지역과 관련해서 정의될 수 있는 정도의 근접성을 갖고 있지만, 제공되는 서비스라는 개인적인 측면에서는 주관적으로 받아들여질 수 있는 분야 즉, 아동보육, 노인 돌봄 가정도우미 등 근접서비스(proximity service)라고도 부르며 프랑스의 사회적기업 특징에서 발견할 수 있다.

면 한국의 근대적 시민사회는 팽창기를 지나 성숙기로 접어들고 있다고 평가할 수 있다.

#### 4) 시장의 과잉과 일자리 수단

민주화와 개혁이라는 시대정신이 한국사회를 주도한 시기는 동시에 안정적인 경제성장의 시기이기도 했다. 그러나 권위주의적이고 가부장적인 국가가 후퇴한 자리에 시민사회보다 앞서 들어선 것은 권위주의 개발독재 시기에 국가의 후견에 의해 성장한 대자본이었다. 신자유주의와 세계화라는 무한경쟁의 자본주의 경제질서가 가속화되면서 사회운영의 한 부분인 시장의 논리가 사회의 절대적인 운영논리로 올라서게 되었다. 여전히 한국사회는 시장논리를 중심으로 재편되도록 주도적 역할을 하였고, 그 결과 시장과 기업의 논리가 사회의 다른 영역에까지 관철되었으며 압축성장에 따른 시장 과잉의 불균형을 초래하였다.

사회운동의 주도적 역할을 통해 시작된 사회적기업은 사회적 성격에 대한 강조보다는 기업의 성격이 강조되면서 국가의 지원없이도 시장에서 취약계층이 살아남을 수 있는 대안으로 선전되고 있다(엄형식, 2008). 자본주의 시장이 가진 합리적 측면을 수용하면서도 시민사회의 동력이 위축되고, 국가나 시장이라는 도구적 가치에 의해 조절양식이 왜곡되는 것은 부정적 결과를 가져온다는 점에서 시장 과잉은 문제적 상황임이 분명해 보인다. 또한 정부의 재정지원에 힘입어 성장한 사회적경제는 정책 당국의 입장에서 일자리 창출이란 유혹에 매몰되는 경향이 강하다는 점이다. 실제로 행정기관의 사회적경제 관리 감독이나 평가 및 심사기준에서도 사회적 성과보다는 일자리창출 성과와 경제적 가치를 중시하는 측면을 유지하고 있다.

**표 3-4-1.** 유럽과 한국의 사회적경제 특징비교

| 구분 | 유럽 | 한국 |
|---|---|---|
| 목표 | 초기: 실업자와 취약계층을 위한 노동통합<br>현재: 사회서비스 전달 및 지역개발로 확장 | 취약계층 일자리창출에 주목+사회서비스 및 지역사회개발 관련 사회적경제 조직 성장 |
| 사회 정책 | 초기: 2차 노동시장프로그램<br>(노동시장정책+사회보장정책)<br>현재: 활성화정책으로 전환, 경과적 사회적 경제조직 다수 | 소득보장정책의 연장선 및 안정적인 일자리로의 발전 기대 |
| 사회적 성격 | 초기: 취약계층에 대한 지원<br>현재: 다중이해당사자들에 기반한 하이브리드 성격(사회자본 형성 기제) | 취약계층에 대한 서비스 및 시혜적 의미 |
| 국가의 역할 | 보조적인 역할<br>(생태계 및 간접지원) | 주도적인 역할<br>(관변적 제도권 기반 중심) |
| 시민 사회 | 주도적인 역할<br>(지역주민 자발성) | 보조적인 역할<br>(시민사회 성숙과 발전) |

자료: 한국의 사회적경제와 사회적기업, 엄형식, 2008 재구성

## 2. 한국의 복지혼합

우리나라의 복지혼합 현실은 '낙후된 국가, 성장한 시장, 그리고 변형된 공동체'(김상균·홍경준, 1999) 또는 '잔여적 국가, 성장된 시장, 미미한 자원부문, 그리고 보호적 가족'(신동면, 2001)으로 불리우고 있다. 최근에 이르러서야 국가의 사회보장제도가 완비되고, 성장우선을 통한 분배 담론이 사회적 합의로 인식되며, 그리고 가족과 지역사회의 기능은 여타 복지국가에 비하여 절대적으로 약화되어 있다.[6] 더욱이 사회복지에 대한

6) 한국의 복지혼합 구조는 국가복지의 외형적 확장을 근간으로 하고 있지만, 기업복지의 이중성 심화와 복지시장의 확대를 수반해 왔다. 또한, 시민사회 부문에서 제3섹터의 성장 역시 주목할 만한 것이지만, 사회서비스 영역에서의 지위는 여전히 미흡하고 정부에 종속적이다. 무엇보다, 국가복지의 사각지대에 속하거나 구매력이 충분치 못한 경우 그 복지욕구 충족과 관련된 부담은 가족에게 전가되어 왔다.

욕구는 지속적으로 증대하는 반면, 조세에 기반한 국가복지에 대한 사회적 불편함을 배경으로 복지혼합은 민영화와 제3섹터를 미래 복지체제의 대안으로 제시하고 있다. 그러나 특정한 형태의 사회복지서비스 혼합경제를 결정하기에 앞서 고려해야 할 중요한 사항은 바로 그 시스템이 해당 사회에서 어떤 목적과 기능을 수행해야 하는가이다. 목적이 명확하지 않거나 목적에 대한 합의가 이루어지지 않을 경우, 사회복지서비스 확충 전략이 전반적인 복지수준에 심각한 문제를 야기할 수도 있다. 우선 복지혼합의 목적이 전달체계의 미세조정을 통한 효율성 확보인지 아니면 국가부문 역할의 축소를 목표로 하는 복지체제의 조정인지를 고민할 필요가 있다. 실제로 후자라면 복지수준의 후퇴는 불가피하다. 미국의 복지개혁을 보면 공공 사회서비스의 후퇴가 사회서비스 분야의 민영화와 함께 대대적으로 이루어졌다.

서구의 우파들은 지난 수십년간 복지다원주의의 패러다임을 민간 사회복지의 확대를 통한 탈중앙화와 민주화된 효율적 복지에 연결하였지만 궁극적으로는 국가복지의 축소로 귀결되었다(Johnson, 1987). 또한 복지다원주의가 공공부문의 시장원리 도입을 정당화하기 위한 수단으로 사용되었다는 점은 복지의 공공성 훼손 결과를 간과할 수 없게 한다. 우파의 주장은 국가 복지체계에서 비용절감과 동시에 수혜자들의 효용을 극대화하기 위한 최상의 방법은 시장원리를 도입하는 것이라는 믿음에서 출발하는데, 이는 결국 복지서비스의 상품화를 초래한다고 볼 수 있다. 따라서 이러한 측면은 복지국가의 존재이유인 탈상품화 역할의 축소를 야기한다는 점에서 비판을 면하기 어렵다. 이와는 반대로 전반적인 복지혼합 추세에 대하여 이는 단지 미세조정(fine tuning)에 지나지 않는다는 의견도 있다. 즉 복지혼합은 각국 복지국가 유형의 경로의존성을 벗어나지 않으며 단지 정부의 예산 및 인력 변화, 그리고 선택한 정책 내용들에서의 미세조정에 가까우며 복지국가 성격의 변화는 없다는 의미이다(강신욱 외, 2007). 그러나 분명히 모든 국가에서 민영화와 탈집중화는 일반적인 추세이다. 복지체제의 경험은 구체적인 정책 면에서 훨씬 복잡한 경로를 예상할 수 있게 하지만, 시장화와 비영리 민간의 확대를 통해 서비스 제공의 효율성을 제고하고 이용자의 선택권을 넓히려는 시도는 복지국가 재편의 핵심적인 내용이자 사회복지서비스 체제의 근본적인 변화라고 할 수 있다. 복지혼합의 현실에서 무엇보다도 가장 큰 우려는 서비스 수준의 불평등 심화에 있다. 시장의 역할을 강화하는 것이 복지혼합의 정책지향이라면, 시장이 욕구에 대응하기보다 지불능력에 대응하기 때문에 발생하는 문제를 해결할 방안이 고려되어야 한다. 즉 서비스의 내용과 질이 계층별 그리고 지역별로 차이를 보일 수 있다. 시장부문이 공급하는 사회서비스는 시민의 보편적 권리 즉 시민권과 수혜자격(entitlement)에 기반하기보다 구매력을 가지고 있는 소비자의 권리 즉, 소비자 주권을 인정한다. 이는 궁극적으로 구매력이 없는 사회적 취약계층을 배제하는 결과로 나타난다. 이는 비영리부문도 마찬가지이다. Stetlik(1990)에 따르면, 자원부문은 주로 도시지역 중산층을 중심으로 조직되어 있기 때문에 중산층의 이해를 대변하는 경향이 있으며, 결과적으로 저소득 계층의 이해가 배제되는 특성을 가진다. 또한 복지혼합으로서 민영화 및 경쟁의 도입이 상정하고 있는 효과에 대한 의문도 존재한다. 과연 사회복지서비스 공급에 있어 민간의 참여가 공급자의 다양성을 높이고 효율성을 제고하는지에 대한 부정적 의견(Lowery, 1998)이 그것이다. 이론적으로 한국의 상황에서도 사회복지 공급주체는 무수한 유형이 존재할 수 있다. 표 3-4-2는 가로축에 공급주체를 위치시키고 세로축에는 재원부담 주체를 나열하여 표시한 것이다. 현실적으로 사회복지 주체는 이러한 무수한 형태의 하나 이상이 혼합되어 존재할 것이다. 예컨대, A는 중앙정부가 재정지원을 하고 자원봉사조직이 공급주체로서 작동한다면, E는 종교조직이 재정지원을 하여 비공식 부문이 공급주체인 셈이다. 여기서 사회적경제의 역할과 기능은 자연스럽게 결합할 수 있다. 한국에서 사회적경제 관련 법률과 지방정부의 조례를 통해 무수하게 많은 사회복지 공급주체로서의 역할을 사회적경제 조직이 담당할 수 있기 때문이다.

**표 3-4-2.** 사회복지 공급주체 유형

| 구분 | | 공공 | | 민간 | | | | |
|---|---|---|---|---|---|---|---|---|
| | | 중앙 정부 | 지방 정부 | 자원봉사 조직 | 기업 | 종교 조직 | 영리 조직 | 비공식 부문 |
| 공공 | 중앙정부 | | | A | | | | |
| | 지방정부 | | H | | B | | | |
| 민간 | 자원봉사 조직 | I | | | | C | | |
| | 기업 | | J | | | | D | |
| | 종교조직 | | | K | | | | E |
| | 영리조직 | | | | L | | F | |
| | 비공식 조직 | | | | | G | | |

자료: 현외성, 2016 재인용

## 3-5 결론 및 시사점

사회적경제를 긍정적으로 지지하는 입장에서는 제조업의 쇠퇴와 함께 사회복지 시장을 새로운 사업 동력과 고용기반이 되는 산업구조라는 인식의 변화는 당연한 귀결이며 새로운 경제정책 수단으로 인식하게 되었다. 전통적으로 민간 가계에서 해결했던 돌봄 서비스라는 비공식영역은 저출산과 고령화 등 가족구조의 변화로 인해 스스로 그 수요를 감당할 수 없어서 제도권의 공식영역으로 등장하게 된 것이다. 라빌은 이러한 영역을 근린영역이라고 명명하였다. 하지만 근린영역에서는 시장경제의 계약이나 국가의 관료적 재분배가 적절하게 작동하기 어렵고, 수요와 공급이 지역사회 안에서 결합되는 독특한 조절기제로 작용한다(엄형식, 2008). 따라서 사회서비스 제공에 있어서 사회적경제는 수요자 측면에서 모두 시장이나 국가보다 더 우위의 위치를 차지할 수 있다고 주장한다. 사회서비스를 포함한 사회복지분야는 관계적 성격이 강하고, 대인적 서비스가 주를 이루기 때문에 서비스대상자에 대한 세심한 고려가 필요하다. 국가는 표준화된 절차에 따라 보편화된 서비스를 제공하기 때문에 수요자에 대한 세심한 배려를 할 수가 없고, 시장은 수익실현을 우선으로 하기 때문에 이용자 입장에서의 배려보다는 비용절감과 수익창출을 목표로 하기 때문에 양질의 서비스를 제공하기가 어렵다. 그러나 사회적경제는 이윤추구보다는 인간을 중심으로 접근하기 때문에 영리기업보다는 보다 높은 생산성과 품질을 보장할 수 있고, 구매력이 없는 빈곤층 및 취약계층에게도 서비스를 제공할 수 있으며 동시에 다양한 사회복지 시장을 통해 취약계층의 일자리도 창출할 수 있다는 것이다. 이러한 측면에서 사회적경제와 복지혼합은 상호간 접근할 수 있는 이해의 배경을 제공하고 있다. 그러나 사회적경제를 이해하고 적용하는 관점에 따라서는 상반된 견해가 존재할 수 있다.

사회적경제와 복지혼합은 등장배경이나 목적성에서도 상당한 정도의 유사성을 지님과 동시에 상호간 보완관계로서의 역할이 충분하게 발견된다. 이는 사회적경제의 세가지 평가와 방향에서도 확인할 수 있다(장원봉, 2008). 하나는 자본주의적 시장경제의 대안이란 입장이다. 기본적으로 정치, 경제, 사회를 분리하여 접근하는 방식이며 시장경제를 비판하면서 사회적 유대와 결속으로 협력과 교환가능성을 주장하고 있다. 결국 급진적이며 탈상품화와 사회적 연대를 강조하는 고르(André Gorz)의 입장을 따르고 있다. 다른 하나는 민영화의 결과로 등장했으며 신자유주의의 경제전략에 일시적으로 동원된 대리인이란 입장이다. 이것은 복지혼합의 딜레마를 주목하면서 사회적경제가 정부역할 대행이나 경제적 이익을 취하려다 신자유주의의 덫에 갇히게 되는 것을 경고하고 있다. 정부가 민관협력이나 위탁계약을 통해 사회적경제나 비영리조직을 공공서비스의 저렴한 대체재로 활용하고 있다는 것이다. 이로 인해 결국에는 공공에 포섭되어 민주성과 자율성을 상실하고 복지서비스의 하위계약자로 전락하게 된다는 아스콜리와 란치(Ascoli and Ranci, 2002) 그리고 브라운(P.L. Browne, 2000)의 주장을 따르는 방향이다. 마지막은 정부실패와 시장실패의 보완영역이라는 입장이다. 오늘날 고용불안과 복지 후퇴로 야기된 사회문제 개선으로 국가와 시장부문의 한계를 보완하는 제3의 영역으로 새롭게 인식하고 받아들인 결과이다. 혁신적 사회적기업가 정신을 통해 사회자본 활용으로 경제적 활동과 동시에 사회적 목적을 달성할 수 있다는 것이다(고동현, 2016 재인용).

이상에서 살펴본 사회적경제와 복지혼합을 통해 우리에게 시사하는 정책적 방향은 다음과 같다.

첫째, 한국의 지속가능한 복지공급 체계와 전달체계 확립이 시급하다. 그동안 복지분야 전달체계는 정치권력의 정략적 수단으로 활용되는 측면이 존재해왔으며, 새로운 정부가 들어설 때 마다 정책적 방향과 내용이 변화되었다. 김대중 정부의 생산적 복지에서부터 문재인 정부의 포용적 복지에 이르기까지의 과정에서 보았듯이 지속적인 변화와 발전에 부응할 수 있는 지속가능하고 명확한 전달체계 확립이 요구된다. 둘째, 복지혼합 측면에서 포퓰리즘적 정책도입보다는 재정안정과 균형을 고려한 공사혼합 모델을 활용하여야 한다. 우리는 이미 다양한 복지혼합모형을 활용하고 있지만 지방재정자립도의 수준과 정부의 균형예산, 중앙과 지방정부간 복지공급의 역할분담 등을 고려하여야 함에도 제도의 장점에만 매몰되는 경향이 있어왔다. 복지는 미래세대와 재정 문제를 동시에 판단하여야 하며 정치적 고려나 이념에 좌우되지 않는 신중한 선택이 요구된다. 셋째, 다양한 복지혼합모형을 통해 보다 적극적인 사회적경제 조직의 연계활용이 필요하다. 우리나라의 사회복지 공급체계상 공사혼합 모델안에 사회적경제는 법적 제도적 참여와 활동이 가능하다. 그럼에도 불구하고 부처이기주의나 행정칸막이, 제도의 중복성 등의 문제로 사회적경제를 적절하게 활용하지 못하고 있는 실정이다. 복지 영역에서 돌봄서비스와 사회서비스 같은 경우는 가장 큰 규모의 사회복지시장이며 사회적경제 조직이 활동할 수 있는 최적의 여건이 마련되어 있다는 점에서 행정적 제도적 노력이 요구된다.

## 참고문헌

강신욱 외, 2007, 경제사회 양극화의 진단과 대응(총괄보고서), 한국보건사회연구원.

고동현·이재열·문명선·한솔, 2016, 『사회적경제와 사회적가치』, 한울아카데미.

김진욱, 2011, 『한국의 복지혼합』, 아산재단연구총서 제321집, 집문당.

신동면, 2001, "한국의 복지혼합에 관한 연구", 한국사회복지학회, 『한국사회복지학』 45권, 220-249.

엄형식, 2008, 『한국의 사회적경제와 사회적기업』, 함께 일하는 사회.

장원봉, 2008, 『사회적경제의 이론과 실제』, 나눔의 집.

정무성·황정은·김수영·현종철·서정민, 2011, 『사회적기업과 사회서비스』, 공동체.

한국보건사회연구원, 2007, 『사회서비스 공급의 역할분담 모형개발과 정책과제』, 연구보고서 2007-12.

현외성, 2016, 『사회복지정책론』, 양서원.

홍경준, 1999, 『한국사회복지체제론』, 나남.

Ascoli, Ugo., and Costanzo Ranci, 2002, *Dilemmas of the Welfare Mix : The New Structure of Welfare in an Era of Privatization*. Springer.

Borzaga, C Defourny, J., 2001, *The Emergency of Social Enterprise*, London, Routledge.

Borzaga, Carlo and Monica Loss, 2002, *Work Integration Social Enterprise in Italy*, PERSE Project of the EMES European Network.

Browne, P.L., 2000, *The neo-liberal uses of the social economy* : non-profit organizations and workfare in Ontario. in E. Shragge and J.-M.

Pestoff, V. A., 1998, *Beyond the Market and State: social enterprise and civil democracy in a welfare society*, ashgate.

__________, 2009, "Towards a paradigm of democracy participation : Citizen participation and co-production of personal social services in Sweden", *Annals of Public and Cooperative Economics* 80(2), 197-224.

Eand R. Swedberg eds., *The Handbook of Economic Sociology*, Princeton, N.J.: Princeton University Press.

Jessop, B., 1993, "Towards a Schumpeterian workfare state?: preliminary remarks on post-Fordist political economy", *Studies in Political Economy* 40, 7-39.

Gidron, Benjamin., Kramer, Ralph m., & Salamon, Lester m(ed.)., 1992, *Government and the Third Sector* : Emerging Relationships in Welfare States. San Francisco: Jossey-Bass Publisher.

제4장

# 사회적경제와 사회서비스

변장섭 · 나주몽

사회적경제의 목적 중 하나는 지역사회에 사회서비스를 제공하는 것에 있다. 따라서 많은 연구에서 사회적경제를 사회서비스의 공급자로 인식하고 있다. 그러나 오늘날 사회서비스는 국가의 하나의 산업으로 인식되고 있고, 정부차원에서 사회서비스를 산업화하는 논의가 많이 이루어지고 있다. 그러나 현재 사회서비스 제공기관의 현실을 감안하면 사회서비스의 산업화는 어려운 실정이다. 이러한 측면에서 사회적경제는 사회서비스를 지속가능하게 제공할 수 있는 좋은 매개체가 될 수 있다. 이러한 관점에서 본 장에서는 사회서비스의 의미와 정책들을 검토하고, 사회서비스의 제공주체로서 사회적경제의 역할과 지원정책을 제시하였다.

## 4-1 서론

최근 복지국가를 중심으로 재정압박과 고용창출, 복지수요에 대응하기 위한 대안으로써 사회적경제가 부각되고 있다. 역사적으로 사회적경제는 신규일자리창출, 고용의 안정적 유지, 사회의 소외계층 및 취약계층에 대한 고용에 상당한 기여를 한 것으로 알려져 있다(CIRIEC, 2000). 실제 최근 2008년 금융위기 이후 2012년까지의 유럽의 주요국가에서 사적경제보다 사회적경제에서 고용의 위기에 대한 충격이 덜하였다.[1] 이러한 사회적경제는 협동조합과 같은 자발적 조직들이 의료, 교육, 문화 등 사회서비스 업종에서 고용창출의 주요한 역할을 담당하고 있다(EESC, 2012).

대한민국의 경우, 가장 대표적인 사회적경제 조직인 사회적기업은 지난 2007년 제정된 『사회적기업육성법』에서 '취약계층에게 사회서비스 또는 일자리를 제공하는 기관'으로 정의하고 있다. 즉 사회적경제가 주로 활동하는 영역은 사회서비스이며, 기본적으로 고용창출에 의미를 두고 있다.

특히 대한민국 정부는 1997년 금융위기 이후, 실업대책으로 도입된 공

1) 이 기간 동안 스페인은 가장 높은 실업률을 보인 유럽국가들 중 하나이다. 동 기간 동안 사적경제 부문에서 고용이 19% 감소한 반면, 협동조합에서는 9% 감소에 그쳤다. 그리고 프랑스에서는 협동조합에서의 고용이 전통적인 사적경제 부문의 고용보다 더 큰 회복력을 보였다. 특히 사회적경제 조직 중 상조협동조합은 고용이 3% 성장을 지속하여 시장점유율이 오히려 높아졌다(EESC, 2012).

공근로사업을 시작으로 2000년 국민기초생활제도의 자활사업, 2003년 사회적 일자리창출사업 등 정부차원의 일자리사업의 규모가 꾸준히 증가하며, 취약계층과 비경제활동인구의 노동시장으로의 진입을 지원하고 있다(박수지 외, 2013).

이러한 대한민국 정부의 일자리창출 중심의 사업과 고용정책은 주로 사회서비스부문에 주목하고 있다. 이는 지속적인 복지수요에 대한 정부재정지출을 고용과 연계하여 복지와 성장의 선순환 구조를 구축하기 위함으로, 실제 국내 전체 산업의 고용창출력은 점차 감소하고 있지만, 사회서비스인 사회복지서비스산업의 경우 2010년도 기준 10억 원당 37.3명을 창출할 만큼 고용창출력이 크기 때문이다(이철선 외, 2013). 실제 대한민국에서 전체 취업자 대비 사회서비스업의 일자리 비중은 2008년에서 2011년까지 14.0%에서 16.4%로 증가하였으며, 시장은 2005년부터 2010년까지 연평균 11.8%씩 증가하여 사회서비스업의 산업적 중요성이 커지고 있다. 특히 사회서비스업 중 보건 및 사회복지업 취업자는 2006년 68만 명에서 2011년 131만 명으로 최근의 고용 없는 성장 속에 일자리 창출을 주도하고 있다(보건복지부 보도자료, 2013년 11월 26일자).

정부의 복지재정 압박 속에서 고용창출이라는 국가적 과제의 대안으로써의 사회적경제가 활성화되기 위해서는 사회서비스산업이 육성되어야 한다. 또한 고용 없는 성장의 시기에 복지와 고용에 대한 수요를 충족시키기 위해서는 사회적경제의 역할이 중요하다.

이러한 관점에서 본 장에서는 사회적경제의 관점에서 사회서비스의 의미와 정책들을 검토하고, 정부가 그간 추진한 사회서비스의 시장화 및 산업화를 진단해본다. 그리고 사회서비스의 제공주체로서 사회적경제의 역할을 제시하고자 한다.

# 4-2 사회서비스의 의미와 유형

## 1. 사회서비스의 의미

### 1) 사회서비스의 개념과 일반적인 의미

사회서비스의 개념을 정리하기 위해서는 우선 오늘날 논의되고 있는 사회서비스의 등장 배경부터 이해해야 한다. 이에 대해 임혁백 외(2007)는 Taylor-Gooby et al.(2004)가 제시한 탈산업사회로의 이행이 유발한 새로운 사회적 위험과 관련한 논의가 사회서비스의 확대로 귀결된다고 주장한다. 여기서 새로운 사회적 위험이란 탈산업사회의 위험 구조를 일컫는 말로 이것은 전후 복지국가가 관리하던 종래의 사회적 위험들과 대비되며, 새롭게 발생하는 사회적 위험의 형식과 대상을 의미한다(김철주 외, 2006). Taylor-Gooby et al.(2004)가 제시한 탈산업사회로의 이행이 유발한 새로운 사회적 위험은 다음과 같이 세 가지 영역으로 요약될 수 있다. 첫째, 가족의 변화 및 성 역할의 변화와 관련한 새로운 사회적 위험이 출현한다. 아동 및 노인에 대한 보호 문제로 인해 일과 가정을 양립하는 것이 어려워진다. 둘째, 노동시장의 변화와 관련한 새로운 사회적 위험이 출현한다. 적절한 보수와 안정성이 보장되는 일자리를 얻는 것이 힘들어졌을 뿐만 아니라 불안정한 직업 경력으로 인해 사회 보장의 혜택을 충분히 받을 수도 없게 된다. 셋째, 사회보장 제도와 관련한 새로운 사회적 위험이 출현한다. 종래의 전후 복지국가와 달리 탈산업적 복지국가는 민영화를 통해 사적 복지(private provisions)를 강조하기 때문에 시민들은 안전하고 충분한 복지 급여와 만족스러운 복지서비스를 보장받지 못하게 된다(임혁백 외, 2007). 이러한 새로운 사회적 위험에 대응하기 위해 보다 다양한 사회서비스를 제공하는 것이 필요하게 되었고, 이에 따라 새로운 사회서비스의 영역이 꾸준히 제기되고 있다. 그래서 사회서비스의 개념은 폭넓은 의미로 사용되고 있고, 특히 사회보장제도를 이루는 사회복지서비스와 그 의미가 혼용되고 있다.

Kahn(1979)은 사회서비스를 근대 사회에서 인간의 상호관계와 역할로 인해 발생하는 욕구를 충족시키기 위한 '사회적 발명(Social invention)'으로 정의하고, Bahle(2003)은 사회서비스를 가족 구성원간의 서비스를 출발점으로 제도화된 '대인서비스'로 정의한다.

강혜규(2009)는 사회서비스의 정의를 넓게는 공공행정, 국방, 의료, 교육, 사회복지부분 서비스를 포함하는 개념으로 구성한다고 정의한다. 더 자세히 들여다보면, 사회서비스는 내용적으로 사회복지서비스, 보건의료서비스, 교육서비스, 문화예술서비스로 구분하고, 기능적으로는 생활보장서비스, 정신보건서비스, 인적자본서비스, 사회자본서비스, 일자리서비스, 일반 행정서비스로 구분되며, 수혜대상을 기준으로 보면 성인서비스, 아동·가족서비스, 특수취약계층서비스 등을 포함한다.

또한 정관영(2013)은 사회서비스를 사회적 보호를 비롯한 다양하고 포괄적인 개인욕구에 대해 집합적인 대처의 필요성에 따라 이루어지는 사회복지와 돌봄, 의식주 등의 기본 보장, 교육, 고용이 연계하여 개입이 이루어지는 서비스로 정의한다. 이것은 노무현 정부 들어 사회투자가 사회정책의 핵심으로 부각되면서 사회복지체계의 사회복지서비스를 사회서비스라는 새로운 관점으로 접근한 것이다. 즉 사회복지서비스를 일부 취약계층들의 욕구에 대응하는 좁은 의미에서 모든 국민에게 보편적으로 나타날 수 있는 사회적 위험의 확대된 개념으로 인식하면서 보다 적극적인 정책적 대처로 발전한 것이다. 국내·외 학자들이 정의한 사회서비스의 개념은 다음과 같이 정리할 수 있다.

**표 4-2-1.** 국내·외 학자들이 정의한 사회서비스 개념

| 학자 | 사회서비스 개념 |
|---|---|
| Kahn (1979) | • 근대 사회에서 인간의 상호관계와 역할로 인해 발생하는 욕구를 충족시키기 위한 '사회적 발명(Social invention)' |
| Bahle (2003) | • 가족 구성원간의 서비스를 출발점으로 제도화된 '대인서비스'<br>• 개개인이 속한 삶의 영역에서 각자의 사회적 기능을 지원하기 위해 공공 부문에 의해 계획되고 공공 및 민간 부문을 통해 제공되는 개별화된 대인서비스 |
| 정경희 외 (2006) | • 궁극적인 목적과 동기, 규모의 결정방식, 행위의 성격 등을 기준으로 이윤추구를 일차적 목적으로 하지 않으면서 사회적 욕구 충족에 초점을 두는 집합적이고 관계지향적인 활동 |
| 이봉주 외 (2008) | • 재화의 생산이나 분배가 아닌 대인적 서비스로서 개인의 사회적 역할과 관련된 욕구를 충족시키려는 활동<br>• 사익추구가 아니라 공익적이고 이타적인 성격<br>• 제공자와 이용자 사이의 직접적인 상호작용을 통하여 전달되며 이 과정에서 정서적 측면의 활동이 포함 |
| 노기성 (2011) | • 소비외부성(Consumption externality)이 크고 사회적으로 공적제공(Public provision)이 요구되는 대인서비스(Personal service) |
| 정관영 (2013) | • 사회적 보호를 비롯한 다양하고 포괄적인 개인욕구에 대해 집합적인 대처의 필요성에 따라 이루어지는 사회복지와 돌봄, 의식주 등의 기본 보장, 교육, 고용이 연계하여 개입이 이루어지는 서비스 |

출처: 노기성(2011), 박세경(2013), 보건복지부(2017b)

사회서비스는 광의로는 사회복지서비스, 의료서비스뿐 아니라 공공행정, 국방, 교육서비스 등을 포용하며, 협의로는 사회복지서비스에 국한해 "국가, 지방자치단체 및 민간전문가의 도움을 필요로 하는 모든 국민에게 상담, 재활, 직업소개 및 지도, 사회복지시설 이용 등을 제공하여 정상적인 사회생활이 가능하도록 하는 제도"(「사회보장기본법」 제3조)로 통용되기도 한다(정경희 외, 2006). 이 외에도 「사회서비스 이용 및 이용권 권

리에 관한 법률」, 「사회복지사업법」, 「사회적기업육성법」 등에서는 다음의 표 4-2-2과 같이 사회서비스를 정의한다.

**표 4-2-2.** 사회서비스의 법률적 개념

| 법률명 | 사회서비스 개념 규정 |
|---|---|
| 사회보장 기본법 | 국가·지방자치단체 및 민간부문의 도움이 필요한 모든 국민에게 복지, 보건의료, 교육, 고용, 주거, 문화, 환경 등의 분야에 인간다운 생활을 보장하고 상담, 재활, 돌봄, 정보의 제공, 관련 시설의 이용, 역량 개발, 사회참여 지원 등을 통하여 국민의 삶의 질이 향상되도록 지원하는 제도 |
| 사회서비스 이용 및 이용권 관리에 관한 법률 | 「사회복지사업법」에 따른 사회복지서비스, 「보건의료기본법」에 따른 보건의료서비스, 그 밖에 이에 준하는 서비스로서 대통령령으로 정하는 서비스 |
| 사회서비스 이용 및 이용권 관리에 관한 법률 시행령 | (사회서비스 종류) 돌봄 및 일상생활 지원 서비스, 가사지원 및 간병 서비스, 건강관리서비스, 인지 인성 발달지원 서비스, 사회적응지원 및 상담 지도 서비스, 문화 체험 여행 서비스, 재활 보조용구 대여 서비스, 그 밖에 보건복지부 장관이 필요하다고 인정하여 고시하는 서비스 |
| 사회적기업 육성법 | 교육, 보건, 사회복지, 환경 및 문화 분야의 서비스, 그 밖에 이에 준하는 서비스 |

출처: 보건복지부(2017a)

조현승(2007)은 사회서비스의 범위를 광의적으로는 국방, 공공행정, 사회복지서비스, 교육서비스, 의료서비스 등으로 구분하고, 협의로는 사회복지, 기초의식주 보장, 보건의료, 교육, 고용, 문화 관련 서비스 등을 포함한다. 특히 우리나라에서는 지난 2013년 사회보장기본법이 개정되면서 복지만 아니라 고용, 주거, 문화 등 다양한 분야에서 삶의 질 향상을 지원하는 서비스로 사회서비스의 정의를 확대하였다. 즉 보건복지부에서는 사회서비스를 공공행정(일반행정, 환경, 안전), 사회복지(보육, 아동, 장애인, 노인 보호), 보건의료(간병, 간호), 교육(방과 후 활동, 특수 교육), 문화(도서관, 박물관, 미술관 등 문화시설 운영) 등을 포괄하는 개념으로 정의한다(그림 4-2-1 참조). 김승희(2014)는 사회서비스 분야를 복지, 보건,

의료, 교육, 고용, 주거, 문화, 환경으로 구분하고, 상담, 재활, 돌봄, 정보제공, 역량개발, 시설이용, 사회참여지원 등의 기능 및 수단을 제공한다. 또한 어떠한 방식으로 사회서비스를 제공하느냐에 따라 프로젝트지원방식, 기관지원방식, 수요자지원방식 등으로 구분한다(그림 4-2-2 참조).

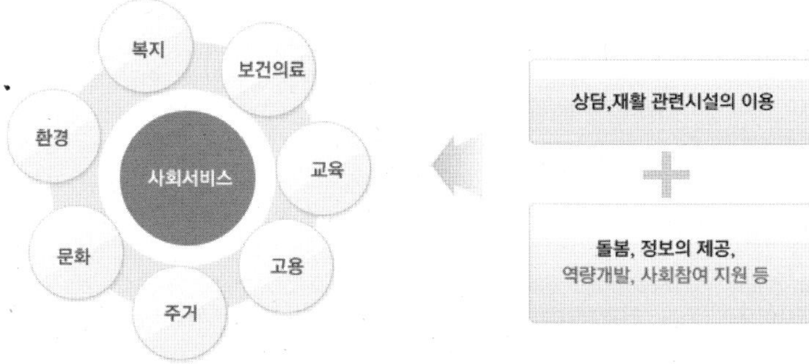


**그림 4-2-1.** 사회서비스의 의미

출처: 김승희(2014)

**그림 4-2-2.** 사회서비스의 개념도

이렇듯 사회서비스는 다양한 업종에 산재되어 있어, 정의나 범위를 명확히 하기가 어려운 측면이 있다. 그래서 대한민국 정부는 기존의 한국표준산업분류(KSIC: Korean Standard Industrial Classification, 이하 KSIC)를 토대로 새로운 사회서비스 개발, 사회서비스의 융·복합 등 혁신 및 수요자 중심의 사회서비스업 확립을 위해 지난 2013년 「사회서비스산업 특수분류(SSISC: Social Service Industrial Special Code)」를 제정하였다. 이 「사회서비스산업 특수분류」는 『사회보장기본법』의 기능(유형)을 기준으로 7개 대분류(복지, 보건의료, 교육, 고용, 주거, 문화, 환경)를 작성하고, 기타 사회서비스 관련 행정을 별도 대분류로 신설하였다. 여기서 사회서비스산업의 대분류와 그에 따른 포괄범위 및 정의는 다음의 표 4-2-3과 같다.

**표 4-2-3.** 사회서비스산업의 대분류와 포괄 범위

| 대분류 | 포괄 범위(정의) |
|---|---|
| 종합 사회서비스업 | 돌봄·재활·상담 등 사회서비스를 포괄적으로 제공하는 복지시설·협회 등의 산업 활동 |
| 돌봄서비스업 | 의료 관리가 필요한 노인·장애인 요양 보호 및 단순 돌봄 대상자에 대한 가정·비거주·거주시설 보호 산업 활동 |
| 상담·재활서비스업 | 상담서비스와 재활을 위한 의료서비스 또는 발달재활서비스를 제공하는 산업 활동 |
| 건강지원 서비스업 | 재활서비스 외의 의료 등 보건서비스를 제공하는 산업 활동 |
| 교육 및 역량 개발 관련 사회서비스업 | 공교육을 통한 유아·청소년기의 신체·사회적 발달 지원 및 평생교육·직장교육 등을 통한 역량 개발 지원과 관련된 산업 활동 |
| 문화·체육 관련 시설 이용 지원 사회서비스업 | 문화·예술·체육 활동 관련 국공립예술단체, 미술관, 박물관 등 관련 단체·시설 및 문화·예술·체육 서비스와 관련된 산업 활동 |
| 사회 참여 지원 서비스업 | 피고용자를 파견하거나 중개·알선 등 고용지원서비스를 제공, 또는 직업재활 등을 통해 사회 참여를 지원하는 산업 활동 |
| 사회서비스 관련 행정 | 보건, 교육, 문화, 환경, 노동 등 사회서비스와 사회보장 관련 관리 기능을 수행하는 기관과 관련된 산업 활동 |

출처: 보건복지부 보도자료(2013년 11월 26일자)

### 2) 사회적 일자리 측면에서의 사회서비스의 의미

임혁백 외(2007)는 사회적경제가 제공하는 서비스를 사회서비스라 하고, 이러한 사회서비스를 담당하는 일자리를 사회적 일자리라 정의한다. 여기서 사회적 일자리란 노인이나 장애인 간병, 저소득층과 맞벌이 부부 자녀의 방과 후 교육, 노숙자 돌보기, 문화유산 보전 및 관리, 재활용품 수거 등과 같이 사회적으로 필요하지만 수익성이 낮아 시장에 맡겨놓을 경우 사회가 요구하는 수준만큼의 서비스가 제공되지 않는 일자리를 말한다(임혁백 외, 2007). 특히 경기개발연구원(2011)은 일자리 창출효과와 성장가능성이 높은 5대 분야를 제시했는데 그 중 하나로 사회서비스 분야를 들었다. 2004년부터 2010년까지 농림어업과 제조업 고용이 각각 25만 8천 명, 14만 3천 명 감소했지만 서비스업에서는 167만 2천 명이 증가했고, 서비스산업 고용 비중도 지속적으로 증가해 2007년 OECD 평균수준인 68.7%에 달한다고 밝혔다.

사회서비스 일자리는 복지정책의 강화뿐만 아니라 여성노동참가율의 저조문제, 출산율 감소 등의 사회문제를 해결하는 데 도움이 된다. 여성의 노동시장 참여는 근로연령세대 가구의 빈곤을 완화하는 중요한 역할을 한다. 특히 방하남 외(2008)는 OECD 여러 나라들의 국가 간 비교를 통해 여성고용율과 사회서비스 고용비중 사이에 강한 양의 상관관계가 나타남을 밝혀냈다(그림 4-2-3 참조).

이러한 상관관계는 두 가지 측면으로 설명될 수 있다. 첫째, 여성의 노동시장 참여가 활발해질수록 사회서비스부문의 고용은 증가할 것이다. 사회서비스의 특성상 여성의 고용이 많은 부문이고 따라서 여성의 노동시장 참여가 늘어나면서 자연스럽게 사회서비스 부문의 노동공급은 늘어나게 될 것이다. 다른 한편으로는 보육 등의 부문에서 사회서비스 부문 고용이 활발하게 이루어지고 있는 나라일수록 일·가정양립이 원활하게

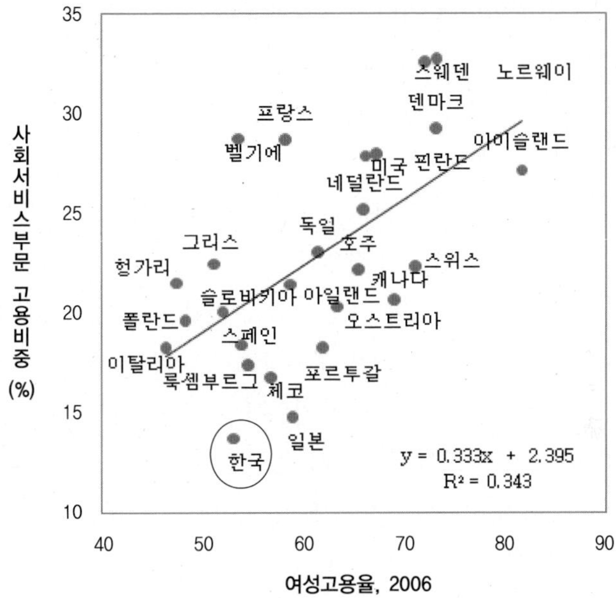


출처: 방하남 외(2008)
자료: OECD STAN Database: OECD Labor Force Survey

**그림 4-2-3.** OECD 국가들의 여성고용율과 사회서비스부문 고용비중

이루어져 여성들의 경제활동참여에 대한 기회비용이 낮기 때문에 여성들이 노동시장에 적극 참여하는 경향을 보일 수 있다(방하남 외, 2008). 즉 사회적 일자리 측면에서 사회서비스 부문의 성장을 촉진하기 위해서는 바로 여성의 노동시장 참여, 일·가정양립 등과 귀결되는 것을 의미한다.

그러나 한국의 여성고용률은 OECD 국가 평균수준에도 못 미친다. 우리나라 여성 서비스취업자 비율이 전체 서비스취업자 중 여성은 53.1%로 OECD 국가 중 하위권에 속한다(한국여성정책연구원, 2011). 이렇게 서비스부문에서 여성 고용률이 다른 나라에 비해 우리나라가 특히 낮은 것은 일과 가정을 양립하기 어려운 열악한 환경 때문이다. 여성이 충분하게 노동시장에 참여하지 못하는 이유 중 하나는 현재 가구의 소득을 감소시키는 결과와도 관련된다. 이에 대해 정관영(2013)은 더 많은 여성들이 노동시장에 참여하기 위해서는 무상보육과 같은 일-가정 양립 정책이 계속 추진되어야 하며, 이를 위해서는 사회적경제 영역에서 '성평등한 중간노동시장'을 창출해야 한다고 주장한다.

여기서 중간노동시장은 사회적경제의 근간이 되는 지역순환경제의 출발점이다. 중간노동시장은 경쟁노동시장에서 탈락한 계층을 지역경제로 유인하여 인적 자원으로 육성하고 지원하는 역할을 한다. 중간노동시장 형성은 우선적으로 사회서비스 분야 취업계층을 위한 일자리 확대로 시작할 수 있다. 사회서비스 중간 노동시장 형성은 서비스 제공과 소비를 경쟁시장 접근에서 벗어나 지역사회 참여를 중요시하는 방안이기도 하다(정관영, 2013). 사회서비스가 제공되는 방식은 다음의 그림과 같다.

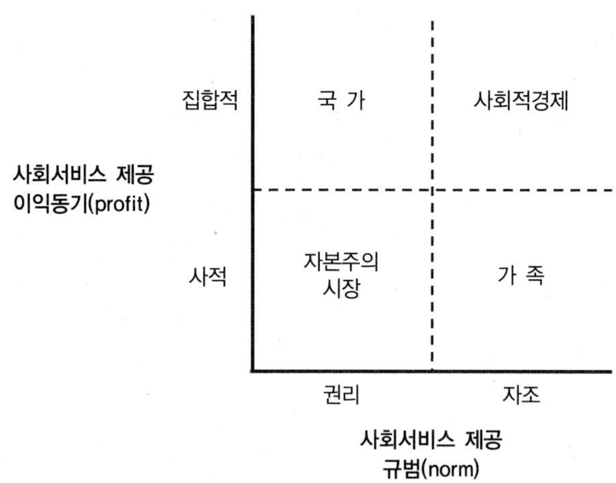


출처: 정관영(2013), p.262.

**그림 4-2-4.** 사회서비스를 제공하는 네 가지 방식

## 2. 사회서비스의 유형

서구 복지국가에서 추진되는 다양한 사회서비스의 유형은 Antonnen & Sipila(1996)와 Bahle(2003)의 연구에서 살펴볼 수 있다. 이들은 '복지혼합'(welfare mix)의 4대 모형을 제시하고 각국의 복지혼합 사례를 영유아와 노인 서비스 등 사회서비스 측면에서 설명한다. 일반적으로 복지혼합이란 가족, 국가, 시장, 제3섹터 등 4대 섹터 사이의 자원과 서비스 제공의 혼합을 말한다. 가족은 전통적인 자급자족의 복지제공자 역할을 하며, 국가는 복지국가 등장 이후 공식적인 법과 제도에 기초한 복지제공자가 된다. 시장은 복지영역에서 이윤추구를 하는 기업이 대표하고, 제3섹터는 무수한 비영리기관 또는 사회적경제 조직들의 비영리적 활동이 이뤄지는 섹터다. 유럽국가에서 이와 같은 복지혼합이 제도화되는 과정에서 교회의 복지기관들이 비영리기관 또는 사회적경제 기관으로 제3섹터를 대표하는 중요한 역할을 해왔다(주성수, 2010: 200).[2) ] Munday(2003)가 제시하는 네 가지 유형은 각국의 사회서비스 제공에서 가족, 국가, 시장, 제3섹터 등 4대 섹터의 역할에 초점을 맞추고 있다. 그는 유럽의 사회적 서비스에 체계를 ① 공공서비스(public service) 모델, ② 가족돌봄(family care) 모델, ③ 자산조사(means-tested) 모델, ④ 보충주의(subsidiarity) 모델로 분류한다(정경희 외, 2006).

첫째, '공공서비스' 모델은 사회서비스의 공급과 재원에서 정부주도적 모델이다. 앞의 정부-제3섹터 유형 분류에서 '정부주도적' 모델과 같다. 스칸디나비아의 스웨덴, 노르웨이, 덴마크, 핀란드가 여기에 해당된다. 사회서비스의 생산과 계획에서 지방정부의 역할이 주도적이기 때문에 시장이나 제3섹터의 역할이 미미한 수준에 머물러 있는 특징이 있다. 최근 복지국가의 보편주의 약화와 제3섹터의 역할이 상대적으로 늘고 있지만,

2) 복지혼합에 대해서는 3장에서 더욱 자세히 설명된다.

여전히 일반조세에 의해 재원이 뒷받침되는 사회복지서비스는 정부주도적 영역에 머물러 있다. 스웨덴의 경우, 2001년 GDP 대비 공공 사회정책 지출의 비중이 29.7%로 프랑스 28.5%와 거의 비슷한 수준에 있지만, 사회서비스 지출은 5.9%로 프랑스 2%보다 거의 세 배가 높다.

둘째, '가족돌봄' 모델은 국가나 시장 또는 제3섹터보다는 가족의 돌봄에 의존한다. 복지국가가 발달되지 않은 남유럽 국가들이 여기에 해당되는데, 전통적인 가족의 역할이 중시되기 때문에 복지국가에 의한 공공서비스나 시장이나 제3섹터에 의한 사회서비스가 발달되지 않고 있다. 스페인, 포르투갈, 그리스 등 가톨릭의 전통을 중시하는 가족제도 체제에서 노약자나 어린이에 대한 서비스는 개인의 권리로 보장되고 있지 않으며, 가족의 책임에 속한다. 국가에 따라 최근 제3섹터에 의한 사회서비스 제공이 확대되거나 부유층의 시장형 서비스 의존이 늘고 있지만, 국가의 보편적인 공공서비스 제공은 매우 취약한 수준에 머물러 있다.

셋째는 '자산조사' 모델이다. 정부가 사회서비스 제공책임을 갖고 있지 않으며 개인이나 가족의 책임에 맡겨져, 소득 등 생계수단이 취약한 집단만을 대상으로 선별적인 서비스를 제공하는 모델이다. 대부분의 시민들은 소득과 능력에 따라 시장에 의존하거나 제3섹터조직이 제공하는 서비스에 의존하지만 제3섹터의 사회서비스 제공수준은 앞의 가족돌봄 모델과 비슷하다. 영국과 미국이 여기에 해당된다. 미국의 경우 정부보조금 지원에 의해 제3섹터가 사회서비스 제공을 맡아오다, 1990년대 시장의 사회서비스 시장개척에 따라 영리부문의 역할도 늘고 있다.

마지막으로, '보충주의' 모델은 정부-제3섹터 사이의 공조적 파트너십에 기초한 모델이다. 유럽대륙 모델로 볼 수 있는데, 독일, 네덜란드, 오스트리아 등이 여기에 해당된다. '보충주의' 원칙은 개인이나 가족과 가장 가까운 사회기관인 제3섹터기관이 우선적으로 중요한 역할을 하고, 이들의 역할이 부족한 경우에만 정부의 개입 역할이 보충된다는 원칙을 말한다. 정부의 역할을 대신하는 제3섹터가 정부의 안정적인 재정지원에 의해 공식적으로 사회서비스의 대부분을 제공하는 모델이다. 여기에서 공공 사회지출의 비중은 비교적 높은 편이지만, 서비스보다 현금급여 비중이 상대적으로 높기 때문에 사회서비스 제공의 수준은 비교적 낮은 편에 머물러 있다.

**표 4-2-4.** 사회서비스 체제의 유형별 특징

<table>
<tr><th colspan="2">구분</th><th>북유럽형<br>(공공서비스<br>모델)</th><th colspan="2">대륙유럽형<br>(보충주의 모델)</th><th>앵글로색슨형<br>(자산조사 ·<br>시장의존<br>모델)</th><th>남유럽형<br>(가족돌봄<br>모델)</th></tr>
<tr><td rowspan="4">제도의 구성</td><td>복지혼합</td><td>공공부문의<br>압도적 우위</td><td>공공부문<br>우위</td><td>비영리부문<br>우위</td><td>영리 부문<br>우위</td><td>가족 책임</td></tr>
<tr><td>공여 원칙</td><td>보편주의</td><td>보편주의<br>+ 보충주의</td><td>보충주의</td><td>선별주의</td><td>선별주의</td></tr>
<tr><td>재원 조달<br>중<br>조세 비중</td><td>매우 높음</td><td>높음</td><td>높음</td><td>낮음</td><td>낮음</td></tr>
<tr><td>지출 우선<br>대상</td><td>어린이</td><td>어린이</td><td>노인</td><td>노인</td><td>노인</td></tr>
<tr><td rowspan="2">제도의 효과</td><td>일·가정<br>양립 가능성</td><td>높음</td><td>높음</td><td>낮음</td><td>낮음</td><td>낮음</td></tr>
<tr><td>사회서비스<br>계층화</td><td>낮음<br>(보편주의)</td><td>아동은 낮고<br>노인은 높음</td><td>높음</td><td>높음</td><td>높음</td></tr>
<tr><td colspan="2">대표적 국가</td><td>스웨덴,<br>덴마크</td><td>프랑스,<br>벨기에</td><td>독일,<br>네덜란드</td><td>영국,<br>아일랜드</td><td>스페인,<br>이탈리아</td></tr>
</table>

출처: 정경희 외(2006), 임혁백 외(2007) 재인용.

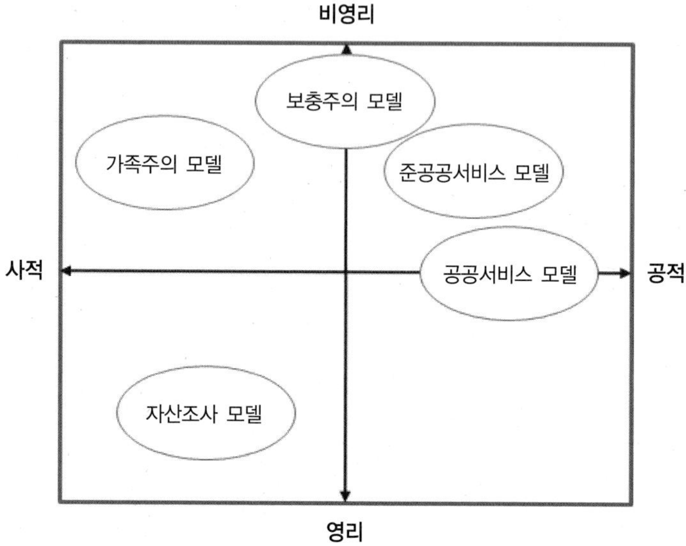


출처: 배정환(2011, 39)

**그림 4-2-5.** Munday의 사회서비스 유형 분류

한편 이철선 외(2013)는 다음의 3개 기준 하에 사회적경제 조직을 활용한 사회서비스 정책 유형을 4가지로 정리한다. 선정기준의 그 첫째는 고용과 연계된 사회서비스 정책의 실행기관이 민간기관 중심이어야 한다는 점이다. 그 이유는 현재 한국정부가 추진하고 있는 사회서비스 제공기관 선정방식이 대부분 민간 위탁방식으로 진행되고 있기 때문이다. 두 번째는 각국 정부가 사회서비스 제공기관으로 선정한 기관이 특정 유형에 집중되어 있는지 아니면, 다양화되어 있는 지의 여부다. 현재 한국의 사회서비스 제공기관은 대부분 비영리단체로 정부 재정지원에 의한 의존도가 높아 시장화를 추구하려는 정부정책의 걸림돌이 되고 있지만, 사회서비스가 발전된 선진국에서는 비영리단체 외에 영리사업을 통해 획득한 이익을 비영리 공익사업에 투자하는 사회적기업이나, 협동조합 등 다양

한 민간기관들이 존재하기 때문이다. 그리고 세 번째는 정책의 실행 주체가 중앙부처인지, 아니면 지자체인지의 여부다. 현재 한국의 사회서비스 산업은 중앙부처에서 기획·실행·관리하는 사업이 대부분이지만 재원은 상당부분 지자체와 중앙부처간 매칭방식으로 지원하는 경우이며, 보육 등 일부 사회서비스는 지자체에서 직접 실행·관리하고 있기 때문이다.

따라서 3가지 분석기준에 의해 사회서비스 정책을 주도하는 정부가 중앙부처이고 서비스 제공기관이 사회적기업, 협동조합, 민간단체 등 혼합된 형태를 취하는 국가로는 프랑스를, 그리고 사회서비스 정책을 주도하는 정부가 중앙부처이고 기관유형이 집중화된 형태를 보이는 국가로는 스웨덴을 선정하였다. 또한 사회서비스 정책이 지방정부 중심으로 이루어지면서 제공기관이 혼합형인 국가로는 영국을 선정하였고, 사회서비스 정책이 지방정부 중심이면서, 실행기관이 집중화된 형태를 보이는 국가로는 이탈리아를 선정되었다. 이를 기반으로 4개국이 추진한 사회서비스의 전반적인 정책 유형을 살펴보면 다음과 같다.

우선, 프랑스는 중앙정부가 사회서비스 정책의 실행권한을 가지고서 충분한 현금급여에 기반한 사회서비스 시장을 형성 후 돌봄 등은 민간단체 중심의 비영리기관을, 고용은 사회적기업을, 환경 등 비대인 근린서비스는 공익협동조합을 육성하는 등 시장화 기반의 전문화 정책을 추진하고 있는 것으로 파악된다. 둘째로 스웨덴은 중앙정부의 정책주도하에 돌봄 및 재활 등 일부 사회서비스 영역을 사회적협동조합에 한해 위탁시켜 육성하는 틈새형 정책 특성을 보이고 있다. 세 번째로 사회서비스 정책의 주도권을 지방정부가 보유한 영국은 지역사회 개발 시, 협동조합, 민간단체, 비영리기관 등 다양한 사회적경제 기관들을 참여시켜 사회서비스를 제공하는 지역개발형 정책을 추진하고 있는 것으로 파악된다. 그리고 네 번째, 이탈리아는 열악한 사회서비스 부문을 보완하는 장치로써 민간에서 자생적으로 운영 중이던 사회적협동조합을 사회서비스 전담위탁기관으로 선정한 후 서비스를 제공하는 민간주도형 정책을 추진하고 있는 것으로 파악된다.

| 대표기간 \ 사회서비스정책 주체 | 중앙정부 | 지방정부 |
|---|---|---|
| 혼합형 | **- 시장형: 프랑스**<br>▷ 충분한 현금급여로 영리형 기관육성<br>▷ 제3섹터부분 전문화 추구 (고용-사회적기업, 돌봄-NPO, 공익협동조합은 근린서비스) | **- 지역개발형: 영국**<br>▷ 지역사회 개발시장 활성화를 위해 사회적기업 육성<br>▷ 사회서비스를 민관협력으로 추진 |
| 사회적 협동조합 | **- 틈세형: 스웨덴**<br>▷ 제정압박과 소비자의 선택권 충족 측면에서 일부 사회서비스를 민간에 위탁<br>▷ 돌봄, 재활 등 서비스 위탁기관으로 사회적 협동조합 부각 | **- 민간주도형: 이탈리아**<br>▷ 부족한 정부의 사회서비스를 대행<br>▷ 정부는 법 제정으로 협동조합 기반제공<br>▷ 지역경제 활성화 모델로 일반 및 사회적 협동조합 연대가 활성화 |

출처: 이철선 외(2013: 72).

**그림 4-2-6.** 선진국의 사회서비스 정책-기관-고용 연계모형 분류

# 4-3 사회서비스의 정책과 산업

## 1. 사회서비스의 정책

우리나라에서 사회서비스는 핵가족화, 고령화, 저출산, 여성의 경제활동 증가와 같은 사회·경제적 환경 변화에 따라 사회복지 증진에 대한 필요가 커지면서 부상하였다. 산업구조의 변화로 인해 일자리 창출이 둔화되었고, 1997년 외환위기, 2008년 글로벌 금융위기로 인해 지속적 고용 불안정이 계속되면서 높은 실업률이 사회문제로 급부상하였다. 이와 같은 거시적 변화 속에서 전통적으로 가족과 공동체 안에서 해결되어 왔던 사적인 욕구가 다양한 이유로 자체적으로 충족되지 못하자 일부를 시장에서 구매하거나 국가의 복지서비스를 통해 해결하고자 하는 경향이 높아졌다. 그간 소득 보장 성격이 강했던 복지서비스가 사회적 변화에 대응하여 저소득층과 중산층의 삶의 질을 제고하는 것과 동시에 보편적인 서비스를 제공하는 것에 초점을 맞추게 되면서, 사회서비스에 대한 욕구가 급증하게 되었다. 이에 따라 사회서비스는 표 4-3-1과 같이 점차 사회안전망이 반영하지 못하는 사회·경제적 변화를 보충하는 성격으로 변화하기 시작하였다(노기성, 2011; 보건복지부, 2017).

**표 4-3-1.** 국내 사회서비스의 역사적 개괄

| 구분 | 생활시설 원조 (1950~1970) | 이용서비스 원조 (1980~2000년대 중반) | 서비스 바우처 방식 (2000년대 중반 이후) |
|---|---|---|---|
| 사회적 욕구 | 대규모 전쟁 이재민에 대한 구호 욕구 | 단순 의식주 이상의 사회복지적 욕구 | 신사회적위협 경제성장·고용의 탈동조화 |
| 정치/경제 패러다임 | 개발독재 체제 신성장 후분배 | 민주주의 분배이념 | 신공공관리론 |
| 법령 | 사회복지사업법 (1970년 제정) | 신사회복지사업법 (1997년 제정) | 사회보장기본법 (2013년 개정) |
| 제공 서비스 | 단순 의식주 중심 생활지원 서비스 | 이용서비스 중심의 시설지원 | 대인서비스 |
| 수요자 개념 | 절대 빈곤층 (대상자) | 일반 저소득층 (대상자) | 보편적 수요자 (이용자) |
| 특징 | | 서비스생산자에 대한 정부 부문의 선택권과 함께 통제력도 강화 | 서비스대상에 중산층을 포함 보편적 사회서비스 인프라 구축을 도모 |

출처: 김영종(2012), 김은정(2013), 보건복지부(2017)

이러한 국내 사회서비스의 발생에 대해 사회서비스가 정부의 정책으로 도입되는 시기에 대해서는 선행연구에 따라 다소 견해 차이가 있으나, 1997년 외환위기 이후 발생한 신자유주의적 경제구조 조정 및 대량 실업 등의 사회적 위험에 직면하여 정부가 주도하는 사회서비스 정책이 본격적으로 시작되었다고 볼 수 있다(임혁백 외, 2007). 즉 외환위기의 와중에 집권한 김대중 국민의 정부가 경제구조 조정과 함께 사회보장 체계의 확립과 일자리 창출을 위한 적극적 대책을 수립하지 않을 수 없었다는 것이다. 그것이 '생산적 복지'라는 이름으로 나오면서 한국에서 최초로 복지국가의 구축이 시작되었다.

당시 국민의 정부는 외환위기 이후 신자유주의적 경제구조 조정에 따른 대규모 실업사태에 대응하기 위해 먼저 공공근로사업 정책을 도입하였다. 공공근로사업 정책은 지역사회의 비영리단체(NGO), 시민단체들이 정부의 위탁을 받아 대규모 사회서비스를 제공하는 것을 목적으로 삼았다. 저소득층을 위한 무료 집수리 사업, 무료 간병 산업 등 복지분야 사업과 음식물, 폐자원 재활용 등 환경분야 사업이 실시되었다. 이 사회서비스 사업들은 2000년 국민기초생활보장제도와 함께 도입된 자활사업의 주요 사업 내용을 자리를 잡게 되었다. 이와 같은 사회적 일자리 창출 정책은 한국에서 정부가 주도한 주요한 고용 정책과 복지 정책으로 널리 알려지기 시작했다(전병유 외, 2003). 2003년 참여정부가 등장하면서 사회적 일자리는 주요 국정 과제가 되었다. 2003년 노동부는 사회적 일자리 창출을 위한 시범사업을 추진하였는데, 주로 노동시장에 취업하기 어려운 취약계층을 대상으로 이들에게 인건비를 지원하는 방식으로 시행되었다. 사회적 일자리 창출 사업을 통하여 장기 실업자, 중장년 및 고령자, 여성, 장애인 등 취업 취약계층을 포함한 실업자들이 일자리를 지원받게 되었다. 이러한 사회적 일자리 창출은 주로 비영리 단체를 통하여 이루어졌으며, 사회적으로 유용하나 수익성 때문에 시장에서 충분하게 공급되지 못했던 사회서비스 분야를 중심으로 지원되었다.

이러한 정책은 주로 저소득 취약계층에 대한 생활 지원에 국한된 사회안전망 프로그램에 머물렀지만, 이후 사회투자론[3]이 대두되면서 이와 구분되는 새로운 정책들이 사회투자와 사회서비스 관점에서 추진되기 시작하였다(박세경 외, 2016). 즉 사회서비스 정책이 본격적으로 도입된 2000년대 중반에는 사회투자정책으로 복지부 정책이 전환되면서, 사회투자 및 사회서비스 관점에서 추진된 정책들은 사회적 돌봄, 수혜대상자의 보

3) 사회투자란 “인적자본과 사회적 자본에 대한 투자를 통해 사회참여와 통합을 증신시킴으로써 경제성장과 사회적 발전 및 활성화를 추구하는 행위를 의미한다(김연명, 2007; 이재원, 2012; 박세경 외, 2016).

편성, 수요자 중심의 서비스 공급, 일자리와 산업 등(표 4-3-2 참조)이며, 당시 참여정부의 사회서비스 정책의 핵심과제는 사회투자형 사회서비스 확충, 사회서비스 시장형성 촉진, 사회서비스 품질수준 제고, 사회서비스 일자리 확대 등으로 요약된다.

**표 4-3-2.** 2000년대 중반 사회투자 관점에서의 사회서비스 주요 정책

| 구분 | 내용 |
|---|---|
| 사회적 돌봄 | 개인과 가족이 돌봄 역할 기능 부재에 따른 사회기반 해체에 대응하는 돌봄의 사회화 정책이 요구됨에 따라 비공식 영역의 돌봄 기능을 사회적으로 지원하는 정책 필요성 강조 |
| 수혜대상자의 보편성 | 소득보장 위주로 진행되어 그 대상이 제한적일 수 밖에 없는 공공 목지체계의 한계를 벗어나 '모든' 국민들의 욕구에 대응 가능한 정책 필요성이 대두됨에 따라 강조 |
| 수요자 중심의 서비스 공급 | 보편적 사회서비스 제공을 위한 수단으로써 서비스 이용자들에게 이용권으로 전자바우처를 공급하여 공급자와 이용자 간 상호선택을 통한 사회서비스 시장형성 유도와 시장실패로 인한 비효율성 문제 완화 시도 |
| 일자리와 산업 | "노인간병·보육 등의 주요 돌봄서비스 수요를 충족시키기 위해 사회서비스 분야에서 최대 90만개 일자리 창출이 필요"함을 강조하며, 사회서비스와 일자리 확충을 동시에 추진 |

출처: 이재원(2012), 박세경 외(2016).

2008년 이명박 정부 들어서는 사회서비스 분야를 통한 일자리 창출을 강조하며, 일자리 창출을 위해 잠재수요가 풍부하고 효과가 큰 업종 중심으로 중점투자를 하며, 기존의 사업을 수요자 중심의 전자바우처 형태로 전환하였다. 특히 2012년 들어서는 사회서비스 시장 활성화 및 품질제고가 사회서비스 정책의 주된 내용으로 다루어지는데, 이러한 기조는 이후 박근혜 정부까지 이어진다. 즉, 기존 사회서비스 정책들이 공공부문의 주도로 이루어지며, 정부의 재정압박이 심하였던 것으로 고려하여 사회서비스 분야에서 민간투자를 확대하여, 시장 활성화 및 나아가 사회서비스

의 산업화를 추진하는 것이다. 특히 사회서비스 제공기관을 지정제에서 등록제 형태로 변환하여 진입규제를 완화시켰는데, 그 결과 사회서비스 바우처 제공기관이 2007년 1,274개소에서 2015년 22,960개소로 1,802% 증가하였으며, 이용자수도 2007년 357천명에서 2015년 1,166천명으로 327% 증가하였다고 사회보장정보원이 밝히고 있다.4)

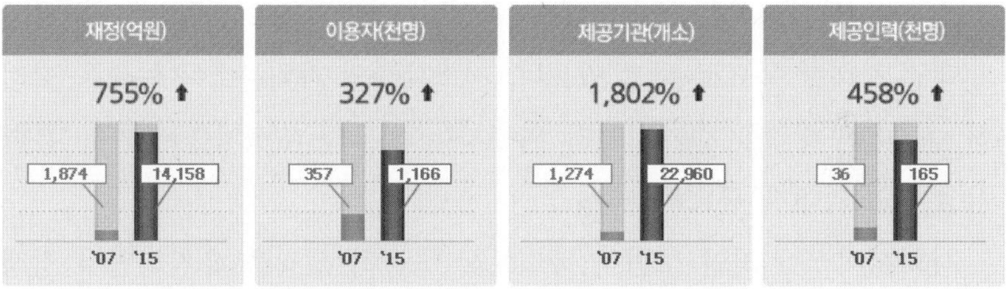


출처: 보건복지부 사회서비스 전자바우처 홈페이지
(http://www.socialservice.or.kr/user/htmlEditor/view.do?p_sn=2) 참조.

**그림 4-3-1.** 사회서비스 전자바우처사업의 성과(2015년말 기준)

이러한 바우처사업 중심의 사회서비스 정책은 현재까지도 이어지고 있다. 즉 돌봄, 육아, 장애아동 지원 등과 같이 가족 내 자원으로 가족구성원을 보살필 수 없거나 부족할 경우 발생되는 사회적 욕구해결을 위해 정부가 전자바우처를 발급한다. 전자바우처는 이용자는 소비자로서 필요한 사회서비스를 구매하고, 서비스 제공기관은 공급자로서 서비스를 제공하는 형태이며, 서비스 수요를 이용자 당사자들이 자발적이고 주체적으로 복지서비스를 해결하는 방식이다.

현재 우리나라의 대표적인 사회서비스사업은 보건복지부에서 시행하

4) 보건복지부 사회서비스 전자바우처 홈페이지
(http://www.socialservice.or.kr/user/htmlEditor/view.do?p_sn=2)참조.

는 7대 바우처 사업[5]으로 이 중 지역사회서비스투자사업은 앞서 기술한 '사회서비스의 시장화'를 목표로 하고 있다. 시장화는 사회서비스가 제공자와 소비자 관계로 구매가 이루어지는 '상품화'를 의미한다. 현재 지역사회서비스투자사업의 경우 서비스 제공대상자(이용자)를 기초생활수급자와 차상위계층에 한정하고 있으며, 이들의 구매력은 정부가 전자바우처로 지원하는 '유사시장(quasi-market)' 행태로 제공되고 있다.

정부는 사회서비스 공급형태를 완전한 경쟁구조로 바꾸어 소비자의 선택권 강화를 목표로 하고 있으나, 저소득층의 가처분소득 능력을 고려해 볼 때 구매력을 증가시키기 위해서는 정부의 재정지출 증가를 통한 유효수요 확대가 필요하다.

사회서비스가 지닌 보편적 복지로서 공공적 성격을 유지하면서 경쟁시장을 통해 제공되는 상품으로 소비자가 필요에 따라 구매하는 시장화를 형성하기 위해서는 사회서비스 제공구조를 저소득층을 대상으로 하는 방식과 일반국민을 대상으로 하는 투 트랙(two track) 구조가 되어야 할 것이다. 저소득층 대상 제공 사회서비스는 공공적 성격을 갖게 되므로 제공기관을 지금처럼 민간영리형 서비스제공기관보다는 지역별로 산재해 있는 '종합사회복지관'을 '종합사회서비스센터'로 기능을 전환하여 지역사회서비스투자사업 등을 포함한 7대 바우처 사업을 점진적으로 통합하여 제공하고, 시장형으로서의 사회서비스는 일반국민을 대상으로 민간 영리기관이 시장에서의 자유로운 경쟁을 통해 제공하는 것이 바람직하다(정관영, 2013: 262-263).

---

5) 7대 바우처: 노인돌봄종합서비스, 장애인활동보조지원사업, 산모·신생아도우미사업, 지역사회서비스투자사업, 가사·간병방문도우미서비스, 장애아동재활치료사업, 시·청장애부모 자녀의 언어발달지원사업 등이다.

## 2. 사회서비스산업의 현황과 특징

### 1) 사회서비스산업 분류 조정

앞서 기술한바와 같이, 사회서비스는 정의나 범위가 명확하지 않고, 다양한 업종에 산재되어 있기 때문에, 통계자료를 구축하기가 쉽지 않다. 이에 따라 대한민국정부가 기존의 한국표준산업분류(KSIC)를 기준으로 사회서비스산업 특수분류(SSISC)를 제정하였다. 이 분류에서는 사회서비스산업을 종합 사회서비스업, 돌봄서비스업, 상담·재활서비스업, 건강지원 서비스업, 교육 및 역량 개발 관련 사회서비스업, 문화·체육 관련 시설 이용 지원 사회서비스업, 사회 참여 지원 서비스업, 사회서비스 관련 행정으로 구분하고 각각의 사회서비스산업 대분류에 해당하는 한국표준산업분류 코드를 명시하고 있다. 그러나 일부 사회서비스업 특수분류(SSISC)의 항목이 한국표준산업분류(KSIC)의 특정 업종만 반영하고 있기 때문에, 특수분류 코드(SSISC)를 한국표준산업분류(KSIC)에 정확히 연계하기 어렵다. 이에 본 절에서는 사회서비스산업을 한국표준산업분류(KSIC) 코드로 재분류한 박세경 외(2016)의 연구를 참조하여, 다음과 같이 사회서비스산업 대분류와 그에 해당하는 한국표준산업분류(KSIC)를 연계하였다. 단, 종합 사회서비스업은 다른 사회서비스산업 대분류에 혼재되어 있어 제외하였다. 또한 문화·체육 관련 시설 이용 지원 사회서비스업은 박세경 외(2016)의 연계표와 마찬가지로 민간영역에서 욕구의 집합성, 사회성을 인정하기 어려워 제외하였다. 이 외의 사회서비스산업 대분류에 연계되는 한국표준산업분류 코드는 기존 연구와 함께 통계청의 한국표준산업분류 종합색인표를 토대로 재분류하였다.[6)]

---

6) 지난 2017년 1월, 한국표준산업분류 제10차 분류표가 개정·고시되었으나, 아직까지 통계청에서 제공하는 전국사업체조사는 제9차 분류를 기준으로 집계되어, 본 장의 사회서비스산업 분류 및 관련 데이터는 제9차 분류표를 준용함.

**표 4-3-3.** 사회서비스산업과 한국표준산업분류 코드의 연계

| 사회서비스산업 대분류 | 한국표준산업분류 코드 | | |
|---|---|---|---|
| | 소분류(3-digit) | 세분류(4-digit) | 세세분류(5-digit) |
| 돌봄서비스업 | 거주 복지시설 운영업(871) | - | - |
| | 그 외 기타 개인 서비스업(969) | 그 외 기타 분류안된 개인 서비스업(9699) | 개인 간병인 및 유사 서비스업(96993) |
| | 비거주 복지시설 운영업(872) | 보육시설 운영업(8721) | - |
| 상담·재활 서비스업 | 기타 보건업(869) | 기타 보건업(8690) | 유사 의료업(86902) |
| | 교육지원 서비스업(857) | 교육지원 서비스업(8570) | 교육관련 자문 및 평가업(85701) |
| | 비거주 복지시설 운영업(872) | 기타 비거주 복지 서비스업(8729) | 그 외 기타 비거주 복지 서비스업(87299) |
| 건강지원 서비스업 | 병원(861) | - | - |
| | 의원(862) | - | - |
| | 공중 보건 의료업(863) | - | - |
| | 기타 보건업(869) | - | - |
| 교육 및 역량 개발 관련 사회서비스업 | 초등 교육기관(851) | - | - |
| | 중등 교육기관(852) | - | - |
| | 고등 교육기관(853) | - | - |
| | 특수학교, 외국인학교 및 대안학교(854) | - | - |
| | 기타 교육기관(856) | 사회교육시설(8563) | - |
| | 기타 교육기관(856) | 직원훈련기관(8564) | - |
| | 기타 교육기관(856) | 그 외 기타 교육기관(8569) | 그 외 분류 안된 교육기관(85699) |
| 사회 참여 지원 서비스업 | 인력공급 및 고용알선업(751) | - | - |
| | 비거주 복지시설 운영업(872) | 기타 비거주 복지 서비스업(8729) | 직업재활원 운영업(87291) |
| | 기타 교육기관(856) | 기술 및 직업훈련 학원(8565) | 기타 기술 및 직업훈련 학원(85659) |
| 사회서비스 관련 행정 | 사회 및 산업정책 행정(842) | 사회서비스 관리 행정(8421) | - |
| | 사회 및 산업정책 행정(842) | 노동 및 산업진흥 행정(8422) | 노동 행정(84221) |
| | 사회보장 행정(845) | - | - |

### 2) 사회서비스산업의 사업체 규모

전국의 전체 산업 사업체수는 1998년 외환위기 이후 증가 추세를 유지하고 있고, 2016년말 기준으로 3,950,192개소에 이르러 2006년 대비 22.4% 가량 증가하였다. 사회서비스산업의 사업체수는 같은 기간 동안 2006년 123,997개소에서 2016년 199,397개소로 60.8% 가량 증가하였다. 특히 사회서비스산업 중에서 상담·재활서비스업이 2006년 5,455개소에서 2016년 22,995개소로 321.5% 가량 증가하였고, 돌봄서비스업과 사회참여 지원 서비스업도 2배 이상 증가하였다. 반면 기존 산업분류에서 유일하게 공공행정, 국방 및 사회보장 행정의 사업체수가 감소한 것과 마찬가지로 사회서비스업에서도 사회서비스 관련 행정의 사업체 수가 2006년 대비 2016년에 7.7% 감소하였다. 전체 산업에서 사회서비스업이 차지하는 비중을 보면, 2006년 3.8%에서 2016년 5.0%로 증가하고 있다.

한편 2006년 대비 2016년 사업체수 증가는 제조업이 25.6% 가량 증가하였고, 전체 서비스업이 21.0% 증가한 반면, 사회서비스업은 60.8%가 증가하여, 사회서비스업이 일반 서비스업보다 더 성장하고 있다.

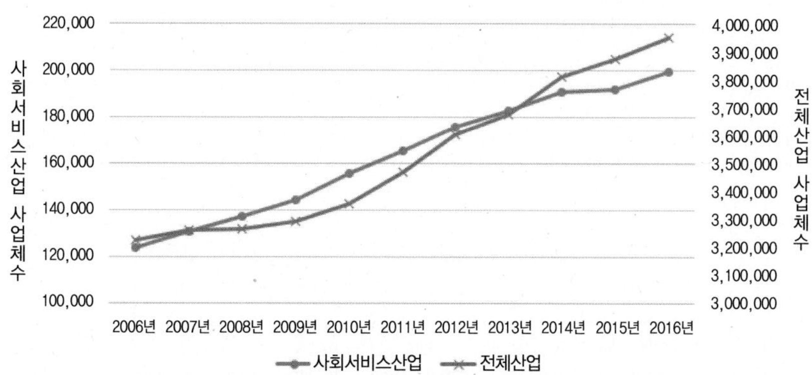


자료: 각 연도 전국사업체조사(통계청)의 원자료 재분석

**그림 4-3-2.** 사회서비스산업과 전체 산업의 사업체수 추이(2006~2016년)

**표 4-3-4.** 산업별 전국 사업체 수 추이(2006년, 2011년, 2016년)

(단위: 개소, %)

| KSIC 코드 | | 산업구분 | 2006 | | 2011 | | 2016 | | |
|---|---|---|---|---|---|---|---|---|---|
| 대분류 | 중분류 | | 사업체수 | 비중 | 사업체수 | 비중 | 사업체수 | 비중 | 06년 대비 증감률 |
| A | 01-03 | 농업, 임업 및 어업 | 2,186 | 0.1 | 2,445 | 0.1 | 3,638 | 0.1 | 66.4 |
| B | 05-08 | 광업 | 1,791 | 0.1 | 1,793 | 0.1 | 2,006 | 0.1 | 12.0 |
| C | 10-33 | 제조업 | 331,519 | 10.3 | 340,909 | 9.8 | 416,493 | 10.5 | 25.6 |
| D | 35-36 | 전기, 가스, 증기 및 수도사업 | 1,556 | 0.0 | 1,530 | 0.0 | 2,129 | 0.1 | 36.8 |
| E | 37-39 | 하수·폐기물 처리, 원료재생 및 환경복원업 | 4,703 | 0.1 | 5,909 | 0.2 | 7,945 | 0.2 | 68.9 |
| F | 41-42 | 건설업 | 90,506 | 2.8 | 104,015 | 3.0 | 136,074 | 3.4 | 50.3 |
| G | 45-47 | 도매 및 소매업 | 865,045 | 26.8 | 903,797 | 26.0 | 1,019,388 | 25.8 | 17.8 |
| H | 49-52 | 운수업 | 339,945 | 10.5 | 353,982 | 10.2 | 385,837 | 9.8 | 13.5 |
| I | 55-56 | 숙박 및 음식점업 | 621,703 | 19.3 | 655,348 | 18.9 | 729,395 | 18.5 | 17.3 |
| J | 58-63 | 출판, 영상, 방송통신 및 정보서비스업 | 24,435 | 0.8 | 30,028 | 0.9 | 42,472 | 1.1 | 73.8 |
| K | 64-66 | 금융 및 보험업 | 35,647 | 1.1 | 40,681 | 1.2 | 42,710 | 1.1 | 19.8 |
| L | 68-69 | 부동산업 및 임대업 | 120,435 | 3.7 | 129,431 | 3.7 | 158,882 | 4.0 | 31.9 |
| M | 70-73 | 전문, 과학 및 기술서비스업 | 60,527 | 1.9 | 76,462 | 2.2 | 102,713 | 2.6 | 69.7 |
| N | 74-75 | 사업시설관리 및 사업지원서비스업 | 28,903 | 0.9 | 40,569 | 1.2 | 52,008 | 1.3 | 79.9 |
| O | 84 | 공공행정, 국방 및 사회보장행정 | 12,454 | 0.4 | 11,942 | 0.3 | 12,452 | 0.3 | -0.0 |
| P | 85 | 교육 서비스업 | 149,066 | 4.6 | 170,047 | 4.9 | 180,295 | 4.6 | 20.9 |
| Q | 86-87 | 보건업 및 사회복지 서비스업 | 83,083 | 2.6 | 113,270 | 3.3 | 138,319 | 3.5 | 66.5 |
| R | 90-91 | 예술, 스포츠 및 여가관련 서비스업 | 98,786 | 3.1 | 103,539 | 3.0 | 110,443 | 2.8 | 11.8 |
| S | 94-96 | 협회 및 단체, 수리 및 기타 개인 서비스업 | 354,279 | 11.0 | 384,337 | 11.1 | 406,993 | 10.3 | 14.9 |
| 전체 산업 | | | 3,226,569 | 100.0 | 3,470,034 | 100.0 | 3,950,192 | 100.0 | 22.4 |
| | 74-96 일부 | 돌봄서비스업 | 24,158 | 0.7 | 42,175 | 1.2 | 51,105 | 1.3 | 111.5 |
| | | 상담·재활서비스업 | 5,455 | 0.2 | 12,616 | 0.4 | 22,995 | 0.6 | 321.5 |
| | | 건강지원서비스업 | 53,638 | 1.7 | 60,692 | 1.7 | 68,054 | 1.7 | 26.9 |
| | | 교육 및 역량개발 관련 사회서비스업 | 28,464 | 0.9 | 30,448 | 0.9 | 32,901 | 0.8 | 15.6 |
| | | 사회 참여 지원 서비스업 | 11,596 | 0.4 | 18,785 | 0.5 | 23,709 | 0.6 | 104.5 |
| | | 사회서비스 관련 행정 | 686 | 0.0 | 545 | 0.0 | 633 | 0.0 | -7.7 |
| 사회서비스산업 | | | 123,997 | 3.8 | 165,261 | 4.8 | 199,397 | 5.0 | 60.8 |

자료: 각 연도 전국사업체조사(통계청)

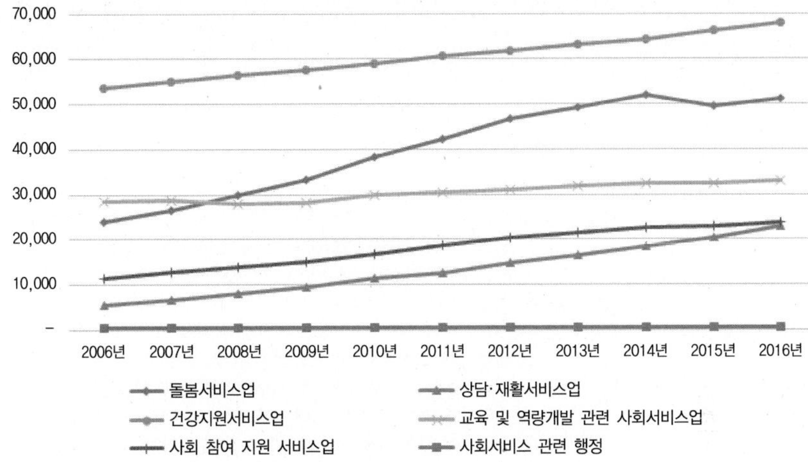


자료: 각 연도 전국사업체조사(통계청)의 원자료 재분석

**그림 4-3-3.** 사회서비스산업의 대분류별 사업체수 추이(2006~2016년)

전국사업체조사에서는 사업체를 조직형태에 따라 개인사업체, 회사법인, 회사이외법인, 비법인단체로 분류한다. 2016년 기준 전국 전체 산업의 사업체수는 3,950,192개소이고 개인사업체가 3,160,413개소로 80.0%를 차지하고 있다. 그 다음으로 회사법인이 541,415개소로 13.7%, 비법인단체가 127,036개소로 3.2%, 회사이외법인이 121,328개소로 3.1% 순이다. 사회서비스산업은 2016년도에 전체 199,397개소 중 개인사업체가 133,884개소, 67.1%로 가장 큰 비중을 차지하고 있다. 그 다음으로 회사이외법인이 39,446개소로 19.8%, 비법인단체가 16,991개소로 8.5%, 회사법인이 9,076개소로 4.6% 순이다. 그러나 사회서비스산업의 대분류별로 비교해보면, 다소 다른 경향이 나타난다. 우선 건강지원서비스업과 돌봄서비스업, 사회 참여 지원 서비스업은 각각 90.9%, 76.4%, 64.3%가 개인사업체로 상당히 집중된 반면, 교육 및 역량 개발 관련 사회서비스업은 주로 국공립교육기관으로 이루어져 있기 때문에, 회사이외법인의 비중

이 62.1%로 가장 높다. 한편 사회서비스 관련 행정은 주로 중앙 및 지방정부 등의 행정기관에 해당하므로 회사이외법인이 대부분을 차지하고 있다.

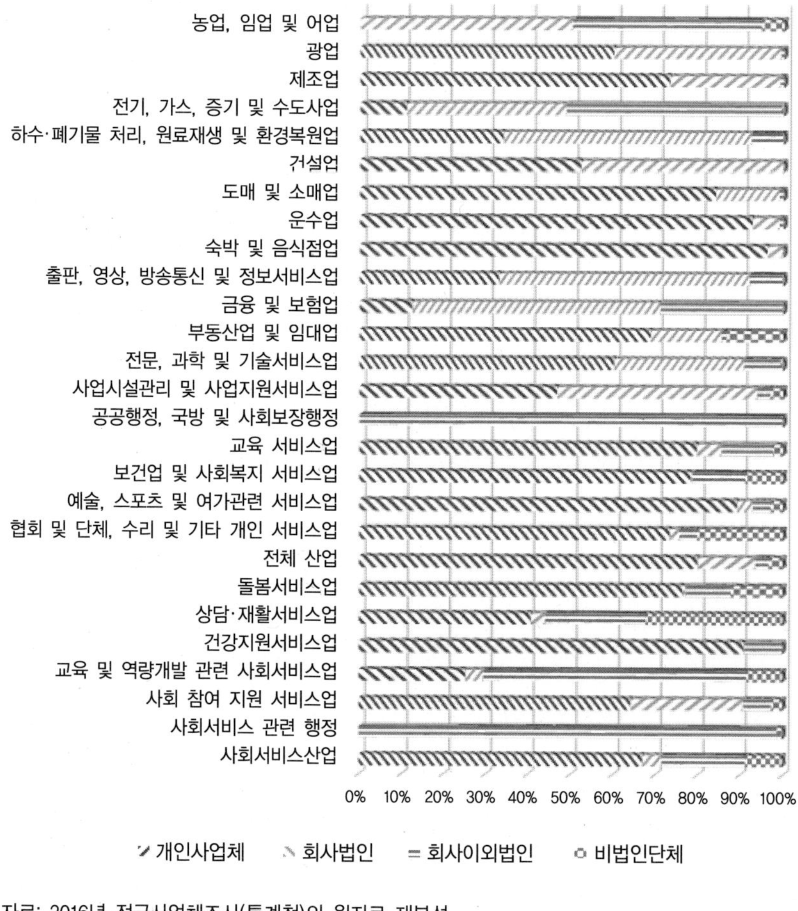


자료: 2016년 전국사업체조사(통계청)의 원자료 재분석

**그림 4-3-4.** 산업별·조직형태별 사업체수 비중(2016년)

**표 4-3-5.** 산업별·조직형태별 전국 사업체수 비교(2016년)

(단위: 개소, %)

| KSIC 코드 | | 산업구분 | 개인사업체 | | 회사법인 | | 회사이외법인 | | 비법인단체 | | 합계 | |
|---|---|---|---|---|---|---|---|---|---|---|---|---|
| 대분류 | 중분류 | | 사업체수 | 비중 | 사업체수 | 비중 | 사업체수 | 비중 | 사업체수 | 비중 | 사업체수 | 비중 |
| A | 01-03 | 농업, 임업 및 어업 | - | - | 1,826 | 50.2 | 1,621 | 44.6 | 191 | 5.3 | 3,638 | 100.0 |
| B | 05-08 | 광업 | 1,203 | 60.0 | 788 | 39.3 | 15 | 0.7 | - | - | 2,006 | 100.0 |
| C | 10-33 | 제조업 | 304,635 | 73.1 | 108,365 | 26.0 | 3,317 | 0.8 | 176 | 0.0 | 416,493 | 100.0 |
| D | 35-36 | 전기, 가스, 증기 및 수도사업 | 235 | 11.0 | 804 | 37.8 | 1,080 | 50.7 | 10 | 0.5 | 2,129 | 100.0 |
| E | 37-39 | 하수·폐기물 처리, 원료재생 및 환경복원업 | 2,704 | 34.0 | 4,639 | 58.4 | 587 | 7.4 | 15 | 0.2 | 7,945 | 100.0 |
| F | 41-42 | 건설업 | 71,127 | 52.3 | 64,748 | 47.6 | 175 | 0.1 | 24 | 0.0 | 136,074 | 100.0 |
| G | 45-47 | 도매 및 소매업 | 856,501 | 84.0 | 153,415 | 15.0 | 8,783 | 0.9 | 689 | 0.1 | 1,019,388 | 100.0 |
| H | 49-52 | 운수업 | 358,058 | 92.8 | 24,009 | 6.2 | 3,395 | 0.9 | 375 | 0.1 | 385,837 | 100.0 |
| I | 55-56 | 숙박 및 음식점업 | 701,708 | 96.2 | 25,246 | 3.5 | 1,702 | 0.2 | 739 | 0.1 | 729,395 | 100.0 |
| J | 58-63 | 출판, 영상, 방송통신 및 정보서비스업 | 14,060 | 33.1 | 25,068 | 59.0 | 3,216 | 7.6 | 128 | 0.3 | 42,472 | 100.0 |
| K | 64-66 | 금융 및 보험업 | 5,326 | 12.5 | 25,049 | 58.6 | 12,258 | 28.7 | 77 | 0.2 | 42,710 | 100.0 |
| L | 68-69 | 부동산업 및 임대업 | 109,269 | 68.8 | 26,678 | 16.8 | 1,743 | 1.1 | 21,192 | 13.3 | 158,882 | 100.0 |
| M | 70-73 | 전문, 과학 및 기술서비스업 | 61,846 | 60.2 | 31,460 | 30.6 | 8,821 | 8.6 | 586 | 0.6 | 102,713 | 100.0 |
| N | 74-75 | 사업시설관리 및 사업지원서비스업 | 24,350 | 46.8 | 24,541 | 47.2 | 1,564 | 3.0 | 1,553 | 3.0 | 52,008 | 100.0 |
| O | 84 | 공공행정, 국방 및 사회보장행정 | - | - | - | - | 12,444 | 99.9 | 8 | 0.1 | 12,452 | 100.0 |
| P | 85 | 교육 서비스업 | 143,675 | 79.7 | 10,570 | 5.9 | 22,007 | 12.2 | 4,043 | 2.2 | 180,295 | 100.0 |
| Q | 86-87 | 보건업 및 사회복지서비스업 | 108,112 | 78.2 | 733 | 0.5 | 17,427 | 12.6 | 12,047 | 8.7 | 138,319 | 100.0 |
| R | 90-91 | 예술, 스포츠 및 여가관련 서비스업 | 98,704 | 89.4 | 4,081 | 3.7 | 4,590 | 4.2 | 3,068 | 2.8 | 110,443 | 100.0 |
| S | 94-96 | 협회 및 단체, 수리 및 기타 개인 서비스업 | 298,900 | 73.4 | 9,395 | 2.3 | 16,583 | 4.1 | 82,115 | 20.2 | 406,993 | 100.0 |
| | | 전체 산업 | 3,160,413 | 80.0 | 541,415 | 13.7 | 121,328 | 3.1 | 127,036 | 3.2 | 3,950,192 | 100.0 |
| | 74-96 일부 | 돌봄서비스업 | 39,053 | 76.4 | 418 | 0.8 | 5,426 | 10.6 | 6,208 | 12.1 | 51,105 | 100.0 |
| | | 상담·재활서비스업 | 9,379 | 40.8 | 776 | 3.4 | 5,438 | 23.6 | 7,402 | 32.2 | 22,995 | 100.0 |
| | | 건강지원서비스업 | 61,868 | 90.9 | 169 | 0.2 | 5,988 | 8.8 | 29 | 0.0 | 68,054 | 100.0 |
| | | 교육 및 역량개발 관련 사회서비스업 | 8,340 | 25.3 | 1,404 | 4.3 | 20,416 | 62.1 | 2,741 | 8.3 | 32,901 | 100.0 |
| | | 사회 참여 지원 서비스업 | 15,244 | 64.3 | 6,309 | 26.6 | 1,553 | 6.6 | 603 | 2.5 | 23,709 | 100.0 |
| | | 사회서비스 관련 행정 | - | - | - | - | 625 | 98.7 | 8 | 1.3 | 633 | 100.0 |
| 사회서비스산업 | | | 133,884 | 67.1 | 9,076 | 4.6 | 39,446 | 19.8 | 16,991 | 8.5 | 199,397 | 100.0 |

자료: 2016년도 전국사업체조사(통계청)의 원자료 분석

### 3) 사회서비스산업의 종사자 규모

2016년 말 기준 우리나라 전체 종사자수는 21,259,243명으로 2006년 15,435,766명 대비 37.7% 증가하였다. 이 기간 주로 서비스업에서 종사자 증가율이 높게 나타났는데, 보건업 및 사회복지 서비스업이 119.0%로 가장 종사자 증가율이 높게 나타났고, 그 다음으로 전문 과학 및 기술 서비스업이 112.3%, 사업시설관리 및 사업지원 서비스업 97.5% 순으로 종사자 증가율이 높았다. 사회서비스산업 종사자는 같은 기간 1,602,265명에서 3,026,045명으로 88.9%가 증가하였다. 사회서비스산업의 대분류로 보면, 특히 상담·재활서비스업의 종사자수가 무려 558.8% 증가하였고, 그 다음으로 돌봄서비스업 209.0%, 사회 참여 지원 서비스업 108.9% 순으로 종사자수 증가율이 높았다.

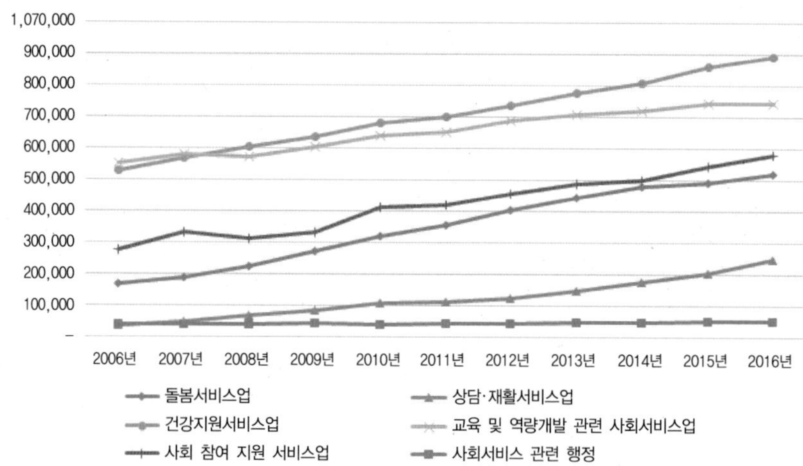


자료: 각 연도 전국사업체조사(통계청)의 원자료 재분석

**그림 4-3-5.** 사회서비스산업의 대분류별 종사자수 추이(2006~2016년)

**표 4-3-6.** 산업별 전국 종사자 수 추이(2006년, 2011년, 2016년)

(단위: 명, %)

| KSIC 코드 | | 산업구분 | 2006 | | 2011 | | 2016 | | |
|---|---|---|---|---|---|---|---|---|---|
| 대분류 | 중분류 | | 종사자수 | 비중 | 종사자수 | 비중 | 종사자수 | 비중 | 06년 대비 증감률 |
| A | 01-03 | 농업, 임업 및 어업 | 31,135 | 0.2 | 32,152 | 0.2 | 39,741 | 0.2 | 27.6 |
| B | 05-08 | 광업 | 17,948 | 0.1 | 15,963 | 0.1 | 15,739 | 0.1 | -12.3 |
| C | 10-33 | 제조업 | 3,341,278 | 21.6 | 3,587,482 | 19.8 | 4,045,121 | 19.0 | 21.1 |
| D | 35-36 | 전기, 가스, 증기 및 수도사업 | 67,514 | 0.4 | 67,392 | 0.4 | 77,381 | 0.4 | 14.6 |
| E | 37-39 | 하수·폐기물 처리, 원료재생 및 환경복원업 | 57,675 | 0.4 | 70,871 | 0.4 | 85,391 | 0.4 | 48.1 |
| F | 41-42 | 건설업 | 844,694 | 5.5 | 1,115,435 | 6.2 | 1,381,454 | 6.5 | 63.5 |
| G | 45-47 | 도매 및 소매업 | 2,482,358 | 16.1 | 2,680,253 | 14.8 | 3,147,606 | 14.8 | 26.8 |
| H | 49-52 | 운수업 | 863,023 | 5.6 | 995,186 | 5.5 | 1,109,949 | 5.2 | 28.6 |
| I | 55-56 | 숙박 및 음식점업 | 1,672,300 | 10.8 | 1,840,043 | 10.2 | 2,165,772 | 10.2 | 29.5 |
| J | 58-63 | 출판, 영상, 방송통신 및 정보서비스업 | 411,143 | 2.7 | 480,405 | 2.7 | 566,674 | 2.7 | 37.8 |
| K | 64-66 | 금융 및 보험업 | 620,217 | 4.0 | 718,459 | 4.0 | 725,554 | 3.4 | 17.0 |
| L | 68-69 | 부동산업 및 임대업 | 419,207 | 2.7 | 450,663 | 2.5 | 568,022 | 2.7 | 35.5 |
| M | 70-73 | 전문, 과학 및 기술서비스업 | 469,329 | 3.0 | 810,692 | 4.5 | 996,596 | 4.7 | 112.3 |
| N | 74-75 | 사업시설관리 및 사업지원서비스업 | 554,100 | 3.6 | 810,302 | 4.5 | 1,094,344 | 5.1 | 97.5 |
| O | 84 | 공공행정, 국방 및 사회보장행정 | 542,158 | 3.5 | 637,199 | 3.5 | 691,216 | 3.3 | 27.5 |
| P | 85 | 교육 서비스업 | 1,241,323 | 8.0 | 1,432,007 | 7.9 | 1,552,822 | 7.3 | 25.1 |
| Q | 86-87 | 보건업 및 사회복지 서비스업 | 736,329 | 4.8 | 1,135,546 | 6.3 | 1,612,816 | 7.6 | 119.0 |
| R | 90-91 | 예술, 스포츠 및 여가관련 서비스업 | 290,202 | 1.9 | 334,568 | 1.8 | 399,317 | 1.9 | 37.6 |
| S | 94-96 | 협회 및 단체, 수리 및 기타 개인 서비스업 | 773,833 | 5.0 | 878,572 | 4.9 | 983,728 | 4.6 | 27.1 |
| | | 전체 산업 | 15,435,766 | 100.0 | 18,093,190 | 100.0 | 21,259,243 | 100.0 | 37.7 |
| | 74-96 일부 | 돌봄서비스업 | 167,861 | 1.1 | 356,534 | 2.0 | 518,648 | 2.4 | 209.0 |
| | | 상담·재활서비스업 | 37,375 | 0.2 | 112,319 | 0.6 | 246,230 | 1.2 | 558.8 |
| | | 건강지원서비스업 | 528,823 | 3.4 | 699,432 | 3.9 | 890,247 | 4.2 | 68.3 |
| | | 교육 및 역량개발 관련 사회서비스업 | 552,541 | 3.6 | 652,192 | 3.6 | 742,089 | 3.5 | 34.3 |
| | | 사회 참여 지원 서비스업 | 276,973 | 1.8 | 419,264 | 2.3 | 578,482 | 2.7 | 108.9 |
| | | 사회서비스 관련 행정 | 38,692 | 0.3 | 44,170 | 0.2 | 50,349 | 0.2 | 30.1 |
| | | 사회서비스산업 | 1,602,265 | 10.4 | 2,283,911 | 12.6 | 3,026,045 | 14.2 | 88.9 |

자료: 각 연도 전국사업체조사(통계청)의 원자료 분석

2절에서 기술한바와 같이, 사회서비스산업은 일반적으로 여성고용률과 밀접한 관계가 있다. 실제 2016년 기준 사회서비스산업은 여성 고용자수가 2,325,644명으로 남성 1,032,543명 보다 2배 이상 많다. 특히 사회서비스산업 중에서도 돌봄서비스업은 여성의 비율이 91.3%로 다른 여타 산업에 비해 가장 여성 종사자수 비율이 가장 높다. 또한 상담·재활서비스업도 81.5%로 돌봄서비스업 다음으로 KSIC 대분류 산업들과 비교해보아도 높다. 이 외에 건강지원서비스업, 교육 및 역량개발 관련 사회서비스업, 사회 참여 지원 서비스업, 사회서비스 관련 행정은 각각 여성 고용률이 74.0%, 62.3%, 51.4%, 50.8% 등 모든 사회서비스산업이 전체 산업 평균 여성 고용률 48.7%보다 더 높다.

2006년 대비 2016년의 증감률을 살펴보면, 상담·재활서비스업의 여성 종사자수가 무려 752.2%가 증가하였고, 그 다음으로 상담·재활서비스업의 남성 종사자수가 229.0%, 돌봄서비스업의 여성 종사자수가 220.4% 증가하였다. 이 외에도 사회서비스산업들은 남성과 여성 모두 2006년 대비 2016년 증감률이 전체 산업 평균보다 더 높게 증가하였다.

그리고 기존 산업을 중심으로 여성과 남성의 비율(여성비: 여성 종사자수 / 남성 종사자수)를 살펴보면, 전체 산업이 2006년 0.69에서 2016년 0.74로 여성의 비율이 증가하고 있지만, 여전히 남성의 비율이 높은 실정이다. 특히 광업과 운수업은 여성비가 0.15로 가장 낮고, 그 다음으로 건설업 0.16, 전기 가스 증기 및 수도업 0.18, 하수 폐기물 처리 원료재생 및 환경복원업 0.19 등 주로 광업과 SOC산업에서 여성비가 가장 낮게 나타났다. 이 외에도 제조업도 0.36으로 상당히 아직까지 여성비가 낮은 실정이다. 이에 반해 여성비가 높은 산업으로는 보건업 및 사회복지 서비스업 3.95, 숙박 및 음식점업 1.75, 교육 서비스업 1.70, 금융 및 보험업 1.25 등 주로 서비스업에서 여성비가 1보다 높은 산업이 나타났다.

사회서비스산업의 여성비를 살펴보면, 2006년에 여성비(여성 종사자수 / 남성 종사자수)가 1.61에서 2.25로 증가하여 사회서비스산업에 대한 여성 참여율이 더욱 증가하고 있다. 특히 돌봄서비스업은 여성비가 2006년 7.38에서 10.54로 더욱 그 폭이 커지고 있고, 이 외에도 상담·재활서비스업이 1.71에서 4.42, 건강지원서비스업이 2.33에서 2.85, 교육 및 역량개발 관련 서비스업이 1.32에서 1.65로 여성의 참여비율이 더 높아지고 있다.

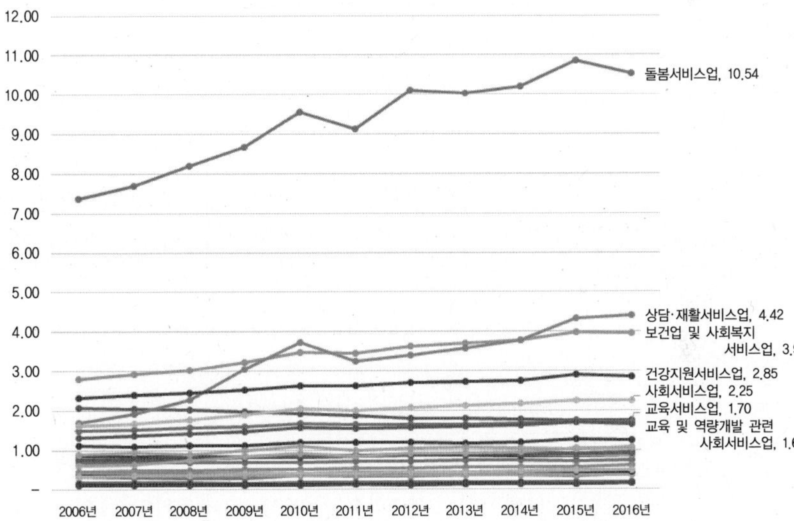


자료: 각 연도 전국사업체조사(통계청)의 원자료 재분석

**그림 4-3-6.** 산업별 종사자수의 여성비 추이(2006~2016년)

## 표 4-3-7. 산업별·성별 전국 종사자 수 추이(2006년, 2016년)

(단위: 명, %)

| KSIC 코드 | | 산업구분 | 2006년 | | | | 2016년 | | | | | |
|---|---|---|---|---|---|---|---|---|---|---|---|---|
| | | | 남자 | | 여자 | | 남자 | | | 여자 | | |
| 대분류 | 중분류 | | 종사자수 | 비중 | 종사자수 | 비중 | 종사자수 | 비중 | 06년 대비 증감률 | 종사자수 | 비중 | 06년 대비 증감률 |
| A | 01-03 | 농업, 임업 및 어업 | 9,153,606 | 59.3 | 6,282,160 | 40.7 | 12,194,216 | 57.4 | 33.2 | 9,065,027 | 42.6 | 44.3 |
| B | 05-08 | 광업 | 23,257 | 74.7 | 7,878 | 25.3 | 28,641 | 72.1 | 23.2 | 11,100 | 27.9 | 40.9 |
| C | 10-33 | 제조업 | 15,748 | 87.7 | 2,200 | 12.3 | 13,665 | 86.8 | -13.2 | 2,074 | 13.2 | -5.7 |
| D | 35-36 | 전기, 가스, 증기 및 수도사업 | 2,401,267 | 71.9 | 940,011 | 28.1 | 2,984,200 | 73.8 | 24.3 | 1,060,921 | 26.2 | 12.9 |
| E | 37-39 | 하수·폐기물 처리, 원료재생 및 환경복원업 | 59,485 | 88.1 | 8,029 | 11.9 | 65,363 | 84.5 | 9.9 | 12,018 | 15.5 | 49.7 |
| F | 41-42 | 건설업 | 48,845 | 84.7 | 8,830 | 15.3 | 71,594 | 83.8 | 46.6 | 13,797 | 16.2 | 56.3 |
| G | 45-47 | 도매 및 소매업 | 740,064 | 87.6 | 104,630 | 12.4 | 1,186,047 | 85.9 | 60.3 | 195,407 | 14.1 | 86.8 |
| H | 49-52 | 운수업 | 1,333,379 | 53.7 | 1,148,979 | 46.3 | 1,691,099 | 53.7 | 26.8 | 1,456,507 | 46.3 | 26.8 |
| I | 55-56 | 숙박 및 음식점업 | 778,409 | 90.2 | 84,614 | 9.8 | 964,708 | 86.9 | 23.9 | 145,241 | 13.1 | 71.7 |
| J | 58-63 | 출판, 영상, 방송통신 및 정보서비스업 | 543,752 | 32.5 | 1,128,548 | 67.5 | 786,999 | 36.3 | 44.7 | 1,378,773 | 63.7 | 22.2 |
| K | 64-66 | 금융 및 보험업 | 288,996 | 70.3 | 122,147 | 29.7 | 393,234 | 69.4 | 36.1 | 173,440 | 30.6 | 42.0 |
| L | 68-69 | 부동산업 및 임대업 | 291,532 | 47.0 | 328,685 | 53.0 | 323,089 | 44.5 | 10.8 | 402,465 | 55.5 | 22.4 |
| M | 70-73 | 전문, 과학 및 기술서비스업 | 287,218 | 68.5 | 131,989 | 31.5 | 354,145 | 62.3 | 23.3 | 213,877 | 37.7 | 62.0 |
| N | 74-75 | 사업시설관리 및 사업지원서비스업 | 328,982 | 70.1 | 140,347 | 29.9 | 671,083 | 67.3 | 104.0 | 325,513 | 32.7 | 131.9 |
| O | 84 | 공공행정, 국방 및 사회보장행정 | 310,548 | 56.0 | 243,552 | 44.0 | 583,715 | 53.3 | 88.0 | 510,629 | 46.7 | 109.7 |
| P | 85 | 교육 서비스업 | 406,141 | 74.9 | 136,017 | 25.1 | 461,926 | 66.8 | 13.7 | 229,290 | 33.2 | 68.6 |
| Q | 86-87 | 보건업 및 사회복지 서비스업 | 497,874 | 40.1 | 743,449 | 59.9 | 575,706 | 37.1 | 15.6 | 977,116 | 62.9 | 31.4 |
| R | 90-91 | 예술, 스포츠 및 여가관련 서비스업 | 193,850 | 26.3 | 542,479 | 73.7 | 325,754 | 20.2 | 68.0 | 1,287,062 | 79.8 | 137.3 |
| S | 94-96 | 협회 및 단체, 수리 및 기타 개인 서비스업 | 164,922 | 56.8 | 125,280 | 43.2 | 208,184 | 52.1 | 26.2 | 191,133 | 47.9 | 52.6 |
| | | 전체 산업 | 439,337 | 56.8 | 334,496 | 43.2 | 505,064 | 51.3 | 15.0 | 478,664 | 48.7 | 43.1 |
| | 74-96 일부 | 돌봄서비스업 | 20,035 | 11.9 | 147,826 | 88.1 | 44,946 | 8.7 | 124.3 | 473,702 | 91.3 | 220.4 |
| | | 상담·재활서비스업 | 13,815 | 37.0 | 23,560 | 63.0 | 45,457 | 18.5 | 229.0 | 200,773 | 81.5 | 752.2 |
| | | 건강지원서비스업 | 158,671 | 30.0 | 370,152 | 70.0 | 231,491 | 26.0 | 45.9 | 658,756 | 74.0 | 78.0 |
| | | 교육 및 역량개발 관련 사회서비스업 | 351,424 | 43.0 | 465,302 | 57.0 | 404,962 | 37.7 | 15.2 | 669,269 | 62.3 | 43.8 |
| | | 사회 참여 지원 서비스업 | 146,482 | 52.9 | 130,491 | 47.1 | 280,909 | 48.6 | 91.8 | 297,573 | 51.4 | 128.0 |
| | | 사회서비스 관련 행정 | 23,911 | 61.8 | 14,781 | 38.2 | 24,778 | 49.2 | 3.6 | 25,571 | 50.8 | 73.0 |
| | | 사회서비스산업 | 714,338 | 38.3 | 1,152,112 | 61.7 | 1,032,543 | 30.7 | 44.5 | 2,325,644 | 69.3 | 101.9 |

자료: 각 연도 전국사업체조사(통계청)의 원자료 분석

### 4) 사회서비스 전자바우처 제공기관의 현황

지금까지 정리한 사회서비스 산업의 사업체는 한국표준산업분류(KSIC)에 맞춰 등록된 것으로 이러한 사업체들이 명확히 사회서비스를 제공하는 것으로 판단하기는 어렵다. 각 사업체마다 제공하는 상품 또는 서비스는 매우 상이하기 때문이다. 협의적인 의미에서 사회서비스를 제공하는 기관은 보건복지부의 전자바우처사업에 등록된 기관으로 볼 수 있다. 사회서비스 전자바우처 제공기관의 자료는 사회보장정보원을 통해 확인할 수 있다. 김은하·최기정(2017)에 의하면, 사회서비스 전자바우처의 예산은 2010년 3,970억 원에서 2016년 9,047억 원으로 꾸준히 증가하는 양상이다. 세부사업별로 보면 언어발달지원사업과 가사·간병방문지원사업 이외에 모두 같은 기간 정부의 예산이 증가하였다.

**표 4-3-8.** 사회서비스 전자바우처 사업 예산(국비) 현황

(단위: 억원)

| 사업명 \ 연도 | '10 | '11 | '12 | '13 | '14 | '15 | '16 |
|---|---|---|---|---|---|---|---|
| 가사·간병방문지원사업 | 250 | 143 | 143 | 178 | 182 | 192 | 204 |
| 노인돌봄종합서비스 | 535 | 622 | 622 | 663 | 663 | 770 | 855 |
| 산모·신생아 건강관리지원사업 | 280 | 245 | 283 | 291 | 273 | 361 | 388 |
| 장애인활동지원사업 | 1,378 | 1,928 | 3,099 | 3,682 | 3,682 | 4,860 | 5,313 |
| 발달재활서비스 | 427 | 481 | 481 | 577 | 577 | 651 | 651 |
| 언어발달지원사업 | – | – | – | 19 | 19 | 19 | 5 |
| 지역사회서비스투자사업 | 1,100 | 1,353 | 1,345 | 1,411 | 1,452 | 1,685 | 1,622 |
| 발달자앵인 부모상담지원사업 | – | – | – | – | – | 9 | 9 |
| 합계 | 3,970 | 4,772 | 5,973 | 6,821 | 6,848 | 8,547 | 9,047 |

자료: 김은하·최기정(2017), 사회보장연구원 내부자료

사회서비스 전자바우처 사업의 연도별 현황은 다음의 표 4-3-8과 같다. 이용자 수는 2010년 680,038명에서 2013년 718,682명으로 증가하다가, 2016년 605,160명으로 차츰 감소하는 추세이다. 반면 정부지원금과 본인부담금을 합한 액수인 결제액은 꾸준히 증가하여, 2010년 570,678백만 원

에서 2016년에는 1,437,965백만 원에 이르고 있다. 이에 따라 제공인력 1인당 결제액은 2010년 839,000원에서 2016년에는 2,376,000원까지 증가하고 있는 추세이다.

제공기관과 제공인력 수도 꾸준히 증가하고 있다. 제공기관은 2010년 4,289개소에서 2016년에 11,208개소로 증가하였으며, 제공인력 수도 2010년 122,190명에서 2016년 180,915명으로 증가하였다.

**표 4-3-9.** 사회서비스 전자바우처 사업 연도별 현황

(단위: 명, 개소, 백만 원)

| 연도 | 이용자 (A) | 제공기관 (B) | 제공인력 (C) | 결제액 (D) | A/C | A/B | D/C |
|---|---|---|---|---|---|---|---|
| 2010년 | 680,038 | 4,289 | 122,190 | 570,678 | 5.6 | 158.5 | 0.839 |
| 2011년 | 656,203 | 5,361 | 116,897 | 624,815 | 5.6 | 122.4 | 0.952 |
| 2012년 | 643,725 | 6,982 | 132,809 | 719,532 | 4.8 | 92.2 | 1.118 |
| 2013년 | 718,682 | 7,414 | 169,562 | 995,433 | 4.2 | 96.9 | 1.385 |
| 2014년 | 652,719 | 8,850 | 173,777 | 1,177,059 | 3.8 | 73.7 | 1.803 |
| 2015년 | 527,744 | 9,836 | 164,737 | 1,185,675 | 3.2 | 53.6 | 2.247 |
| 2016년 | 605,160 | 11,208 | 180,915 | 1,437,965 | 3.3 | 54.0 | 2.376 |

자료: 김은하·최기정(2017), 사회보장연구원 내부자료

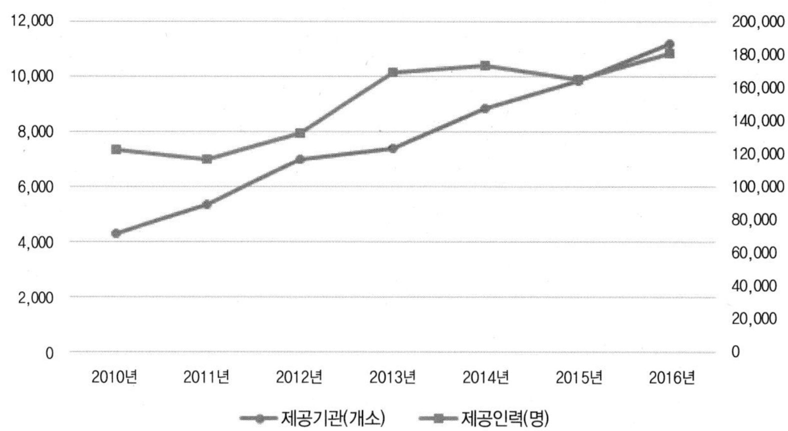


자료: 사회보장연구원 내부자료

**그림 4-3-7.** 사회서비스 전자바우처사업 현황(2010~2016년)

### 5) 사회적경제 기업 중 사회서비스 제공기관 현황

사회서비스 전자바우처 제공기관 이외에도 사회적경제 부문에서 사회서비스를 제공하는 기업이 있다. 일반적으로 우리나라에서는 사회적경제 기업을 인정하고 있는 것은 사회적기업과 협동조합, 마을기업, 자활기업 등이다. 여기서 사회적기업은 설립 목적 상 취약계층에 대한 일자리 제공은 물론 특히 사회서비스를 제공하는 것을 목적으로 하고 있다. 특히 사회적기업은 일자리제공형, 사회서비스제공형, 지역사회공헌형, 혼합형, 기타형 등으로 유형을 구분하고 있어, 사회서비스 제공에 대한 자료가 비교적 잘 갖추어져 있다.

2017년 7월 3일(2018년 3차 인증) 현재, 우리나라의 인증사회적기업은 총 1,978개소로 이 중 일자리제공형이 1,345개소로 가장 많고, 사회서비스제공형은 175개소이다. 그러나 기본적으로 일자리제공형이라도 사회적기업은 대부분 사회적 목적을 실현하기 위해 사회서비스를 제공하고 있다. 이들 사회적기업은 간병가사지원, 고용, 관광, 교육, 문화예술, 문화재, 보건, 보육, 사회복지, 산림보전및관리, 청소, 환경, 기타 등 대부분 사회서비스를 제공하고 있다. 실제 인천대학교 산학협력단(2017)의 2016 사회적기업 성과분석 보고서에 의하면, 전체 사회적기업 중 사회서비스를 제공하는 기업은 69.6%에 해당한다고 조사되었다. 특히 최근 3년간 자료를 보면, 인증사회적기업의 증가에 따라 사회서비스를 제공하는 사회적기업 도 증가하고 있음을 확인할 수 있다. 물론 이것은 인증사회적기업만 대상으로 한 조사이므로, 예비사회적기업을 포함하면, 그 수는 훨씬 늘어날 것이다. 이에 대해서는 향후 별도의 분석이 필요할 것이다.

한편 사회서비스 수혜인원을 살펴보면, 2014년도 이후 사회서비스 제공기관의 수는 증가하고 있음에도 불구하고, 사회서비스 총 수혜인원의 수는 꾸준히 감소하고 있다. 2014년 1,604만 명의 수혜인원은 2015년

1,119만 명, 2016년에는 550만 명으로 급감했다. 인천대학교 산학협력단(2017)은 이 부분에 대해 신중한 해석이 필요하다고 주장한다. 즉 많은 사회적기업에서 수혜자를 중복 계산하거나, 일반 대중을 위한 공연 등에서 정확한 수혜자 수를 파악하기 힘들어 개략적인 인원수를 보고하며 과다하게 보고되었을 가능성이 높다는 것이다. 오히려 사회서비스 수혜인원 자료가 현실화되어가는 과정을 보고 있다. 즉 사회서비스 전자바우처의 경우 실제 바우처 구매내역을 통해 통계자료가 집계되므로 자료의 신뢰성이 상당히 높은 반면, 사회적기업의 사회서비스 수혜인원은 해당 사회적기업의 보고자료에 의존하므로 자료의 신뢰성이 높지 않다. 그러더라도 사회적기업의 수혜인원을 보수적으로 적용하면 2016년도에 사회서비스 수혜인원이 5,501,034명으로 사회서비스 전자바우처 이용인원 605,160명보다 9배 가량 많다. 예비사회적기업까지 포함하면, 그 수치는 더욱 높아질 것이다. 이에 대해서는 향후 보다 면밀한 분석이 필요할 것이다.

**표 4-3-10.** 인증사회적기업 현황(2018년 7월 3일 현재)

(단위: 개소)

| | 간병 가사 지원 | 고용 | 관광 운동 | 교육 | 문화 예술 | 문화재 | 보건 | 보육 | 사회 복지 | 산림 보전 및 관리 | 청소 | 환경 | 기타 | 총 합계 |
|---|---|---|---|---|---|---|---|---|---|---|---|---|---|---|
| 일자리 제공형 | 45 | 5 | 22 | 60 | 80 | 5 | 3 | 7 | 55 | 6 | 191 | 81 | 785 | 1,345 |
| 사회서비스 제공형 | 17 | | 3 | 38 | 23 | | 5 | 1 | 22 | | | | 16 | 125 |
| 지역사회 공헌형 | | | 9 | 9 | 15 | 2 | | | | | | 4 | 64 | 103 |
| 혼합형 | 33 | 2 | 7 | 40 | 24 | 1 | 1 | 4 | 26 | 1 | 7 | 5 | 35 | 186 |
| 기타형 | 1 | | 8 | 20 | 84 | 1 | 4 | 2 | 5 | 2 | 3 | 25 | 64 | 219 |
| 총 합계 | 96 | 7 | 49 | 167 | 226 | 9 | 13 | 14 | 108 | 9 | 201 | 115 | 964 | 1,978 |

자료: 한국사회적기업진흥원 공개자료

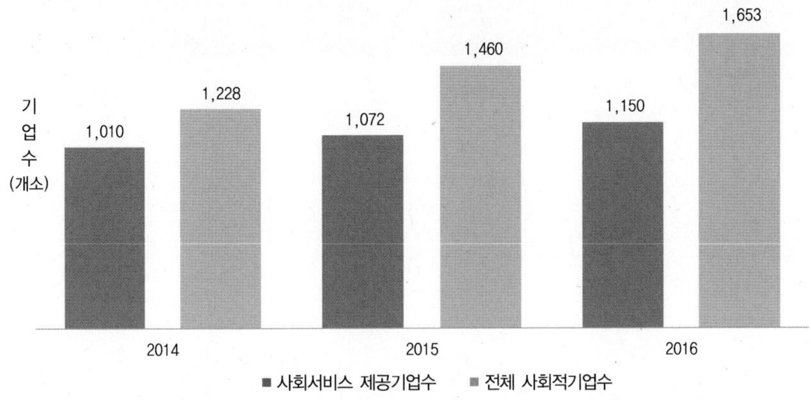


자료: 인천대학교 산학협력단(2017)

**그림 4-3-8.** 사회서비스 제공 사회적기업 수

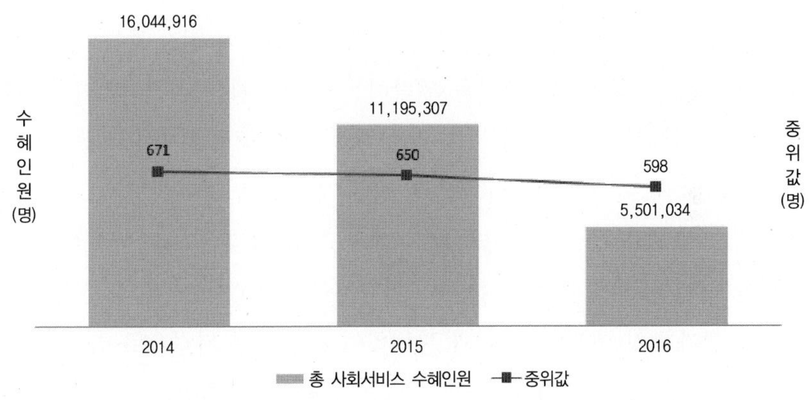


자료: 인천대학교 산학협력단(2017)

**그림 4-3-9.** 연도별 사회서비스 총 수혜인원 및 중위값

## 4-4 사회서비스 제공 주체로서 사회적경제의 역할과 지원정책

### 1. 사회서비스 산업화의 한계와 사회적경제의 연계 적합성

정부는 사회서비스 산업을 육성하기 위한 정책 방향에 있어 국민들로 하여금 사회서비스를 직접 구매할 수 있도록 수요를 자극함과 동시에 재정지출의 효율화와 서비스 품질을 극대화하기 위하여 민간 주도의 제3섹터 기관에게 사회서비스 시장을 위탁하는 시장정책을 추진하였다. 그런데 한국의 사회서비스 산업은 복지에 대한 굶주림이 존재하고 돌봄, 보육, 의료, 교육, 문화 등 그 구체적인 상품 역시 국민들이 인지하고 있다. 그럼에도 불구하고 산업이 육성되지 못하고 있는 것은 사회서비스 지불비용을 국민들이 자기 주머니에서 구지 지불하지 않아도 된다는 사회적 규범이 존재하기 때문이다. 이와 관련하여 프랑스는 기업으로 하여금 서비스 고용수표 제도 도입을 통해 국민들이 풍부한 자금으로 사회서비스를 구매하게 하였고, 영국은 직접지불제도 도입을 통해 이용자의 의사결정권을 증가시키는 긍정적 수요유발 정책을 추진하였다. 이에 반해 스웨덴은 보육 등 공공서비스의 품질에 대한 국민의 불만점을 이용하여 민간 사회서비스 산업을 육성하였고, 이탈리아는 사회서비스 전달기관이 부족한 상황에서 약물, 이민자 등 새로운 사회적 이슈가 부각되자, 이를 사회서비스 정책과 연결시키는 부정적 수요유발 정책을 추진하였다. 그리고 이 과정에서 사회서비스 전달체계로써 협동조합 등 사회적기업 즉, 제3섹터 기관들을 주된 기관으로 육성하게 된다. 제3섹터 기관들의 경우, 정부의 획일적인 공공서비스에 대한 단점을 가장 많이 알고 있는데다가 시민주도의 자발적 기관인 만큼 정부에 대한 재정의존도가 낮기 때문이었다. 더불어 제3섹터 기관들은 사회서비스 전달체계 상에서 지역을 기반으로 하고 있기 때문에 정부의 입장에서는 새로운 기관설립에 따른 물적·인적 투자 위험이 낮은 것도 한 가지 요인이었다. 이는 제3섹터 기관들을 사회서비스 기관으로서 육성했던 국가들 모두가 석유 파동 등으로 인한 국가적 재정위기를 경험하고 있는 상황에서 이루어졌다는 공통점에서 기인한다(이철선 외, 2013: 278-279).

일반적으로 사회서비스가 발전된 유럽의 주요 선진국에서는 비영리단체 이외에도 영리를 추구하여 획득한 이익을 비영리 공익사업에 재투자하는 사회적기업이나 협동조합 등 다양한 사회적경제 조직들이 사회서비스를 제공한다. 우리나라는 『사회적기업육성법』에서 가장 대표적인 사회적경제 조직인 사회적기업이 취약계층에게 사회서비스 또는 일자리를 제공하는 하는 기업으로 규정하고 있다. 또한 고용노동부에서는 인증사회적기업의 활동분야를 사회서비스로 규정하고 있으며, 실질적으로 상기한 바와 같이, 인천대학교 산학협력단(2017)에 의하면, 인증사회적기업의 약 69.6%가 사회서비스업(간병가사지원, 고용, 교육, 문화예술, 보건, 보육, 사회복지 등)에서 활동하고 있다.

그러나 사회서비스업은 그동안 정부의 다차원적인 정책 지원을 받아왔으나, 제도적으로 경쟁압력과 구조조정의 압력이 다른 산업 부분과 비교하여 상대적으로 낮아 산업 전반의 혁신을 도모하지 못하고 생산성 향상이 더디다고 지적하고 있다(이철선 외, 2013). 사회서비스산업의 생산성이 전반적으로 낮게 평가되는 것은 규모의 경제, 생산성 제고를 가능하게 하는 높은 경쟁 압력, 소득수준의 향상과 서비스 욕구 확대에 따라 노동집약적이고 생산성이 낮은 산업의 수요 증가에 따른 현상으로 추정되고 있다(김준경·차문중, 2010). 이러한 사회서비스업의 저생산성과 저효율성의 한계와 복지공급에 대한 혼란을 극복하기 위해서는 사회서비스의 산업화가 필요하다. 즉 지역주민의 사회서비스에 대한 욕구(수요)에 상응하는 사회서비스를 제공하기 위해서는 효율적인 공급체로서 사회서비스의 산업적 성장 또는 육성이 우선되어야 한다. 이에 대해 박세경 외(2014)는 사회서비스의 산업화를 위해 사회서비스 수요 확대, 사회서비스 공급기반의 확장, 사회서비스 공급의 공공기능 확대 등을 제안한다.

이러한 사회서비스 산업화 전략은 그간 정부가 주로 바우처사업을 통해 추진되었음에도 불구하고, 양난주(2017)는 사회서비스 전자바우처 사업에 대한 평가를 통해 우리나라 사회서비스 산업화 전략이 실패했다고 주장한다. 이 연구에서 바우처 사업별 평가를 통해 주장한 근거를 정리하면 다음과 같다. 첫째 사회서비스 제공기관은 영세하다. 지금까지 사회서비스 바우처 사업은 10년간 제공기관이 1,802% 증가할 정도로 양적으로 크게 확장되었지만, 이것은 주로 지역사회서비스투자사업에 한정된 것으로 오히려 제공기관의 폐업률이 높고 특히 평균 이용자규모가 10며 이하인 영세 소규모기관이라는 것이다(김윤수·박민아, 2013). 둘째, 바우처를 통한 사회서비스 구매는 거의 정부의 보조금에 의존하고 일반구매는 저조한 실정이다. 사회서비스 산업이 육성되기 위해서는 무엇보다도 정부재정으로 지원하는 서비시 이용 외에 추가적인 일반이용자의 서비스 구매가 필수적인데, 강혜구 외(2012)에 따르면 바우처 추가 구매 경험이 없는 이용자가 78.7%에 달하며, 특히 83%의 이용자는 자부담 구매 경험이 없는 것으로 나타났다. 이에 양난주(2017)는 사회서비스 바우처 시장은 정부재원으로 움직이는 '만들어진 시장'에 다름 아니다고 비판한다. 셋째, 바우처 사업을 통해 창출된 일자리는 대부분 저임금 시간제이다. 사회서비스 바우처 사업의 중요한 목표이자 성과 중 하나가 일자리 창출이다.

그러나 사회서비스 바우처 사업은 2014년 기준으로 10만 명에게 일자리를 제공하고 있지만, 대부분이 1년 이하 계약의 시간제 근로자이다(박세경 외, 2016). 이들의 임금 또한 2012년 기준 노인돌봄서비스와 장애인활동지원서비스는 제공인력의 월평균 임금이 77.3만원이고(강혜규 외, 2012), 4대 바우처 사업은 1인당 월 평균 인건비가 약 75~80만원 수준이다(이철선 외, 2013). 이렇듯 지금까지 정부가 바우처 사업을 중심으로 사회서비스의 산업화를 추진한 정책은 사회서비스 제공기관의 양적 확대 이외에는 오히려 질적 성과가 나타나지 않고 있다.

즉 사회서비스의 공급주체로서 전통적인 사회서비스 제공기관은 조직운영에 있어 재정적, 행정적으로 정부의 통제를 많이 받기 때문에 시장의 원리에 맞는 유연성이 떨어지고, 취약계층을 고용하여 바우처 사업을 시행하는 것 역시 한계가 있다. 다음으로 영리기업은 사회서비스의 공공성, 낮은 마진율, 취약계층 고용 등을 고려할 때에 적합성이 높지 않으며, 개인사업자는 영리기업의 특징에 더해 기관의 영세성으로 인해 책무성 있는 서비스를 공급하는 데 있어 제한점이 많을 수 있다. 따라서 정지웅 외(2013)는 사회적경제가 사회서비스 공급주체로서 적합성이 높다고 주장한다. 즉 사회적경제는 사회적 목적과 경제적 목적을 동시에 추구하는 영역으로서, 취약계층의 고용 및 사회서비스의 공급을 목적으로 운영되고 있으며, 보조금에 주로 의존하는 전통적인 사회서비스 제공기관의 경직성과 영리만을 추구하는 영리법인의 한계를 극복할 수 있기 때문이다.

## 2. 사회서비스 제공 주체로서 사회적경제의 역할과 발전방향

### 1) 사회적경제와 사회서비스 연계정책 검토

사회서비스는 공공재이므로 시장실패가 일어날 가능성이 많다. 특히, 이윤 극대화를 추구하는 기업은 지불 능력이 취약한 계층에게 서비스를 제공하지 않을 가능성이 크다. 또한 케어 서비스를 제공하는 대인서비스 영역은 노동집약적이고, 품질을 표준화하기 쉽지 않기 때문에 노동생산성 향상을 통한 초과이윤의 획득이 쉽지 않다. 그래서 사회서비스의 공급은 사회적경제 기업이나 비영리 조직이 맡은 것이 사회적 편익이 클 수 있다(김혜원, 2008; 장원봉·김유숙, 2010; 김성기, 2013).

최근 대한민국국회에서 발의된 『사회적경제 기본법안』에서는 사회적경제를 "구성원 상호간의 협력과 연대, 적극적인 자기혁신과 자발적인 참여를 바탕으로 사회서비스 확충, 복지의 증진, 일자리 창출, 지역공동체의 발전, 기타 공익에 대한 기여 등 사회적 가치를 창출하는 모든 경제적 활동을 말한다."라고 규정하고 있다. 즉 사회적경제는 사회서비스를 제공하는 것에 그 주된 목적이 있으며, 이를 통해 지역사회에 기여하는 것에 의미가 있다. 특히 유럽에서는 제3섹터 조직들이 사회서비스 산업과 고용에 깊게 관여되어 있다. 또한 OECD는 제3섹터의 조직들이 국가나 지역에 필요한 사회서비스를 제공하는 경우, 그 영역을 사회적경제로 규정하고, 사회적경제 조직들은 경제적 요소와 사회적 요소를 동시에 가지고 있는 비영리조직들로 정의한다. 이들 제3섹터 기반의 사회적경제 조직들이 정부나 영리기업과 다른 것은 그 핵심적 가치를 자본보다 인간에 초점을 두고 있다는 점이다. 따라서 일자리 창출과 시민적 유대, 기타 사회적 목적 등의 보편적·사회적인 가치를 추구한다(이철선 외, 2013). 즉 사회적경제는 사회서비스의 공급자로써 국가 및 지역의 복지정책에서 사회서비스의 비중을 확대하고 공공과 사적경제에서 충족하지 못하는 지역주민의 복지수요에 적극적으로 대응할 수 있다.

이러한 측면에서 최근 대한민국 정부는 2017년 10월 발표한 사회적경제 활성화 방안과 2018년 2월 발표한 범부처 사회서비스 발전 방향을 통해 사회적경제 조직의 사회서비스 진출 및 확대 방안을 제시하고 있다. 우선 사회적경제 활성화 방안에서는 사회서비스 분야의 취약계층에 대한 고용창출 및 사회서비스 공급 확대, 서비스 품질제고에 사회적경제가 기여할 수 있다고 주장한다. 실제 이탈리아의 경우 사회적기업 중 약 60%가 사회서비스를 제공하고 있다. 그러나 우리나라의 사회서비스는 주로 민간 영리기관 위주로 공급되고 있고,[7] 지역 내 취약계층 및 지역 특화 사회서비스 개발·제공 등에 있어 사회적경제 기업들과의 협력이 저조한 실정이다. 이에 정부는 다음과 같이 사회서비스 분야에서의 사회적경제 기업의 참여를 위한 방안을 제시한다.

첫째, 사회적경제 기업이 사회서비스 분야에 적극 참여할 수 있도록 진입장벽 해소를 위한 제도정비 및 지원방안을 마련하는 것이다. 이를 위해 정부는 담당 공무원들에 대한 업무편람 제공, 인식 개선을 위한 워크숍 개최 및 가이드라인 제작·보급 등을 수행할 계획이다. 그러나 사회적경제가 사회서비스 분야에 참여하기에 진입장벽도 존재하지만, 사회서비스에서 사회적경제에 대한 정보도 부족하다. 따라서 어느 한쪽으로의 일방향 적 진입장벽해소 보다는 사회서비스와 사회적경제 간 연계 또는 상생하는 전략이 필요하다. 그리고 무엇보다 부서 및 부처 간 협업 및 연계가 우선되어야 할 것이다.

둘째, 사회서비스 제공기관의 사회적 가치 지향성을 강화한다. 여기서는 사회적 가치를 창출하는 사회서비스 제공기관의 이용확대를 유도하고, 이용자의 제공기관 정보접근성을 제고시킨다. 현재 사회서비스의 품질향상 및 이용자에 대한 만족도를 제고하기 위해 사회서비스 제공기관에 대해 주기적인 품질평가를 실시하고 있다. 즉 「사회서비스 이용 및 이용권 관리에 관한 법률 제30조」, 「사회서비스 이용 및 이용권 관리에 관한 법률 시행규칙 제19조」 등에 사회서비스 제공기관에 대해 품질을 3년마다 1회 이상 평가하도록 규정하고 있다. 이를 통해 지난 2010년과 2011

7) 관계부처 합동(2017)에 의하면, 사회서비스 바우처 사업의 경우 전체 공급자 중 민간기관이 62%를 차지하고 있다.

년 품질평가 시범실시를 거쳐, 2012년부터는 사회서비스 바우처의 사업별로 품질평가를 실시하고 있다. 그러나 이러한 품질평가 결과가 이용자들에게 재대로 제공되지 않고 있으며, 특히 사회적경제의 측면에서 사회서비스의 사회적 가치 실현 여부를 현재 평가체계로는 판단하기 어렵다는 한계가 있다. 그래서 현 정부에서 사회서비스 제공기관에 대한 품질평가 시 사회적 가치 창출 항목을 포함하도록 하고 있지만, 그 평가지표 및 절차에 대해 구체적인 방안이 수립되지 못하고 있다. 특히 사회적 가치라는 것은 그 범위와 세부 항목에 대한 규정에서 상당히 많은 논의가 필요하다. 이와 관련하여 한국사회적기업진흥원의 사회적 가치 지표(SVI: Social Value Index), SK의 사회성과 인센티브 제도 등은 수년간 관련 전문가들의 연구를 통해 지표 및 평가체계가 수립되고, 지속적으로 보완 작업을 거치고 있다. 따라서 사회서비스 분야 품질평가에 대한 사회적 가치 측정지표를 개발·수립하는 과정에도 이러한 사례들을 통해 체계적으로 평가지표가 수립되어야 할 것이다.

셋째, 지역복지 측면에서 지역서비스 품질제고를 위한 제도개선을 추진한다. 여기서는 지역 내 사회적경제기업과 협력하여 취약계층에게 자활훈련 등 취업지원 서비스를 연계하고, 맞춤형 사회서비스를 제공한다. 또한 지역 복지서비스 품질 제고를 위해 지역사회보장협의체 등에서 사회적경제기업의 참여·활동을 지원한다. 최근까지 정부는 전자바우처 등을 통해 주요 제공기관에서 사회서비스를 제공하도록 지원하였지만, 대부분의 사회서비스 제공기관이 영세한 민간영리기관이기 때문에, 사회서비스를 제공하면서 일자리를 연계하기에 지속가능한 경영기반을 갖추지 못하였다. 이러한 측면에서 사회적경제는 일반적으로, 특히 사회적기업 및 자활기업은 사회서비스 제공과 더불어 취약계층에 대한 일자리를 제공 및 자활서비스를 제공하는 것이 목적으로 규정되어 있기 때문에, 취약계층에 대한 자활훈련 등 취업지원 서비스와의 연계 및 관련 맞춤형 사회서비스를 제공하기에 보다 유리한 측면이 있다.

넷째, 경쟁력 제고를 위해 사회적기업 성장 지원·서비스표준화 등을 추진한다. 자활기업 특성을 고려한 예비사회적기업 지정 요건 등을 대폭 완화하여 보건복지형 예비사회적기업 진입을 촉진하고, 맞춤형 교육·컨설팅 등 지원확대를 통해 경쟁력을 제고 시킨다. 또한 사회서비스 제공기관의 사회적기업 인증 확대·사회적협동조합으로 전환 등을 유도하고, 서비스 품질을 제고시키고자 한다. 특히 영세한 사회서비스 제공 민간영리기관의 사회적경제 기업으로의 전환은 최근 그 필요성이 많이 제기되고 있다. 성공회대학교 사회적기업연구센터(2012)는 비영리 부문 사회서비스 사업체의 사회적기업화를 주장한다. 특히 이 연구에서는 비영리부문의 사회서비스 사업체가 어떻게 사회적기업으로 성장하는지에 대해 8개의 실제 사례분석을 통해 사회서비스 제공 사회적기업의 성장경로를 분석하였다. 이를 통해 확인된 사실은 비영리부문의 사회서비스 사업체가 바우처 사업 등을 연계하는 '기반조성기'에서 시작하여 '비즈니스 모델을 전환하는 혁신과정'을 거쳐서 사회적기업으로 발전한다는 것이다.[8]

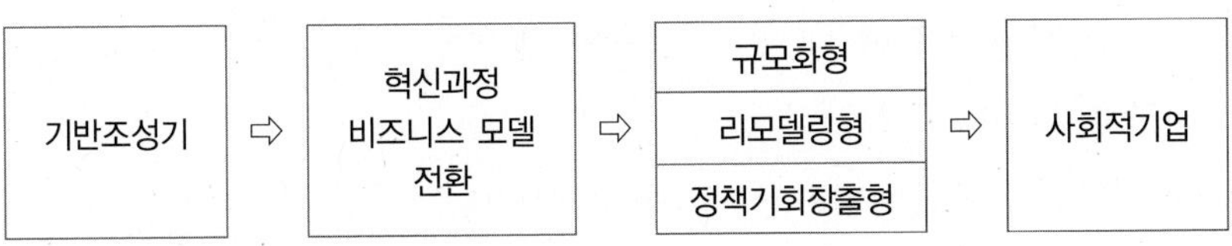


출처: 성공회대학교 사회적기업연구센터(2012)

**그림 4-4-1.** 사회서비스 제공 사회적기업의 성장경로

---

8) 사회서비스 제공 사회적기업의 성장경로 모델에서 기존 비즈니스 모델을 전환하는 혁신화와 관련하여 '규모화형', '리모델링형', '정책기회창출형'에 대해서는 지면상 상세한 설명을 생략하고, 성공회대학교 사회적기업연구센터(2012)의 연구를 참조하기 바란다.

또한 이철선 외(2014)는 협동조합의 사회서비스 분야 참여가능성을 모색하며, 7대 부문 사회서비스 유형별로 협동조합의 비즈니스 모델을 제시한다. 이와 함께 협동조합의 양적 확대, 협동조합의 범부처 사회서비스 참여시 진입장벽 해소, 협동조합의 사회서비스 사업 유도 등을 추진과제로 제시하는데, 이러한 제안과제는 현 정부의 사회서비스 분야 사회적경제 활성화 방안과 맥락이 매우 유사하다고 볼 수 있다. 즉 아직까지 구체적인 방안이 수립되지 않은 사회서비스 분야 사회적경제 활성화 방안을 제시하기에 이철선 외(2014)의 연구는 특히 협동조합을 사례로 상당히 적용가능한 것으로 보인다. 이 외에도 한국협동조합연구소(2015)는 사회서비스 분야 협동조합 모델을 직접공급 모델과 네트워크 모델로 제시하기도 하였다.

정부의 사회서비스 분야 사회적경제 활성화 방안의 마지막은 민관협력 강화를 통해 사회안전망 사각지대를 해소하도록 선도적 사회서비스 아이디어 공모·사업화 등을 추진하는 것이다. 여기서는 지자체·사회적경제 기업 등이 공동으로 지역특화 사회서비스 개발·운영에 참여하는 상시 회의체 구성을 통해 민관협력을 강화하고, 사회서비스 사업 공모에 선정된 사회적경제 기업에 대해 사업비 및 행정적 지원을 위한 시범사업을 실시하고자 한다.

한편 2018년 2월에 발표된 범부처 사회서비스 발전 방향에서는 사회적경제 조직의 사회서비스 진출을 유도하는 방향을 제시하고 있다. 즉 사회적경제 조직은 민간부문의 공익성·사회적 가치 지향을 선도할 가능성이 높은 분야이기 때문에, 사회서비스 진출을 유도시키는 것이다. 아직 사회적경제 조직의 사회서비스 진출에 대한 구체적인 방안이 제시되지 않았지만, 돌봄, 보건, 문화, 주거 등 사회서비스는 일반 주민의 체감도가 높기 때문에, 사회적경제 활성화 전략과 맞물려 시너지 효과가 나타날 수 있는 전략이 될 수 있다. 특히 정부가 발표한 사회서비스 발전 방향에서 제시한 사회서비스와 연계한 사회적경제 활성화 분야는 돌봄, 보건, 문화·여가, 주거환경, 사회적 농업 등 다양하게 적용할 수 있다.

**표 4-4-1.** 사회서비스 연계 사회적경제 활성화 분야

| 분야 | 주요 내용 |
| --- | --- |
| 돌봄 | 보육·요양 등 국공립 시설 위탁기준에 사회적 가치 반영, 돌봄 사각지대 발굴하여 사회적경제 조직이 틈새돌봄 제공 등 |
| 보건 | 고령자친화주택 왕진 서비스, 예방적 건강관리서비스, 호스피스 등의 영역에 의료복지 사회적협동조합 진출 등 |
| 문화·여가 | 사회적경제 조직 중심으로 문화공간 및 문화예술 프로그램 확대 운영, 스포츠 클럽 확대 등 |
| 주거환경 | 주거개선 사업에 마을주민 참여 확대, 취약계층 위한 주거복지 실현 및 사회주택·공유주택 등 활성화 |
| 사회적 농업 | 농업자원을 활용한 돌봄서비스, 직업훈련 등을 제공하여 노인·장애인 등 취약계층의 사회적응 유도 |

관계부처 합동(2018)

### 2) 사회서비스 제공 주체로서 사회적경제의 역할

사회적경제 조직 중에서도 사회적기업은 사회문제에 대한 혁신가(social innovator)이며 구체적으로 한국 사회에서 취약계층을 위한 일자리 기회 제공자(work opportunity provider)로서의 역할과 함께 사회서비스 제공자(social service provider)로서의 역할을 기대 받고 있다. 사회적기업이 사회서비스 제공자로서의 역할을 기대 받는 이유는 다음과 같다(김혜원, 2010). 첫째, 사회서비스는 일반 시장재화에 비해 정보의 비대칭성 문제로 인해 신뢰할 수 없는 조직에 의한 서비스 제공 위험이 존재한다. 이윤의 제한적 분배에 기초하여 이용자의 신뢰를 얻고 신뢰에 기반하여 믿을 수 있는 서비스를 제공할 수 있다. 둘째, 전통적인 비영리조직에 비해 기업적 성과 기준과 경영 방식을 채택함으로써 보다 효율적인 방식

으로 품질 높은 서비스를 제공하고 비용을 관리할 수 있다. 셋째, 상대적으로 취약한 여건에도 불구하고 근로기준법을 준수하며 참여적 의사결정 구조를 채택하여 근로자가 기업 경영에 대한 발언권을 가짐으로써 현행 사회서비스 시장에 대안적인 고용 모델을 제시한다. 넷째, 대인서비스는 직접 서비스를 제공하는 근로자의 헌신과 숙련이 핵심적인데 앞서 언급한 고용 모델에 기초하여 근로자의 사명 의식을 이끌어내고 숙련 형성에 투자한다. 즉 상대적으로 우수한 인력을 확보할 수 있어 품질 및 생산성 향상에 기여한다. 다섯째, 기존 복지서비스 전달체계의 관행과 경직성에서 벗어나서 새로운 혁신을 추구하여 기존 서비스의 전달방식을 변화시킬 수 있고 새로운 서비스를 발굴해낼 수 있다.

이러한 측면에서 사회서비스는 공공부조 대상자에 대한 서비스 제공을 포괄하고 있다. 즉 사회서비스에서 재정의 주요 역할은 서비스 확대와 이를 통한 일자리 창출이다. 이에 대해 사회적기업은 재정이 담보하기 어려운 영역인 일자리의 지속성 제고 및 사회서비스 영역에서의 변화와 혁신을 이끌어 낼 수 있다. 여기서 일자리의 지속성을 높일 수 있는 것은 지역공동체의 협력적 거버넌스 구축이다. 지역사회 내 복지기관과 다른 사회적기업, 지자체, 기업, 지역주민의 자원이 연계되고 어우러져서 사회적기업 내 일자리의 지속성이 제고된다. 또한 새로운 변화와 혁신은 사회적기업가 정신에 의해 가능하다. 기존 정부 전달체계에 얽매이지 않고 새로운 서비스를 발굴하고 새로운 전달방식을 고안하고 나아가 기존의 정부 전달체계를 변화시키는 역할까지 수행하게 된다(김혜원, 2010). 이러한 사회서비스 부문에서 사회적기업의 역할을 도식화하면 다음과 같다.

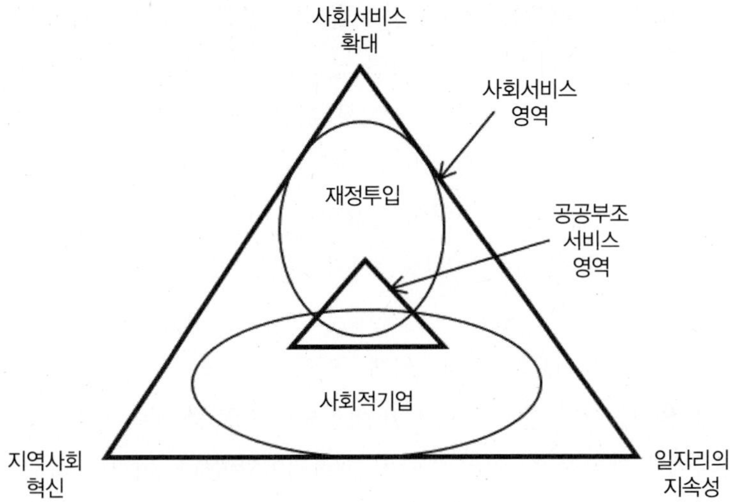


출처: 김혜원(2010)의 그림 수정

**그림 4-4-2.** 사회서비스 제공 주체로서 사회적기업의 역할

또한 이철선(2014)은 사회서비스 산업에서 사회적경제 조직이 수행할 수 있는 순기능을 강화하기 위해서 필요한 과제로 첫째, 영세 개인사업체의 한계를 극복하기 위해 대규모화가 가능하도록 사회서비스 제공방식 개선, 둘째, 사회적경제 조직의 양성 및 확산 추진, 셋째, SIB(social impact bond), 사회적 크라우드 펀딩, 사회책임조달제도 도입 등을 통한 사회서비스 시장 우선권의 사회적경제 조직에 부여 등을 제안하였다.

이러한 정책적 지원과 더불어, 사회적경제 기업이 사회서비스 분야에서 지속가능하게 활동하기 위해서는 사회서비스 제공이라는 사회적 목적을 추구하면서도 영리적 추구도 함께 이루어지는 비즈니스 모델이 필요하다. 이에 대해 성공회대학교 사회적기업연구센터(2012)는 사회서비스 제공 사회적기업의 공통 경영관리 모델을 제시한다. 이 모델에 의하면, 사회서비스 제공 사회적기업은 첫째, '상품 및 생산' 측면에서 사회서비스 제공 및 생산을 위한 공간이 필요하다. 예컨대, 요양서비스의 경우 요양원, 문화서비스의 경우 공연 연습장이나 교육 장소 등의 시설과 공간이 필요하다. 또한 상품 다각화를 위한 신규 서비스 상품 개발 또는 부가 서비스 개발도 요구된다. 둘째, '품질관리' 측면에서 서비스의 질을 높이고 고급화하는 전략이 필요하다. 이를 위해서는 우선 서비스 제공자의 전문화와 서비스의 표준화가 병행되어야 한다. 또한 맞춤형 서비스 제공을 위한 서비스 이용자의 사례 관리와 고객관리 시스템(ERP)이 구축될 필요가 있다. 셋째, '인적자원관리' 측면에서는 서비스 제공자가 이직하지 않고 전문화된 양질의 서비스를 지속적으로 서비스 이용자에게 제공할 수 있는 방안이 마련되어야 한다. 이러한 기제가 적절히 작동되기 위해서는 정규직화를 통한 고용안정과 성과급제 등을 통한 고임금 전략 등을 실현하는 인적자원관리 전략이 필요하다. 넷째, '경영전략' 측면에서 무엇보다 전문 경영진이 확보될 필요가 있다. 특히, 신속한 의사결정을 할 수 있는 상근 전문 경영진 확보가 되어야 한다. 이를 통해 외부 환경 변화에 따른 위기 관리 역량과 외부 자원에 대한 동원 능력을 강화해야 한다. 다섯째, '고객 및 마케팅' 측면에서는 기존 서비스 이용자의 유지가 중요하며, 이를 위해서 이용자 DB를 구축하고 이용자에 대한 지속적 관리 및 마케팅이 병행될 필요가 있다. 즉 사회서비스 제공자가 직접 마케팅을 하는 1:1마케팅과 기존 서비스 이용자가 서비스를 이용한 후 주변 사람들에게 소개하는 입소문형 마케팅이 활용될 필요가 있다. 이외에도 관공서와 같은 공공기관 또는 사회서비스 제공 기관, 사회적기업 관련 협의체 등의 네트워크를 활용해 고객을 확보할 수도 있다.

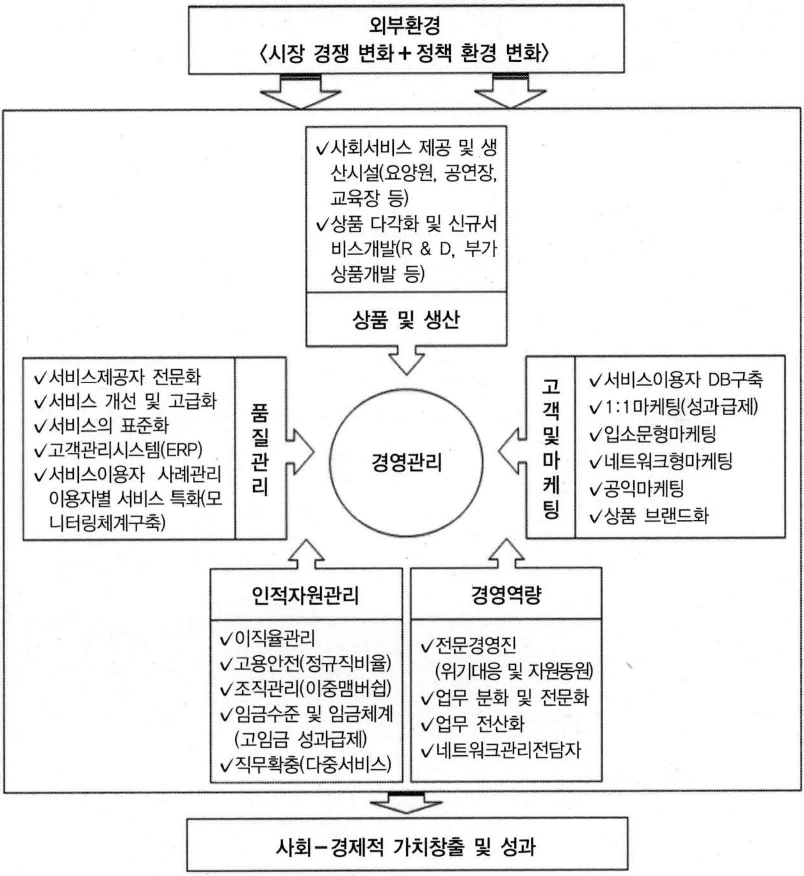


출처: 성공회대학교 사회적기업연구센터(2012)

**그림 4-4-3.** 사회서비스 제공 사회적기업의 공통 경영관리 모델

한편 이철선 외(2014)는 사회서비스에 참여하고 있는 24개 협동조합들을 대상으로 심층분석을 통해, 사회서비스 참여 협동조합들은 차별적인 고객을 대상으로 도입기-성장기-성숙기-쇠퇴기 등의 성장단계를 거치고 있는 것으로 파악하였다. 즉 새로운 시장에 진입하는 기업의 성장단계 및 전략을 혁신의 확산(innovation of diffusion)에 적용하면 크게 4단

계로 요약된다. 도입기에서는 기업이 신제품을 기반으로 혁신자(전문가 그룹을 대상)와 오피니언 리더 대상의 제품 사용과 평가에 주력함으로써 시장에 진입한다. 성장기에서는 시장선점을 위해 일반대중 중 초기 수용자를 대상으로 제품 수정, 대량 유통 단계 등에 투자함으로써 시장을 선점한다. 성숙기에서는 시장을 선점한 소수 기업들 이외에 수익을 창출하고자 하는 대다수의 기업이 참여함으로써 경쟁이 치열해진 후 소수 대기업만이 생존한다. 쇠퇴기에는 시장 수요가 포화상태에 놓여 시장을 지배하게 된 일부 기업들은 기존 제품 유지 또는 부가수요를 창출할 수 있도록 제품 및 서비스를 개선한다. 이러한 사회서비스 참여 협동조합들의 성장단계와 특성은 다음의 그림 4-4-4와 같다.

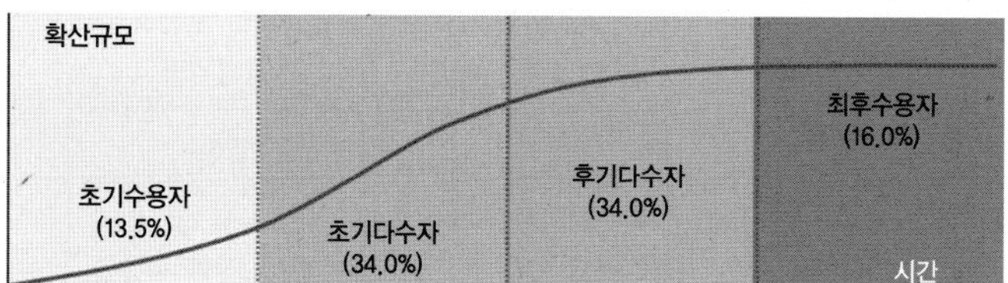


| 구분 | | 도입기 | 성장기 | 성숙기 | 쇠퇴기 |
|---|---|---|---|---|---|
| 시장단계 및 고객 특성 | | - 시장 형성기 | - 완전경쟁 시장 | - 과점 시장 | - 포화 시장 |
| 사업전략 | | - 사업기반 확보 | - 비용절감, 서비스확대 | - 다각화 추진 | - 시장 재활성화 |
| 4P | 제품/서비스 | - (민간자발) 시설확보<br>- (정부지원) 인건비확보 | - (민간자발) 제품확대<br>- (정부지원) 시장확대 | - (민간자발) 패키지화<br>- (정부지원) 신시장 | - |
| | 인력조달 | - (민간자발) 조합원<br>- (정부지원) 취약계층 | - (민간자발) 자원봉사<br>- (정부지원) 취약계층 | - (민간자발) 민간고용<br>- (정부지원) 취약계층 | - |
| | 서비스가격 | - (민간자발) 시장기반<br>- (정부지원) 정부사업 | - (민간자발) 시장/무료<br>- (정부지원) 정부기반 | - (민간자발) 시장/무료<br>- (정부지원) 정부기반 | - |
| | 홍보 | - (민간자발) 조합원<br>- (정부지원) NPO중심 | - (민간자발) 지역기반<br>- (정부지원) NPO중심 | - 협동조합 순위평가<br>- R&D 정보기원 | - |

출처: 이천선 외(2014)

**그림 4-4-4.** 사회서비스 참여 협동조합들의 성장단계와 특성

협동조합은 물론 다른 사회적경제 기업들도 성장단계가 있다. 그래서 성공회대학교 사회적기업연구센터(2012)는 사회서비스 제공 사회적기업을 위한 성장단계별 지원 정책을 제시한다. 또한 이철선 외(2014)도 마찬가지로 사회서비스 참여 협동조합 활성화를 위한 기업생명 주기별 지원 방안을 제시한다. 이러한 연구들을 토대로 본 절에서는 사회서비스 제공 주체로서 사회적경제 기업들에 대한 성장단계별 지원 정책을 간략히 정리하고자 한다. 우선 기반 조성기에는 사회서비스를 담당하는 사회적경제 기업으로의 설립 및 전환, 그 과정상의 문제점 보완을 통해 양적 확대를 위한 진입장벽을 완화하는데 주력한다. 도입기에는 사회서비스 참여 사회적경제 기업들이 사업체로써 기반확보를 위해 사업자금 융통, 재정지원 사회서비스 사업의 참여, 중간지원조직의 구축 등에 주력한다. 성장기에는 사회적경제 기업들이 사업체로써 지속가능성을 확보할 수 있도록 사회적경제의 역량에 부합하는 범부처 사회서비스 사업과의 매칭을 유도한다. 마지막 성숙기에는 매출기반 확보 후 사회서비스 참여 사회적경제 기업들이 부가가치 확대를 위한 범부처 사회서비스 사업의 진출을 유도한다.

**표 4-4-2.** 사회서비스 분야 사회적경제 기업의 성장단계별 지원 정책

| 구분 | 기반 조성기 | 도입기 (시장침투) | 성장기 (시장 또는 제품개발) | 성숙기 (다각화) |
|---|---|---|---|---|
| 지원 방향 | ▪ 진입장벽 완화 | ▪ 사업기반 확보 | ▪ 매출기반 구축 | ▪ 부가가치 확대 |
| 사업 개발 차원 | ▪ 사회서비스 분야 비즈니스 모델 설계 유도<br>▪ 표준화된 서비스 매뉴얼 개발 및 보급 | ▪ 공휴 부동산 저리 장기임대 등 시설장 지원<br>▪ R&D, 공동 마케팅 지원 | ▪ 범부처 사회서비스 사업 정보 및 경영컨설팅 제공<br>▪ 사업개발비 지원 | ▪ 부가가치 확대를 위한 경영컨설팅 실시 |
| 자본 차원 | ▪ 세금감면 등 인센티브 제도 마련·홍보<br>▪ 법인세 및 소득세 관련 법 개정 | ▪ 사회적금융 인프라 구축 | ▪ 사회적경제 기업을 위한 투자기금의 조성 | ▪ 사회적금융의 투자 확대 |
| 교육 훈련 | ▪ 사회서비스 및 사회적경제 지원 기관 교육 | ▪ 서비스 제공자를 위한 기능 숙련 훈련 프로그램의 개발 및 제공 | ▪ 사업체의 CEO와 경영진을 위한 경영역량 강화 교육 | |
| 정책 차원 | ▪ 사회적경제 관련 법 제정 및 개정<br>▪ 사회서비스 기관의 사회적경제로 연계<br>▪ 사회적경제의 사회서비스 참여 유도<br>▪ 지역 특화 사회서비스 협의체 구성 | ▪ 중간지원조직 체계 개편<br>▪ 공공조달시장 및 사회서비스 위탁 우선권 부여 | ▪ 서비스 업종별 네트워크 지원<br>▪ 우수 사업체 모델 개발을 위한 시범사업 추진 | ▪ 사회적경제 기업 간의 사업연대<br>▪ 각 사업 전문가 연계 |

## 4-5 결론

사회적경제는 사회적 목적을 추구하며 지역사회의 근본적인 문제를 해결하기 위한 방안으로 대두되었다. 특히 우리나라는 물론 서구사회에서도 지역에 사회서비스를 제공하는 데 사회적경제가 큰 역할을 담당하고 있다. 즉 일반적으로 사회서비스를 공공재로 인식하던 과거의 인식하에서는 공공부문에서 사회서비스를 주로 제공하였지만, 재정의 압박, 지역의 다양한 사회서비스 수요에 대한 대응의 어려움 등에 의해 더 이상 공공부문에서 사회서비스를 제공하는 것에는 한계가 있다. 또한 우리나라는 1997년 외환위기 직후부터 정부가 사회서비스를 적극적으로 제공하는 정책을 추진해 왔지만, 최근에 사회서비스를 제공하는 기관들은 대부분 민간의 영세한 조직들로 실제 지역의 사회서비스에 대한 수요를 대처하는데 그 역량이 부족하다.

이러한 측면에서 사회적경제는 사회적 목적을 우선 추구하기 때문에 지역에 사회서비스를 제공하는 데 적합하며, 동시에 영리를 추구하기 때문에 사회서비스를 제공하면서도 지속가능한 경영기반을 갖출 수 있다. 즉 기존의 사회서비스 제공기관이 공공부문에서의 지원에 의존한 반면, 사회적경제는 사회서비스 부문에 대한 적절한 비즈니스모델만 갖춘다면, 외부의 지원에 의존하지 않고도 지역에 사회서비스를 지속적으로 제공할 수 있는 장점이 있다.

최근 정부의 관련 정책도 이와 같은 맥락에서 추진되고 있다. 사회적경제 정책에서는 사회적경제 기업들이 사회서비스 부문에서 활동할 수 있도록 그 진입장벽을 허물고 있으며, 사회서비스 제공을 위한 사회적경제 기업 육성에 심혈을 기울이고 있다. 또한 사회서비스 정책에서도 사회적경제 조직의 사회서비스 진출을 유도하는 방향을 제시하고 있다. 물론 이러한 정책들은 사회서비스와 사회적경제의 상생이라는 기본적인 방향 및 큰 전략을 제시하고 있을 뿐, 아직까지 구체적인 정책방안이 실현되고 있지 못한다. 따라서 본 장에서는 현재 추진 중인 사회서비스와 사회적경제 연계 정책들을 검토하였으며, 사회서비스 제공주체로서 사회적경제 기업이 갖추어야 하는 기본적인 비즈니스모델을 소개하였다. 그리고 이러한 모델을 기반으로 사회서비스 제공주체로서 사회적경제 기업의 성장 단계별 지원정책을 간략히 제안하였다.

최근 정부 정책을 중심으로 사회서비스 제공 주체로서 사회적경제에 대한 지원정책의 시사점을 정리하면 다음과 같다.

첫째, 사회적경제 기업이 사회서비스 분야에 적극 참여하기 위한 진입장벽 해소는 물론 기존의 사회서비스 제공기관들이 사회적경제로 진입할 수 있도록 유도하는 것도 중요하다. 이를 위해 사회적경제로의 전환 모델을 사회서비스 유형별로 제시하는 것도 필요할 것이다.

둘째, 사회서비스는 사회적경제와 마찬가지로 사회적 가치를 지향하기 때문에, 이에 대한 체계적인 평가가 필요하다. 사회서비스 바우처 사업을 중심으로 이루어지는 품질평가와 최근 개발되고 있는 사회적경제에서의 사회적 가치 지표들을 통합하여, 사회서비스 분야의 사회적 가치 측정 지표를 개발하는 것도 필요할 것이다.

셋째, 사회서비스는 주민의 삶의 질과 직결되기 때문에 다른 분야에 비해 무엇보다 고용의 안정성이 필요하다. 즉 사회서비스 제공자가 이직하지 않고 전문화된 양질의 서비스를 지속적으로 서비스 이용자에게 제공될 수 있는 사회서비스 인적자원관리 전략이 필요하다.

넷째, 현재 사회서비스 제공기관들은 대부분 민간영세기관들로 특히 지역에 특화된 사회서비스 비즈니스 모델을 설계하고 이를 실제 사회서비스 시장에 적용할 수 있는 지원정책이 필요하다. 특히 사회적경제 기업의 성장단계별로 정책을 수립·지원하는 것이 중요하다.

다섯째, 사회서비스 제공 사회적경제 기업의 민관협력 강화를 위한 협의체가 설치·운영되어야 할 것이다. 그러나 소위 사회적경제 민관거버넌스는 일부 지자체를 제외하면 대부분 지역에서 쉽게 구축되지 못하고 있는 실정이다. 이것은 특히 지역의 사회적경제 관련 다양한 이해관계자들 간의 양보와 합의가 필요한 부분이다. 또한 기존의 사회서비스 제공 주체들과 사회적경제 간의 협의도 구체적으로 논의되어야 할 것이다.

지금까지 정부의 사회서비스 정책에는 사회적경제와의 연계가 꾸준히 제기되어 왔었다. 그리고 현 정부 들어 본격적으로 사회서비스 분야에 사회적경제가 참여할 수 있는 계기를 마련하였다. 비록 아직 구체적인 실천 방안이 마련되지 못하였지만, 사회서비스가 주민의 생활에 꼭 필요한 것임을 감안하면, 전략의 수립에만 그치지 않고 실제 실행될 수 있는 노력이 강구되어야 할 것이다.

## 참고문헌


강혜규·김형용·박세경·최현수·김은지·최은영·황덕순·김보영·박수지, 2007, 사회서비스 공급의 역할분담 모형개발과 정책과제 -국가·시장·비영리 민간의 재정분담 및 공급참여 방식-, 한국보건사회연구원.

강혜규, 2009, 사회서비스산업의 공급실태조사 및 발전방안: 사회복지서비스 사업체를 중심으로, 한국보건사회연구원.

강혜규·박수지·양난주·엄태영·이정은, 2012, 사회서비스 바우처사업의 정책효과 분석 연구, 한국보건사회연구원.

관계부처 합동, 2017, 사회적경제 활성화 방안, 대한민국정부.

관계부처 합동, 2018, 범부처 사회서비스 발전방향, 대한민국정부.

김성기, 2013, 사회서비스 제공 사회적기업 활성화 방안, 강원포럼 지역사회서비스와 사회적경제 자료집, 강원도.

김승희, 2014, 사회서비스 활성화와 일자리 창출, 강원지역 고용포럼(2014.8.25.) 발표자료.

김연명, 2007, "우리나라에서 사회투자론 논의의 쟁점", 경제와 사회, 75.

김윤수·박민아, 2013, 사회서비스 제공기관 공급실태 분석, 한국보건복지정보개발원.

김은하·최기정, 2017, 사회서비스 제공기관의 진입과 퇴출에 관한 실태분석, 사회보장정보원.

김의영·구양미·권헌익·안도경·안상훈·이옥연·이준웅·최인철·한신갑, 2016, 『사회적경제의 혼종성과 다양성』, 서울: ㈜푸른길.

김준경·차문중, 2010, "글로벌 경제위기 이후 서비스산업 선진화 방향", 한국개발연구원.

김철주·박보영, 2006, "새로운 사회적 위험의 도래와 복지국가의 현대화", 『사회복지정책』, 제24집, 한국사회복지정책학회, 317-336.

김혜원, 2008, 사회서비스 제공 비영리조직의 이용자 만족도 연구, 사회적기업연구원.

김혜원, 2010, 사회서비스 분야의 일자리 창출, 고용·노동시장포럼 자료집,

한국노총 중앙연구원.
노기성, 2011, 사회서비스 정책의 현황과 과제: 사회복지서비스를 중심으로, KDI, 정책연구시리즈 2011-07.
박세경, 2013, 사회서비스 보장의 쟁점과 과제, 사회서비스 간담회, 국회입법조사처 정책세미나.
박세경·김정현·이정은·권소일·김형용·엄태영·전용호·허인철, 2014, "사회서비스업의 산업적 성장 가능성 진단 연구", 한국보건사회연구원.
박세경·하태정·김보영·김용득·김은정·이봉주·이인재, 2016, "사회서비스 정책 진단과 고도화 전략 연구", 한국보건사회연구원.
박수지·이소영, 2013, "유럽연합(EU)의 사회서비스 고용규모와 결정요인에 대한 고찰: 2000~2010년 정부요인의 영향을 중심으로", 『한국사회복지조사연구』, 제36권, 333-355.
방하남·옥우석·홍성표, 2008, 사회투자와 고용: 사회지출이 경제성장에 미치는 효과에 관한 연구(1차년도), 한국보건사회연구원.
배정환, 2011, 사회서비스 시장화와 사회적기업의 역할 확대, 『사회적기업과 정책연구』, 1(1), 31-58.
보건복지부, 2017a, 사회서비스 수요·공급실태조사, 보건복지부.
보건복지부, 2017b, 사회서비스 수요공급 실태 조사·연구 정성조사보고서, 보건복지부.
보건복지부 보도자료, 2013년 11월 26일자, "사회서비스산업 특수분류 제정".
변장섭·나주몽·신우진, 2017, "가상추출법을 이용한 우리나라 사회서비스업의 고용연관효과", 『산업경제연구』, 제30권 제4호, 한국산업경제학회, 1237-1256.
성공회대학교 사회적기업연구센터, 2012, 경기도 사회서비스 제공 사회적기업 모델개발 연구, 경기복지재단.
양난주, 2017, 사회서비스 산업화 전략의 예견된 실패, 『복지동향』, 제227호, 참여연대사회복지위원회, 14-22.
오은진·김난주·장원봉, 2011, 사회서비스 분야 여성 일자리 창출을 위한 정책과제 V: 돌봄여성노동자를 위한 사회적기업, 한국여성정책연구원.

이봉주·김용득·김문근, 2008, 사회복지서비스와 공급체계: 쟁점과 대안, EM 커뮤니티.

이상훈, 2011, "5대 서비스산업 발전전략", 『이슈 & 진단』, 제28호, 경기개발연구원.

이재원, 2012, 사회서비스 정책의 전개과정과 정책과제: 보건복지부 사회서비스 전자바우처 사업을 중심으로, 『지방정부연구』, 제15권 제4호, 333-359.

이철선, 2014, "사회서비스 산업과 사회적경제의 상생", 『보건·복지 Issue & Focus』, 제250호, 한국보건사회연구원.

이철선·박세경·권소일, 2013, 친서민정책으로서의 사회서비스 일자리 확충 전략 Ⅲ: 사회서비스 산업-제3섹터-고용창출 연계모델, 한국보건사회연구원.

이철선·남상호·최승준·민동세·권소일, 2013, 돌봄서비스 종사자 임금체계 표준화 방안 연구, 한국보건사회연구원.

이철선·김영란·황주희·김기태·김은정·한동우·권소일, 2014, 협동조합의 사회서비스 분야 참여가능성 모색 및 방안연구, 한국보건사회연구원.

인천대학교 산학협력단, 2017, 2016 사회적기업 성과분석, 고용노동부·한국사회적기업진흥원.

임혁백·김윤태·김철주·박찬웅·고형면, 2007, 『사회적 경제와 사회적 기업: 한국형 사회적 일자리와 사회 서비스 모색』, 서울: 송정문화사.

장원봉·김유숙, 2010, 돌봄사회서비스 영역의 사회적기업 설립과 교육과정, 한국여성재단.

정경희·이현주·박세경·김영순·최은영·이윤경·최현수·방효정, 2006, 한국 사회서비스 쟁점 및 발전전략, 한국보건사회연구원.

정관영, 2013, 『이제는 사회적경제다 -지역과 사람을 살리는 희망경제론』, 경기: 공동체.

정지웅·이준우·김연신·신현석·박종미·지승훈·김사랑·김희연, 경기도 사회서비스 공급 기관의 사회적경제 형태로의 전환 방안 연구, 경기개발연구원.

조현승, 2007, "주요 선진국 사회서비스 민영화 사례 및 시사점", 월간 산업경제, 산업연구원.

주성수, 2010, 『사회적 경제: 이론, 제도, 정책』, 서울: 한양대학교출판부.

통계청, 2010, “한국표준산업분류 종합색인표”, 제9차 개정, 통계청.

한국협동조합연구소, 2015, 사회서비스 분야 협동조합 모델개발에 관한 연구, 기획재정부.

Antonnen, A. and J. Sipila., 1996, “European Social Care Services: Is it Possible to Identify Model?”, *Journal of European Social Policy* 6(2).

Bahle, T. 2003. “The Changing Institutionalization of Social Serivces in England and Wales, France and Germany: Is the welfare state on the retreat?”, *Journal of European Social Policy* 13(1), 5-20.

CIRIEC, 2000, The Enterprises and Organizations of the Third System: A strategic challenge for employment, CIRIEC(Centre International de Recherches et d'Information sur l'Economie Publique, Sociale et Coopérative), (versions in English) (available at: http://www.ciriec.ulg.ac.be/en/publications/etudesrapports/les-entreprises-et-organisations-du-troisieme-systeme-un-enjeu-strategique-pour-lemploi-2000/)

EESC, 2012, The Social Economy in the European Union, EESC(European Economic and Social Committee) (available at: http://www.eesc.europa.eu/resources/docs/qe-30-12-790-en-c.pdf)

Kahn, A. 1979, Social Policy and Social Services, New York: Random House.

Munday, B., 2003, “European Social Services: A Map of Characteristics and Trends”, 2003.

제5장

# 사회적경제와 사회적자본

유미현 · 나주몽

본 장에서는 과거 성과주의 사회적경제 정책에 대한 성찰을 토대로 장기적 성장체계 구축에 있어서의 핵심이 되고 있는 마을공동체와 이를 통해 형성되어지는 사회적자본의 중요성 및 정책적 시사점을 제시하였다. 이를 위해 사회적경제와 사회적자본에 대한 이론과 정책을 살펴보고 장기적 관점에서 마을공동체를 중심으로 사회적자본 형성을 통해 사회적경제 조직으로 발전한 사례를 살펴봄으로써 우리사회에 대한 시사점을 살펴보았다.

## 5-1 서론

지역 내부의 자원을 효율적으로 동원하고, 지역 공동체가 주도하여 자발적 성장 조건을 창출해야한다는 내생적 지역발전 측면에서 사회적경제는 지역발전의 새로운 모델로 관심이 높아지고 있다. 사회적경제란 국가와 시장사이에 존재하는 사회적·경제적 요소를 가진 조직들이 신뢰관계를 기반으로 만들어내는 모든 경제적 활동을 말한다. '최저의 비용으로 최고의 효과를 창출한다.'는 시장원리로는 시장 형성이 되기 어려운 분야에서, 시민 주도의 수요자 맞춤형 재화와 서비스를 제공하는 대안시장이 개척되고 있다. 사회적경제의 역할은 정부와 시장이 외면했거나 그 힘이 미치지 못하는 곳에서 취약계층에게 일자리나 사회서비스를 제공해 나가는 것이다. 결과적으로 사회적경제는 위와 같은 과정을 통해 우리사회의 빈곤과 사회적 배제를 극복해 나가고 있다.

1990년대 이후 유럽에서 사회적경제는 지역사회에서 고용, 사회적 포섭, 지역개발, 시민참여를 촉진하는 중요한 역할을 담당해 왔다. 복지와 실업, 빈곤과 사회서비스의 수요 확대 등의 사회경제 위기를 먼저 겪은 유럽은 사회적경제의 출발점이자 전환점이 되었다. 이탈리아의 협동조합은 1970년대 세계경제 위기 속에서 일자리와 복지를 제공하는 주체로서의 역할을 담당하였다. 또한 캐나다 퀘벡은 1990년대 지역경제 위기로 고실업, 지역공동화, 지방정부의 재정문제로 인한 사회서비스 제공 어려움에 직면하여 연대협동조합을 탄생시켰다. 이는 사회적경제가 위기에 강하며 지역사회의 지속가능성을 높여 준다는 것을 보여준다(최석현 외, 2013).

우리나라 역시 정부와 시장이 외면했던 곳에서 취약계층에게 일자리와 사회서비스를 제공하기 위하여, 사회적일자리 정책을 시행하였다. 이어서 시민이 직접 사회문제 해결에 참여하여 필요한 사회서비스를 생산·제공하는 사회적기업 및 마을기업 정책 등을 시행하였다. 그 결과 2017년에는 1,741개의 사회적기업, 11,065개의 협동조합이 다양한 영역에서 활동하였다. 초기에는 사회적으로 유용성은 있으나 저수익성으로 인해 민간기업의 참여가 어려운 서비스 분야에 한정하여 사회적경제 활동이 이루어졌으나, 이후 중앙정부와 지방자치단체의 제도적 뒷받침 속에서 성장을 더해가고 있다(태유리, 2015).

하지만 사회적경제 성장에 있어 시민사회의 준비와 대응이 발전 속도를 따라가지 못하는 상황에서, 정부 주도의 정책이 진행됨에 따라 문제점이 발생했다. 정부의 일자리 창출 중심의 정책 기조는 인건비나 사업비 등 단기자금 지원 방식에 집중하게 했고, 단기자금 지원이 끊기는 순간 많은 조직의 존속이 어려운 지속가능성에 대한 과제를 남겼다. 이것은 지역의 발전을 도모하며, 시장경제의 대안을 창출한다는 사회적경제의 본래 역할과 지속가능한 환경조성이 어려운 현실을 보여준다.

실제로 2007년 인증을 받은 사회적기업을 대상으로 인건비 지원을 받은 2008년과 2009년의 평균 근로자수에 대해 조사한 결과 각각 59.1명, 77명으로 나타났다. 하지만 지원이 종료된 이후 기간인 2010년과 2011년의 평균 근로자수는 각각 53.2명, 54.3명으로 감소했다. 또한 2011년을 기준으로 613개 사회적기업 중 85.9%가 영업이익이 적자였던 것으로 조사됐다(윤상호, 2015).

사회적경제 본연의 가치를 되찾고 지속가능성을 도모하기 위해서는 정부 중심의 양적 성장 체계에서 벗어나 질적 성장체계를 구축해야 할 필요성이 있다. 사회적경제 발전에 있어 마을공동체와 이를 통해 형성되어지는 사회적자본의 중요성에 대한 재인식이 요구되어지는 시점이다. 사회적자본은 다양한 현대사회의 문제점을 해결하는 대안으로 사회적경제가 경제·사회적 문제를 해결할 수 있는 힘은 높은 수익실현이나 정부의 재정지원이 아닌 사회적자본에서 생겨난다(노대명, 2014).

지역 사회내의 다양한 구성원을 포용하고, 재분배의 원리가 작동하는 사회적경제 측면에서 마을공동체와 사회적자본에 대한 논의는 심도 있게 다루어져야 할 필요성이 있다. 장기적 관점에서 마을공동체를 중심으로 사회적자본 형성을 통해 사회적경제 조직으로 발전한 사례를 살펴봄으로써 우리사회에 대한 시사점을 살펴보았다.

# 5-2 사회적경제와 사회적자본: 이론 및 정책

## 1. 사회적경제

### 1) 사회적경제의 등장배경 및 발달

본 장에서는 사회적경제 발전 단계별 특징 및 제도화 과정에 대해 살펴보고자 하였다. 생활협동조합과 같은 자생적인 사회적경제의 토대를 구축했던 '사회적경제 태동기'와 1996년 '자활지원센터 시범사업' 이후 정부의 영역에서 제도적 기반을 조성했던 '사회적경제 제도적 기반 조성기', 그리고 2007년 '사회적기업 육성법' 의거 다양한 사회적경제 조직이 등장했던 '사회적경제 제도화기'로 나누어 정리하였다.

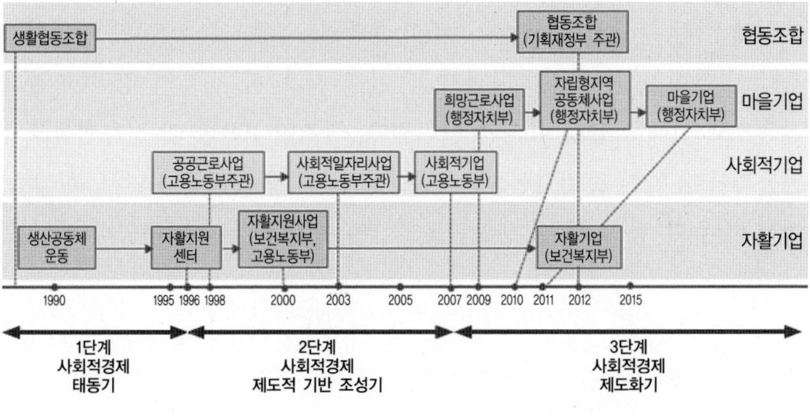


**그림 5-2-1.** 국내 사회적경제 정책의 도입 흐름

### (1) 1단계 : 사회적경제 태동기(1920~1995년) – 자생적 사회적경제 토대 구축

사회적경제는 자본주의의 생산과 소비, 사회적 위험 등 문제점에 대한 비판에서 출발한 영역으로 빈곤과 사회적 불균형 등을 해결하는 것을 목표로 한다. 우리나라 사회적경제의 뿌리는 근대 이전의 계, 두레, 품앗이와 같은 형태의 협동경제의 모습에서 찾아볼 수 있겠으나, 현대적 의미는 일제 강점기에서 협동조합운동에서 그 발자취를 발견할 수 있다. 이는 일본 제국주의 횡포로부터 조선의 경제를 구하는 것과, 자본가의 무리한 횡포에 대응한 민중의 자립적 협동조합 설립으로 구분할 수 있다. 최초의 소비자협동조합은 1920년 5월에 설립된 '목포 소비조합'으로 활발한 활동을 펼쳤으나, 1937년 태평양전쟁으로 인해 대부분의 자주적 협동조합은 강제 해산되었다. 하지만 해방 이후 1958년 '홍성 풀무학교'와 소비자 구판장인 '풀무생협'으로 소비조합운동을 이어나갔다.

한편 1960년대 초반에는 박정희 정부에 의해 농협법이 제정되면서 종합농협이 탄생하였다. 농협은 정부의 상업적 농업지원서비스 부분을 담당하면서 관제화가 진행되었는데, 이러한 상황은 자발적 협동조합 설립에 대한 어려움의 원인으로 꼽히기도 하였다(장원봉, 2006). 이후 가톨릭에 의한 부산지역 신용협동조합 운동을 시작으로, 1973년 신용협동조합 연합회가 공식 발족되었지만, 이 역시 당시 정부의 강력한 관리감독으로 인해 자율성 유지가 어려웠다. 하지만 1980년대 신용협동조합 활동가들에 의한 소비자협동조합운동으로 그 맥이 이어지면서, 한살림, 여성 민우회 등과 같은 생활협동조합이 설립되기 시작하였다(장원봉, 2006).

### (2) 2단계 : 사회적경제 제도적 기반 조성기(1996～2006년) – 정부중심 사회적경제 정책 제도적 기반 조성

정부의 영역에서의 저소득층에 대한 관심은 한국의 사회적경제 활동에 대한 제도적 편입의 중요한 계기로 작동하였다. 1995년 국민복지기획단에서 빈곤정책 수행기관 설립 필요성에 대한 논의를 시작으로, 1996년 자활지원센터 시범사업이 시행되었다. 나아가 1997년 외환위기로 인한 대규모 실업사태 극복 및 최소생계 보장을 위해 '고용정책기본법 제28조'를 토대로 고용노동부 주관 실업자를 대상으로 하는 '공공근로사업'을 실시하게 되었다. 이후 정부는 민간단체와 함께 공공근로사업을 지속하면서 '생산적 복지' 정책의 기조를 확립하였으며, 낙후된 복지 분야 발전과 고용창출을 목표로 복지수혜자의 근로연계 사업을 지원하였다. 여기에는 2000년에 실행된 '국민기초생활보장법'의 취약계층을 대상으로 하는 보건복지부와 고용노동부의 '자활지원사업'을 포함하고 있다. 또한 이 시기에는 생활협동조합들이 전국에서 활발하게 활동하여, 1999년 소비자생활협동조합법이 공포·시행되게 되었다.

2000년대에 들어 실업이 심각한 사회문제로 대두되면서, 일자리를 중심으로 사회적경제 분야에 지원하게 되었다. 또한 사회서비스에 대한 수요는 증가하였지만, 취약계층과 일반시민들의 구매력 부족으로 기본적 수요가 충족되지 못하자, 국가는 사회서비스의 공급을 확대하는 방안의 일환으로 일자리 형태의 사회서비스를 제공하는 사회적일자리사업을 도입하였다. 2003년 고용노동부 주관 '사회적일자리[1] 창출 시범사업'을 토대로 2006년에는 일자리 유형화 작업을 통해 일자리 다각화를 촉진하게 되었다.

---

1) 사회적 일자리는 사회적으로 필요하지만 수익성 등으로 인해 시장에서 충분히 제공되지 못하는 보건·사회·교육 등 사회서비스 부문 등에서 비영리법인이나 단체 또는 사회적기업 등이 창출하는 일자리를 의미한다(고용정책기본법 제28조).

### (3) 3단계 : 사회적경제 제도화기(2007~현재) – 사회적기업, 마을기업, 협동조합 등 다양한 사회적경제 조직 등장

2007년에는 '사회적기업 육성법'에 의거 고용노동부의 사회적 일자리 육성사업의 맥락이 '사회적기업'의 형태로 이어졌다. 더불어 2009년도에는 행정자치부에서는 전국 지방자치단체가 참여하는 사업을 도입하였다. 공공근로사업과 유사한 개념인 취약계층 소득창출을 목표로 하는 '희망근로사업'(2009-2010년 상반기)을 시작으로, '지역맞춤형 일자리사업'과 지역공동체 활성화를 위한 '자립형 지역공동체 사업'으로 발전하게 되었다. '자립형 지역공동체 사업'은 '마을기업'으로 발전하였다. 또한 2012년에는 '협동조합기본법'이 제정되어 다양한 분야에서 5인 이상이면, 출자금 규모에 관계없이 협동조합을 설립할 수 있게 됨으로써 사회적경제 분야가 성장하게 되었다. 이처럼 한국의 사회적경제는 민주화와 지방자치제 실시로 인해 지방정부와 시민들로 분산되어 왔다. 초기 빈곤과 자활, 일자리 문제 등 사회적 문제해결에 있어 정부주도적 움직임에서 나아가 다양한 주체들의 참여를 유도하는 협력적거버넌스적 형태로 변화하게 되었다.

**표 5-2-1.** 국내 사회적경제의 흐름

| 시기 | 주요제도 |
|---|---|
| 1920년대 | 목포소비조합, 홍성소비조합 등 국내 최초 협동조합 설립 |
| 1937 | 조선총독부에 의한 YMCA농협 해산 |
| 1959 | 해방 후 최초 협동조합인 풀무학교, 홍성 풀무생협 |
| 1960.5 | 부산에 우리나라 최초의 신용협동조합인 '성가신용협동조합' 설립 |
| 1961.8 | 농협협동조합법과 농업은행법을 폐지하고 새로운 농협법 제정 |
| 1972~73 | 신용협동조합법 통과, 법에 의한 특별법인인 신용협동조합연합회 공식 발족 |
| 1983 | 소비자협동조합중앙회 창립 |

| 시기 | 주요제도 |
|---|---|
| 1996.5 | 자활지원센터시범사업 실시 |
| 1998.6 | 공공근로사업(고용노동부 주관) 실시 |
| 1999.2 | 소비자생활협동조합법 시행 |
| 1999.9 | 국민기초생활보장법 시행(자활지원센터를 자활후견기관으로 변경 확대 실시) |
| 2000 | 자활지원사업(보건복지부, 고용노동부) |
| 2002.11 | 한국생협연합회 창립 |
| 2003 | 사회적일자리 사업(고용노동부 주관) 실시 |
| 2007.7 | ‘사회적기업육성법’ 시행, 36개 사회적기업 인증 |
| 2009 | 희망근로사업(행정자치부) 실시 |
| 2010 | 자립형지역공동체사업(행정자치부) 실시 |
| 2011 | 마을기업(행정자치부) |
| 2012 | 자활기업(보건복지부) |
| 2012.12 | ‘협동조합기본법’ 시행 |

출처: 안전행정부(2013). 「사회적경제 공동체 지원체계 진단」 참고.

### 2) 사회적경제의 개념 및 특징

사회적경제는 우리사회의 경제적, 지역적 측면의 위기를 해결하기 위한 대안으로서, 공동체 형성과 지역적 토대를 기반한 조직이라고 볼 수 있다. 사회적경제 의 개념으로 다양한 학자들에 의해 논의되고 있는데, 가장 광의적이라고 판단되어지는 OECD(1999)는 “사회적경제에 대해 국가와 시장 사이에 존재하면서 사회적 요소와 경제적 요소를 모두 가진 조직”이라고 정의하고 있다. Defourny(1992)는 “협동조합, 공제회, 결사체가 수행하는 모든 경제적 활동”을 사회적경제라고 정의하였다. 또한 “사회적경제는 이윤추구 보다 사회적 목적에 기반을 두고 있다는 점에서 시장과 구분되며, 시민사회의 자발적인 참여와 협력을 중심으로 형성된다는 점에서 공공부문과도 구별된다."고 보았다. 왈룬사회적경제위원회(1990)가 정의하는 사회적경제는 "구성원 또는 공익을 위한다는 목표, 경영 자율성, 민주적 의사결정, 수익배분에 있어서 자본보다 사람과 노동의 중시"라는 4가지 원칙을 따르는 협동조합, 상호공제조합, 민간단체에 의해 수행되는 경제활동으로 보고 있다.

우리나라에서도 다양한 학자들에 의해 사회적경제가 정의되고 있는데, 먼저 장원봉(2006)은 사회적경제를 "시장과 공공 사이에서 양자를 통해 충족되지 못한 요구를 해결하기 위해 재화와 서비스를 제공하는 경제활동영역"이며, 일반적으로 협동조합, 공제조합, 연합체의 성격을 가진 다양한 비영리조직 및 재단 등을 포함하는 조직으로 보았다. 신명호(2009)는 사회적경제란 "공동체의 이익이라는 사회적가치를 실현하기 위해 화폐적, 비화폐적 자원을 생산, 교환, 분배하거나 소비하는 조직들로 구성된 하나의 부문 즉 사회적 목적과 민주적 운영원리를 가진 호혜적 경제활동조직의 집합"이라고 정의내리고 있다.[2] 송위진(2014)은 사회적경제를 "시장실패와 정부실패의 대안"으로 보고 있으며, 기획재정부(2013)는 "경제위기를 겪으면서 시장과 국가를 넘어서는 대안적 모델로서 공동체적 가치라는 제3의 모델"로 논의하고 있다. 김성기 외(2014)는 사회적경제란 "시장과 국가에 대안적이고 다양한 자원배분을 목적으로 하고 있으며, 지역사회 및 이해당사자들의 욕구를 충족시키기 위해 실천하는 자발적·호혜적 참여경제 방식"으로 논의하고 있다. 최석현 외(2015)는 "사회적가치나 공동체의 목표를 충족시키는데 일차적인 목적을 두지만, 동시에 경제적 가치를 가지고 고용 창출과 재화 및 서비스 생산 등의 다방면에서 경제에 기여함을 전제로 하는 것"이라고 정의하기도 하였다.

---

2) 신명호(2009), 「한국의 '사회적경제' 개념 정립을 위한 시론」, 『동향과 전망』 제75호, pp.11-46.

사회적경제의 정의를 토대로 가치적 측면과 영역의 측면에서 그 특징을 살펴볼 수 있다. 첫째, 가치적 측면에서 보았을 때 사회적경제는 경제적가치 뿐만 아니라 사회적가치 모두가 중요시 되는 경제활동을 말한다. 사회적경제가 시장이나 기업과 구별되는 특성은 사회적가치를 추구하는 것으로 이는 비영리성이라는 특징을 가지고 있다. 구성원과 공동체를 위한 서비스를 제공하는 것을 목적으로 하되 비영리적 방법으로 접근하기 때문에 자본보다 사람을 우선시하며 나아가 참여 확대, 자치 역량 강화, 개인과 집단의 책임성 증진 등의 사회적 목적을 달성하기 위해 노력한다. 또한 사회적경제는 공동체 가치를 중시하며, 참여, 연대와 같은 사회적자본을 토대로 활동한다. 이처럼 사회적경제는 공동체 구성원의 참여와 연대를 통한 경제적 수익을 창출하여 지역 공동체의 발전에 기여할 수 있다(주성수, 2009).

둘째, 영역의 측면에서 보았을 때 국가, 시장, 공동체의 중첩적이고 교차적인 영역에 속하는 다양한 조직 및 결사체들을 의미하며, 공공과 민간, 공식과 비공식, 영리와 비영리 가치가 혼재되어져 있다는 특징을 지닌다. 즉 사회적경제는 민간시장 부문과 공공부문 사이에 존재하는 활동영역이라고 규정할 수 있다. 국가와 시장의 영역이 아닌 시민사회의 영역을 지칭하므로 사회적경제는 시민사회에서 생겨난 자발적인 시민조직이 주체가 되어 행하는 경제활동을 의미한다고 볼 수 있다(고동현 외, 2016). 그렇기 때문에 이윤 창출을 중시하는 민간 부문이나 국가의 책임성을 강조하는 공공부문과 구분된다. 따라서 사회적경제의 성격은 정부주도 개입경제나 경쟁적 시장경제 양자로부터 반대되는 방향에 일정한 거리를 두고 위치하며, 국가로부터 자율성과 비시장적인 박애주의 성격을 특징으로 한다(송백석, 2011).

## 2. 사회적자본

### 1) 사회적자본의 역할과 축적의 필요성

우리나라는 그 동안 산업화 및 개발지향의 정책을 추진에 따라 1인당 GDP가 지속적인 증가하는 경제 성장을 이룩해 왔다. 그러나 최근에 들어서는 저성장과 사회적 통합문제 등으로 어려움에 처해 있다. 특히 양극화의 심화, 초고령화, 인구 절벽, 청년실업, 경력 단절 등 잠재 성장률의 저하에 따른 새로운 경제 성장 동력이 요구되고 있다.

더욱이 2016년 현재 우리나라 1인당 GDP가 3,198만원으로 3만 달러 수준에 머물러 있어, 4만 달러 이상의 선진국으로 도약하기 위한 사회적·제도적 신뢰 프로세스의 구축이 무엇보다 필요하다. 사회적자본은 사회적·제도적인 신뢰에 기초한 핵심자원의 요소로서 경제적 성장뿐만 아니라 사회적 통합 등 지속적인 국가발전의 원동력으로 그 중요성이 급속하게 부상하고 있다. 사회적자본을 국가와 사회의 새로운 성장 동력의 원천으로 확보하기 위해서는 사회적자본의 형성을 위한 전 국민의 사회적 합의와 이를 바탕으로 하는 정책적 결정이 필요하다(김선태, 2017).

사회적자본은 사회성원이나 집단 간에 '관계의 질과 특성'을 가지고 서로 협력하여 참여하는 과정에서 공동의 이익을 창출할 수 있기 때문에, 경제와 사회의 역동성과 안정성을 높이고 사회의 통합에 기여할 수 있는 무형의 자산이다.

사회적자본 개념은 일반적으로 세 갈래로 정의할 수 있다. 첫째 콜만(Coleman)은 사회적자본이 두 가지 공통적 요소를 가지고 있다고 주장하는데, 그 하나는 사회적자본이 사회구조 속에 존재한다는 것이고, 다른 하나는 사회적자본이 그 사회구조 속에서 행위자가 특정한 행위를 하도록 유도하고 촉진하는 힘이라는 점이다. 특히 합리적 선택이론에 근거하여 사회적자본을 폐쇄된 사회구조에서 주로 신뢰관계의 형성에 따른 거래비용의 감소와 효용의 극대화로 생산적이고 목적 달성을 가능하게 해주는 기능이 있다고 보았다.

둘째 부르디외(Bourdieu)는 보다 역사적이고 구조적인 정의로 상호 면식(mutual acquaintance)이나 인식(recognition)을 바탕으로 제도화된 관계나 네트워크에 의해서 소유되거나 또는 어느 특정 집단의 구성원이 되어 집단적으로 소유하게 된 실제적 혹은 잠재적인 자원의 총합"이라고 했다. 부르디외는 사회적자본의 개념을 사용하여 자본주의 사회의 계급 간 불평등이 지속되고 있는 현상을 설명하고자 했다. 즉, 그의 해석에 의하면 자본주의 사회의 부르주아 계급은 경제적 자본의 축적뿐만 아니라 교육을 통해 문화와 교양, 지식이라는 형태로 개인에게 체화된 문화적 자본, 사회적 연결망으로 제도화된 사회적자본 등을 통하여 사회적 불평등을 재생산하고 이를 세습한다는 것이다. 이것은 마르크시즘적 축적의 논리에 기반하여 '자본'이라는 개념은 장기적으로는 투자의 대상이 되며, 또한 경제적 자본과 마찬가지로 불평등과 착취의 대상이 될 수 있다는 것을 의미한다.

셋째, 퍼트남(Putnam)은 제도주의·공동체주의적 관점으로 "참여자들이 협력하도록 함으로써 공유한 목적을 보다 효과적으로 성취하도록 만드는 신뢰, 규범, 연결망과 같은 사회조직의 특질"이라고 했다. 개인들 간의 관계에만 국한하지 않고, 공적이고 정치적인 영역에서 작동하는 시민의식의 토대가 곧 사회적자본이라고 정의했다. 퍼트남에게 사회적자본은 집단행동의 딜레마를 극복하고 공공선의 구현을 용이하게 해주는 집단적 신뢰관계를 의미하며, 퍼트남의 제도주의적 사회적자본 정의는 국가적 차원의 정책입안에 효과적인 정의로서 가장 폭넓고 일반적인 정의로 볼 수 있다.

지역사회가 공동체의 문제에 적절한 대응을 할 수 있는가의 여부는 국가의 대응체계뿐만 아니라 그 공동체가 문제 및 갈등 대응을 위한 사회

저변의 지역사회 역량을 가지고 있느냐의 여부에 달려 있다. 사회적자본(social capital)은 그러한 지역사회 역량의 중요한 부분을 구성하고 있어 지역사회의 지속가능한 발전을 위해서는 사회적자본의 축적이 필요하다.

### 2) 사회적자본의 구성요소

사회적자본은 공동체 구성원들의 자발적 참여를 통해 네트워크를 공고히 하고, 호혜성의 원칙하에 공동체의 규범 준수를 유도 가능케 한다(김기현, 2011). 사회적자본의 역할은 다음과 같다.

먼저, 사회적자본은 전통적 자본의 대체 및 보완 기능을 한다. 특히 기존의 인적, 물적 자본의 축적이 약한 지역에서 정부 정책의 효과를 극대화시키기 위해 지역사회가 보유한 공식 및 비공식적인 제도를 동원하는 것을 의미한다. 이미 구축된 신뢰사회의 네트워크는 물적 자본의 효과성을 높이는데 보완적 역할을 할 수 있다. 둘째, 신뢰를 통해 거래비용의 감소를 기대할 수 있다. 사회적자본은 개인들 간의 신뢰적 상호관계를 통해 추가비용의 부담을 줄이고, 나아가 네트워크 사이에 정확하고 활발한 정보의 흐름을 가능케 하여 관계의 능률성을 높일 수 있다. 셋째, 사회적자본은 집단적 의사결정의 사회적 규범을 확립함으로써 긍정적 외부효과를 이끌어낼 수 있다. 공동체 구성원들을 통해 집단적으로 축적된 규범은 구성원들의 효과적인 정치, 경제, 사회적 협동 행위를 가능하게 한다. 다시 말해, 공동체의 이익을 구성원들이 스스로 발견하고 그 결과물을 공유한다는 의미이기도 하다. 넷째, 사회적자본은 공동체의 다양한 갈등해결에 기여한다. 사회적자본의 축적은 공동체 내 집단이기주의의 한계를 설정하고, 갈등 당사자들 간에 신뢰를 바탕으로 의사소통의 가능성을 높여준다.

따라서 사회적자본은 지역사회의 여건에 부합하는 최적의 자원배분과 의사결정을 가능케 하며 이를 통해 정의로운 사회를 실현하여 궁극적으로 주민들의 삶의 질을 높이고 공동체의 지속가능한 발전을 이끌어낼 수 있다. 이 때문에 프란시스 후쿠야마(Fukuyama)는 사회적자본은 "실제 사회적 관계 형성을 통해 사회적 협력을 증진시킬 수 있는 공유된 규범과 가치"로서, 강한 사회적자본은 강한 민주주의와 강한 경제성장을 위해 꼭 필요하고 주장하였다.

많은 학자들은 사회적자본의 공통된 구성요소로 다음의 4가지를 들고 있다. 사회적 관계에 있어 집합행동의 딜레마를 해결하는데 대체로 신뢰, 규범, 네트워크, 참여를 지적하고 있다. 신뢰란 공동체 구성원이 예견되는 위험에도 불구하고 다른 구성원이 자신의 기대 혹은 이해관계에 부합하도록 행동할 것이라는 기대이다.

규범은 공동체의 합의된 규칙이나 질서로서 이를 통해 구성원들에게 효율적인 통제와 보상이 가능하게 된다. 규범에는 법, 인권, 정치·행정제도, 규정 등을 의미하는 공식적 규범과 도덕, 윤리, 관습, 문화적 전통 등을 의미하는 비공식적 규범이 있다.

네트워크란 시민참여를 포함한 독립된 공동체 구성원이 상호 밀접한 관계를 유지하면서 정보와 지식을 교류하며 필요에 따라서 상호 관련을 맺는 조직형태를 말한다. 공동체 구성원 간의 상호작용은 네트워크의 형성을 가능케 하고 이를 통해 공동체의 유지와 사회구조의 작동이 가능하게 된다. 이는 실천적 차원에서 사회적자본 발생의 기본적 전제가 되고, 네트워크를 통해 협력적 관계의 혜택을 공유할 수 있게 된다. 특히 참여는 사회적자본의 출발점으로 개인 수준에서 출발하지만 궁극적으로 공동체라는 집합적 차원에서 평가가 이루어진다. 특히 다양한 형태의 자발적인 주민참여는 수평적 네트워크의 형성, 유지를 가능하게 하고 결과적으로 사회적자본의 다른 요소들을 공유할 수 있도록 기여한다. 따라서 공동체 문제에 주민들의 참여 정도는 사회적자본 형성의 중요한 수단이자, 평가의 주요한 기준이 된다.

# 5-3 사회적경제와 사회적자본 관련 사례

## 1. 광주광역시 정책적 접근

### 1) 사회적자본 형성과 사회적경제로 연결하는 정책적 접근

광주광역시는 1993년 'YMCA 아파트학교 프로그램'을 출발점으로 공동체를 토대로 하는 '사회적자본 형성기'와 '광주광역시 사회적기업 육성에 관한 조례' 제정 이후로 제도적으로 도약하는 단계인 '사회적경제 도약기'로 나누어 볼 수 있다.

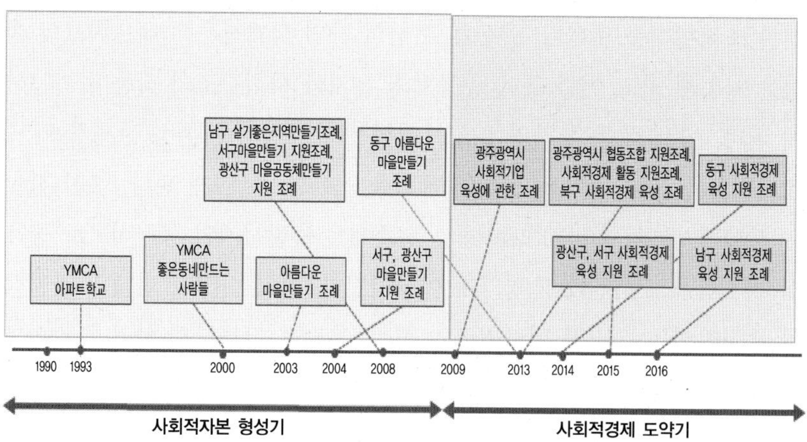


**그림 5-3-1.** 광주광역시 사회적자본 형성기, 사회적경제 도약기

### (1) 광주광역시 사회적자본의 형성

광주광역시 사회적자본의 형성은 마을만들기에서 부터 시작했다고 볼 수 있다. 마을만들기는 1960년대 도시주거운동 및 빈민운동에서 시작되어, 1970년대 새마을운동, 1980년대 주민주거지 확보차원의 철거 반대 운동 등으로 전개되어 왔으며, 1990년대에 들어 지역사회 혁신 창조적 공동체 시민운동으로 발전하였다. 나아가 마을만들기 운동에 대한 가치가 사회화되면서 2000년대부터는 행정과 전문가에 의한 '계획 수법으로서의 마을만들기'가 시작되었으며, 주민참여가 마을만들기의 중요한 문제로 대두되었다.

|  |  |
| --- | --- |
| 1960년대 | 도시주거운동, 도시빈민운동으로 시작 |
| 1970년대 | 새마을운동 |
| 1980년대 | 주민주거지 확보차원 철거반대운동 등으로 전개 |
| 1990년대 | 지역사회 혁신의 창조적 공동체 시민운동으로 발전<br>- 주민주도 주거환경개선 운동 |
| 2000년대 | 전문가에 의한 '계획수법으로서 마을만들기' 시작<br>- 행정안전부 '참살기좋은 마을가꾸기 사업' 공모사업 추진<br>- 목표: 마을만들기 운동의 지속적 확산과 추진 |

출처: 송태갑(2016).『주민참여디자인수업을 도입한 마을만들기 확성화 방안 - 정원가꾸기를 중심으로』 발표자료 참조.

**그림 5-3-2.** 마을공동체 사업 역사

광주광역시의 경우 광주 YMCA가 1993년부터 2000년 까지 추진했던 아파트학교 프로그램이 밑바탕이 되어, 2000년 1월 YMCA '좋은 동네 만드는 사람들'이라는 학습공동체를 조직하게 되었다. 이와 같은 공동체 조직을 토대로 좋은 동네시민대학이 설립되면서 2002년 지산2동을 시작으로 동별 주민교육을 시작하였다. 더불어 2003년에는 광주광역시 북구에서 전국 최초로 '아름다운 마을만들기 조례'를 제정함으로써 광주광역시 마을만들기 사업에 있어서의 체계를 구축해나갔다.

마을공동체 사업의 체계적인 시행을 위하여 2004년 3월 '광주광역시 북구 아름다운 마을 만들기 조례' 제정을 시작으로, 2008년에는 서구와 광산구에서 각각 '광주광역시 서구 마을만들기 지원 조례'와 '광주광역시 광산구 마을공동체 만들기 지원 등에 관한 조례'가 제정되었다. 또한 광주광역시 차원에서도 2010년 '광주광역시 살기좋은 마을만들기 지원조례'를 제정하였으며, 2013년에는 동구에서도 '광주광역시 동구 아름다운 마을 만들기 조례'를 제정하였다.

**표 5-3-1.** 광주광역시 마을만들기 조례제정 현황

| 연번 | 구별 | 조례제정 현황 |
|---|---|---|
| 광주광역시 살기좋은 마을만들기 지원조례 (2010.03.01. 조례 제3797호) | 동구 | 광주광역시 동구 아름다운 마을 만들기 조례(2013.02.05 조례 제 938호) |
| | 서구 | 광주광역시 서구 마을만들기 지원 조례(2008.12.31 조례 제 858호) |
| | 남구 | 광주광역시남구 살기좋은 지역 만들기에 관한 조례(2008.05.13 조례 제 508호) |
| | 북구 | 광주광역시 북구 아름다운 마을 만들기 조례(2004.03.25 조례 제 649호) |
| | 광산구 | 광주광역시 광산구 마을공동체 만들기 지원 등에 관한 조례(2008.01.08 조례 제 818호) |

자료: 광주광역시 홈페이지, 자치법규정보시스템(http://www.elis.go.kr)

중앙정부의 마을만들기 사업은 8개 부처에서 총 15개 사업이 개별적으로 추진되고 있다. 행정자치부에서는 정보화마을, 특성화사업, 희망마을사업을 진행하고 있으며, 농림축산식품부에서는 색깔있는마을만들기, 신규마을, 농촌체험휴양마을, 농촌공동체회사지원사업 등을 시행하고 있다. 또한 문화체육관광부에서는 문화도시 문화마을조성사업, 관광두레, 문전성시프로젝트를 진행하고있으며, 문화재청에서는 문화재 행복마을가꾸기사업을 진행하고 있다. 그리고 국토교통부에서는 도시활력증진지역개발사업, 환경부에서는 자연생태우수마을만들기사업, 해양수산부에서는 어촌6차산업화 바닷속체험마을, 산림청에서는 산촌생태마을사업을 진행

하고 있다. 이 가운데에는 유사사업 및 중복 지정에 대한 문제점이 제기되고 있는데, 이를 해결하기 위해 현재 행정자치부에서 「지역공동체 기본법」(안)을 마련하여 입법을 추진하고 있다.

**표 5-3-2.** 중앙부처 마을만들기 정책 현황

| 부처 | 사업명 | 내용 |
|---|---|---|
| 행정자치부 | 정보화마을 | 정보화마을프로그램관리자 운용 지원을 통해 소득창출, 운영활성화도모, 자립 운영 조기 유도, 지역청년 여성일자리 창출 |
| | 특성화사업 | 잠재력 있는 지역자원을 활용하여 지역을 특화 발전시키고자 하는 사업, 평화생태마을조성사업, 찾아가고 싶은 섬 사업 등 |
| | 희망마을 | 공동이용시설이 열악한 지역에 복합활용 공간 조성으로 사회·문화적 생활 여건 개선 |
| 농림축산 식품부 | 색깔 있는 마을만들기 | 농어촌마을이 지닌 유무형의 자원을 활용하여 소득창출 기회 및 정주환경 개선 |
| | 신규(전원)마을 | 농어촌 지역에 쾌적한 주거 공간 조성을 통한 도시민 농어촌유입 촉진 및 농어촌 지역활성화 |
| | 농촌체험휴양마을 | 주민참여를 통해 마을주민 공동사업으로 농어촌체험휴양마을을 조성 |
| | 농촌공동체회사 지원사업 | 농촌지역주민이 주도하는 농촌공동체회사 사업을 지원해 농가소득증대 및 일자리 창출 유도 |
| 문화체육 관광부 | 문화도시·문화마을 조성사업 | 지역의 문화자원을 활용하고, 주민 참여형 문화프로그램을 개발하여 지역문화 활성화 및 문화격차 해소 |
| | 관광두레 | 숙박, 음식 등 관광사업 경영을 통한 일자리창출 및 소득창출 도모 |
| | 문전성시프로젝트 | 전통시장을 지역의 문화공간 및 관광지로의 발전 도모 |
| 문화재청 | 문화재 행복마을가꾸기 | 방치된 문화재와 침체된 지역을 함께 치유 개선하여 매력적 역사문화 공간으로 재창출 |
| 국토교통부 | 도시활력증진 지역개발사업 | 쇠퇴한 시가지의 활성화와 주거환경개선, 도시 기반시설 확충을 목표로 함 |
| 환경부 | 자연생태 우수마을만들기 | 지역주민의 자연환경보전 의식 함양, 자연자산을 자율적으로 보전 및 관리하는 것을 목표로 함 |
| 해양수산부 | 어촌6차산업화 바닷속체험마을 | 시범사업: 어촌지역의 유무형자원을 활용하여 주민주도 특화사업 및 신성장산업 창출 |
| 산림청 | 산촌생태마을 | 산촌지역의 풍부한 산림자원을 활용해 농외소득 증대 및 고용창출, 환경개선 등을 도모함 |

자료: 송태갑(2016), 『주민참여디자인수업을 도입한 마을만들기 확성화 방안 – 정원가꾸기를 중심으로』 참조.

광주광역시 마을만들기 관련 담당부서와 업무 현황은 광주시 참여혁신단을 중심으로 마을공동체 관련 사업을 공동 공모 평가하는 플랫폼 기능을 담당하고 있으며, 자치구별로 마을공동체 사업 중간지원조직 설립을 통해 사업을 추진하고 있다.

**표 5-3-3.** 광주광역시 마을만들기 관련부서 및 업무 현황

| 구분 | 부서명 | 팀명 | 업무내용 |
|---|---|---|---|
| 광주광역시 | 참여혁신단 | 마을만들기정책팀 | - 마을정책플랫폼, 마을교육, 마을커뮤니티공간 조성<br>- 마을공동체사업지원(자치구), 마을빅림회 개최, 마을학교<br>- 마을코디네이터, 청년활동가, 희망마을, 민관워크숍 등<br>- 마을공동체사업 공동공모 및 평가 |
| 동구 | 행정지원과 | 마을만들기팀 | - 마을만들기 전반 |
| | 도시재생지원센터 | | - 도시재생사업지원 |
| 서구 | 주민자치과 | 마을만들기팀 | - 마을만들기 시공모사업(교육공동체, 커뮤니티, 마을모델), 희망마을, 마을시책<br>- 아파트공동체활성화, 청년활동가, 코디 등 |
| | 마을공동체지원센터 | | - 마을공동체종합지원 |
| 남구 | 지역경제순환과 | 순환센터지원팀 | - 마을만들기 외부공모사업<br>- 마을코디네이터, 청년활동가, 자치구자유공모 마을만들기사업 |
| | 마을공동체협력센터 | | - 마을공동체협력지원 |
| | 교육지원과 | 교육지원팀 | - 마을교육공동체 |
| 북구 | 인권정책추진단 | 교육지원팀 | - 마을교육공동체 |
| | 주민자치과 | 마을만들기팀 | - 마을만들기 공모, 평가<br>- 마을만들기지원센터 지원 |
| | 마을만들기지원센터 | | - 마을만들기 정책 지원<br>- 마을만들기 뉴스레터 발행 |
| 광산구 | 주민자치과 | 마을공동체지원팀 | - 마을업무전반, 희망마을, 마을코디네이터, 청년활동가 |
| | 인재육성과 | 인재육성팀 | - 마을교육공동체 |
| | 공익활동지원센터 | | - 마을업무지원 |
| 교육청 | 혁신교육과 | 혁신지원팀 | - 마을교육 |

자료: 송태갑(2016), 『주민참여디자인수업을 도입한 마을만들기 확성화 방안 - 정원가꾸기를 중심으로』 참조.

### (2) 광주광역시 사회적경제로의 도약

광주광역시 사회적경제는 2009년 11월 '광주광역시 사회적기업 육성에 관한 조례'가 제정되면서 본격적으로 시작되었다. 2009년 전라남도, 전라북도, 제주를 포함한 호남권 사회적기업 중간지원조직의 허브 역할을 광주가 담당하면서 사회적경제의 기반이 되었다. 또한 이를 바탕으로 2010년 광주권역사회적기업협의회가 조직되었다. 나아가 2010년 3월에는 '살기좋은 마을만들기 지원조례'를 제정하여, 기존의 마을공동체 운동과 주민자치활동을 강화시키는 계기를 형성하였다.

**표 5-3-4.** 광주광역시 사회적경제 정책 추진 경과

| 제정 날짜 | 내용 |
|---|---|
| 2009-11-16 (조례 제 3753호) | 광주광역시 사회적기업 육성에 관한 조례 |
| 2010-03-01 (조례 제 3797호) | 광주광역시 살기좋은 마을만들기 지원조례 |
| 2013-04-01 (조례 제 4236호) | 광주광역시 협동조합 지원조례 |
| 2013-08-01 (조례 제 4281호) | 광주광역시 사회적경제활동 지원 조례 |

자료: 광주광역시 홈페이지, 자치법규정보시스템(http://www.elis.go.kr)

**표 5-3-5.** 광주광역시 자치구별 사회적경제 정책 추진 경과

<table>
<tr><th>구분</th><th>구별</th><th>내용</th></tr>
<tr><td rowspan="6">광주광역시 사회적경제활동 지원 조례(2013-11-15 조례 제4281호)</td><td>동구</td><td>광주광역시 동구 사회적경제 육성지원에 관한 조례<br>(2014-11-20 조례 제1017호)</td></tr>
<tr><td rowspan="2">서구</td><td>광주광역시 서구 사회적경제 육성지원에 관한 조례<br>(2015-06-09 조례 제1169호)</td></tr>
<tr><td>광주광역시 서구 사회적경제제품 구매촉진 및 판로지원에 관한 조례(2016-11-01 조례 제1279호)</td></tr>
<tr><td>남구</td><td>광주광역시 남구 사회적경제 육성지원에 관한 조례<br>(2016-03-30 조례 제913호)</td></tr>
<tr><td>북구</td><td>광주광역시 북구 사회적경제 육성지원에 관한 조례<br>(2013-12-24 조례 제1091호)</td></tr>
<tr><td>광산구</td><td>광주광역시 광산구 사회적경제 육성지원에 관한 조례<br>(2015-10-29 조례 제1218호)</td></tr>
</table>

자료: 광주광역시 홈페이지, 자치법규정보시스템(http://www.elis.go.kr) 참조

## 2) 광주광역시 사회적자본 형성 및 사회적경제 현황

### (1) 광주광역시 사회적자본 형성 현황

한국행정연구원(2012)은 지자체의 공무원을 상대로 2012년 6월 18일에서 7월 6일까지 온라인 설문조사를 실시한 결과 광주·전라지역의 사회적자본 경쟁력은 전국평균에 비교해 보면 규범(4.29), 신뢰(3.97), 연결망(3.53)으로 나타나 전국평균 '규범'(4.24), '신뢰'(3.79), '연결망'(3.52) 으로 전국 평균이상으로 나타났다.

전국평균과 유사하게 사회적자본의 신뢰측면에서는 일반적 신뢰(4.23)가 제도적 신뢰(3.72)보다 높았다. 또한 규범측면에서 시민의식(4.32)가 소속감(4.26)보다 높았다 연결망측면에서 네트워크(3.57)가 파트너십(3.5)보다 높은 것으로 나타났다.

**표 5-3-6.** 사회적자본 경쟁력 지표의 권역간 비교

| 지역 | 신뢰 | | | 규범 | | | 연결망 | | |
|---|---|---|---|---|---|---|---|---|---|
| | | 일반적 신뢰 | 제도적 신뢰 | | 시민 의식 | 소속감 | | 네트 워크 | 파트너 십 |
| 서울 | 3.70 | 3.82 | 3.58 | 4.22 | 4.24 | 4.21 | 3.56 | 3.33 | 3.78 |
| 인천/경기 | 3.85 | 4.08 | 3.63 | 4.23 | 4.27 | 4.18 | 3.52 | 3.44 | 3.59 |
| 부산/울산/경남 | 3.75 | 3.95 | 3.55 | 4.4 | 4.53 | 4.28 | 3.58 | 3.41 | 3.76 |
| 대구/경북 | 3.58 | 3.7 | 3.47 | 4.01 | 4.08 | 3.94 | 3.44 | 3.41 | 3.48 |
| 광주/전라 | 3.97 | 4.23 | 3.72 | 4.29 | 4.32 | 4.26 | 3.53 | 3.57 | 3.5 |
| 대전/충청 | 3.88 | 4.09 | 3.68 | 4.31 | 4.44 | 4.18 | 3.51 | 3.37 | 3.65 |
| 강원 | 3.48 | 3.61 | 3.34 | 4.19 | 4.32 | 4.06 | 3.42 | 3.19 | 3 |
| 평균 | 3.79 | 3.98 | 3.61 | 4.24 | 4.31 | 4.18 | 3.52 | 3.42 | 3.63 |

출처: 류현숙·정지범(2012), 『지자체 사회적자본 측정지수 개발 및 사회적자본 확충 방안에 관한 연구』

특히 광주의 사회적자본 경쟁력에 대해서 2016년 4월 광주 시민을 대상으로 한 '광주시 사회적자본과 주민의식 조사' 분석 결과에 따르면 사회계층 사이에 사회적자본의 불평등 소유구조가 존재하고 있음이 밝혀졌다(차재권·류태권 외, 2017). 사회적자본의 기본적 구성요소를 연결망(네트워크), 신뢰, 규범(호혜성)으로 파악하고, 성별, 연령별, 경제수준별 사회집단간 차이에 대해 분석한 결과 고학력층과 경제적 상층은 동일한 유형의 사회적자본을 공유하고 있어 복합적인 불평등 소유구조가 존재할 개연성이 있다고 보았다.

**표 5-3-7.** 사회적자본 유형별 최상위 소유 집단

| | | 성별 | | 연령 | | | 교육수준 | | | 경제수준 | | |
|---|---|---|---|---|---|---|---|---|---|---|---|---|
| | | 남 | 여 | 청년 | 중년 | 노년 | 저층 | 중층 | 고층 | 하층 | 중층 | 상층 |
| 연결망 | 강한네트워크 | | | | 0 | | | | | | | 0 |
| | 약한네트워크 | 0 | | 0 | 0 | | | | 0 | | | 0 |
| | 도구단체 | 0 | | | | | | | 0 | | | 0 |
| | 표출단체 | | | | 0 | 0 | | 0 | 0 | | 0 | 0 |
| | 연고단체 | 0 | | | 0 | 0 | | | | | | |
| 규범 | 도덕의식 | | | | | | | | | | | |
| | 도움활동 | | | 0 | 0 | | | 0 | 0 | | | 0 |
| | 공공정신 | | | | | | 0 | | | | | |
| | 관용성 | | | 0 | | | | | 0 | | | 0 |
| 신뢰 | 특수신뢰 | | | | | | | | | | | |
| | 일반신뢰 | | | | | | | | | | 0 | |
| | 지역공공기관신뢰 | | | | | 0 | | | | 0 | 0 | |
| 합계 | | 3 | 0 | 3 | 5 | 3 | 2 | 2 | 5 | 1 | 3 | 6 |

출처: 차재권, 류태건(2017), 『광주광역시 사회자본의 사회집단 간 차이』

### (2) 광주광역시 사회적경제 현황

광주광역시 사회적경제 기업은 총 887개소(중복포함)임, 인증사회적기업 90개소, 예비사회적기업 47개소, 일반협동조합 619개소, 사회적협동조합 17개소, 일반협동조합연합회 4개소, 마을기업 52개소(동구 11개, 서구 5개, 남구 12개, 북구 14개, 광산구 10개), 자활기업 58개소로 파악된다.

**표 5-3-8.** 광주지역 사회적경제 기업 현황

| 구분 | | 기업 수 | 기업 수(%) |
|---|---|---|---|
| 사회적기업 | 예비사회적기업 | 47 | 137(15.4) |
| | 인증사회적기업 | 90 | |
| 마을기업 | | 52 | 52(5.9) |
| 협동조합 | 일반협동조합 | 619 | 640(72.2) |
| | 사회적협동조합 | 17 | |
| | 일반협동조합연합회 | 4 | |
| 자활기업 | | 58 | 58(6.5) |
| 전체 | | 887 | 887(100.0) |

출처: 광주사회적경제지원센터(2016), 『광주권역 사회적경제 기업 DB분석』 참조.

사회적경제 기업을 업종별로 살펴보면 제조업이 78개(20.3%)로 가장 많고, 그 다음으로는 교육서비스업이 67개(17.4%), 도매 및 소매업 56개(14.5%), 예술·스포츠 및 여가관련 서비스업 41개(10.6%), 사업시설관리 및 사업지원서비스업 28개(7.3%), 숙박 및 음식점업 22개(5.7%), 전문·과학 및 기술서비스업 17개(4.4%), 보건업 및 사회복지서비스업 17개(4.4%), 건설업 15개(3.9%), 출판·영상·방송통신 및 정보서비스업 13개(3.4%), 농업·임업·어업 및 광업은 13개(3.4%), 운수업 9개(2.3%), 하수·폐기물처리·원료재생 7개(1.8%), 전기·가스·수도 1개(0.3%), 부동산업 및 임대업 1개(0.3%) 순으로 나타났다.

**표 5-3-9.** 광주광역시 전체 사업체 VS 사회적경제 기업(업종별 분류)

| 구 분 | 광주광역시 전체 | | 광주 사회적경제 기업 | |
|---|---|---|---|---|
| | 빈도(개소) | 비율(%) | 빈도(개소) | 비율(%) |
| 농업, 임업, 어업 및 광업 | 33 | 0.0 | 13 | 3.4 |
| 제조업 | 8,278 | 8.6 | 78 | 20.3 |
| 전기, 가스, 수도 | 57 | 0.1 | 1 | 0.3 |
| 하수, 폐기물처리, 원료재생 | 170 | 0.2 | 7 | 1.8 |
| 건설업 | 4,688 | 4.9 | 15 | 3.9 |
| 도매 및 소매업 | 30,752 | 32.0 | 56 | 14.5 |
| 운수업 | 9,727 | 10.1 | 9 | 2.3 |
| 숙박 및 음식점업 | 18,349 | 19.1 | 22 | 5.7 |
| 출판, 영상, 방송통신 및 정보서비스업 | 811 | 0.8 | 13 | 3.4 |
| 부동산업 및 임대업 | 4,048 | 4.2 | 1 | 0.3 |
| 전문, 과학 및 기술서비스업 | 2,764 | 2.9 | 17 | 4.4 |
| 사업시설관리 및 사업지원서비스업 | 1,679 | 1.7 | 28 | 7.3 |
| 교육서비스업 | 6,757 | 7.0 | 67 | 17.4 |
| 보건업 및 사회복지서비스업 | 4,285 | 4.5 | 17 | 4.4 |
| 예술, 스포츠 및 여가관련 서비스업 | 3,705 | 3.9 | 41 | 10.6 |
| 합계 | 96,103 | 100.0 | 385 | 100.0 |

출처: 광주사회적경제지원센터(2016), 『광주권역 사회적경제 기업 DB분석』 참조.

법인형태를 살펴보면, 협동조합 190개(49.4%)로 가장 많고, 그 다음으로 기타(유한회사 등) 95개(24.7%), 주식회사 67개(17.4%), 사단법인 20개(5.2%), 영농조합 7개(1.8%), 비영리민간단체 5개(1.3%), 임의단체 1개(0.3%)이다.

**표 5-3-10.** 사회적경제 기업의 법인형태

| 구분 | 주식회사 | 사단법인 | 영농조합 | 협동조합 | 비영리 민간단체 | 임의단체 | 기타 (유한회사 등) | 합 계 |
|---|---|---|---|---|---|---|---|---|
| 빈도 | 67 | 20 | 7 | 190 | 5 | 1 | 95 | 385 |
| 비율(%) | 17.4 | 5.2 | 1.8 | 49.4 | 1.3 | 0.3 | 24.7 | 100.0 |

주: 자활기업은 조사 시 법인형태가 기재 되지 않아 기타로 분류함.
출처: 광주사회적경제지원센터(2016), 『광주권역 사회적경제 기업 DB분석』 참조.

## 2. 마을공동체를 통한 사회적자본의 강화 및 사회적경제로의 발전 사례

### 1) 광주광역시 마을공동체와 사회적경제 발전 사례

우리나라에서는 최근 사회 양극화, 주민 갈등 심화 등 사회적 문제가 대두되면서 이를 해결하기 위한 방안으로 지역공동체 가치를 재인식하게 되었다. 마을공동체는 도시정책을 추진하는 과정에서 최근 전 세계적인 공통 관심 사안으로 그 중요성이 점차 증대되었다.

특히 광주광역시 일곡마을과 운남·월곡마을은 마을공동체를 중심으로 사회적자본을 형성하고, 사회적경제로 발전한 대표사례로 사회적자본 지표별 현황에 대한 진단을 통해 시사점을 도출해보고자 하였다.

#### (1) 광주광역시 북구 일곡마을 : 시민자생적 사회적경제 발전

광주광역시 북구 일곡마을은 1992년 택지 지구로 선택되어 개발이 이루어진 곳으로, 주로 20평대의 아파트가 대다수를 이루고 있는 곳이다. 주변에 자연 경관 및 교육 시설 등이 잘 갖춰져 있어 젊은 세대의 거주 비율이 높은 편이며, 특히 교육에 관심이 많은 학부모들의 거주율이 높다.

개구리 논을 지켜내고자 형성했던 일곡마을 공동체는 인권마을 사업과의 연계 및 다양한 마을활동을 토대로 '신뢰'관계를 형성해 나가고 있다. 특히 30대 젊은 엄마들은 육아 등 공통 관심사를 공유하는 과정을 통해 '신뢰'라는 사회적자본이 축적되었다.

일곡마을의 '네트워크'는 '한새봉논두레'와 '삶을가꾸는일곡주민모임'이라는 두 조직을 중심으로 하고 있다. '한새봉논두레'는 한새봉 개구리논에서 공동으로 벼농사를 짓고 있는 주민들의 커뮤니티이다. 이는 2008년 개구리 논을 지켜내고자 광주전남 녹색연합, 일곡동 한새봉숲사랑이,

틔움복지재단, 한살림광주생활협동조합 등 시민단체들과 일곡동 주민들이 모여 만든 조직으로 시민단체 활동가, 생협 조합원, 단체 회원 등 다양한 '네트워크'를 구축해 나갈 수 있는 중심축이 되었다. 특히 위 네트워크에 있어서 시민단체 활동가 비중이 높다는 점이 특징이다.

일곡마을은 의도적으로 행정기관과 연대하여 마을만들기 사업을 진행하지 않았다. 시민활동가 등 공동체 사업 참여의 경험이 많은 구성원들이 많은 이유로 독립적인 사업을 진행할 수 있었으며, 한 살림, 아이쿱생협, 에코맘 마을기업 등 다양한 사회적경제 조직 및 주민조직들이 참여하고 있다. 다양한 마을활동과 네트워크 경험은 '참여'라는 사회적자본을 축적함에 있어서의 밑바탕이 된 것이다.

또한 일곡마을은 시민단체 활동가 중심의 '삶을가꾸는일곡주민모임'이라는 주민조직 구성을 통해 마을공동체 사업을 스스로 기획, 진행, 평가, 공유하였고, 동네 자치 '규범'을 확립할 수 있었다. 나아가 이러한 마을공동체들은 사회적자본 축적을 통해 한살림, 아이쿱생협, 한새봉논두레 및 에코맘 마을기업과 같은 사회적경제 조직으로 발전하였다.

출처: http://www.hani.co.kr/arti/society/area/847440.html

**그림 5-3-3.** 광주광역시 일곡마을

### (2) 광주광역시 운남·월곡마을 : 행정 연계 사회적경제 발전

운남·월곡마을은 1993년 택지 개발 이후 아파트 단지가 대규모로 건축되면서 인구가 밀집되기 시작한 지역으로, 비교적 젊은 층의 비율이 높은 지역이다. 특히 이 지역은 산업 단지가 근처에 입지하고 있어 구별 외국인의 거주 비율이 가장 높다.

상대적으로 거주비율이 높은 젊은층이 아닌 이 지역에서 오랜 기간 거주해온 고령자를 중심으로 '신뢰' 관계를 형성하고 있다는 점이 특징이다. 고령자 중심 마을공동체 활동은 광산구 '지역복지사협의체' 및 '더불어樂 노인복지관'을 중심으로 마을공동체 사업을 진행하였다. 사회복지사 및 요양보호사를 중심으로 노인 구성원들과 함께 인권교육 및 프로그램을 진행하였다.

사회복지사 및 요양보호사를 중심으로 노인 구성원들과 함께 인권교육 및 프로그램 진행하는 과정을 통해 다양한 내·외부 '네트워크'를 형성하였으며, 나아가 작은도서관 및 마을카페 활동을 통해 지역주민들의 대면네트워크를 구축하였다.

운남·월곡마을의 특징은 행정기관의 적극적 협조와 도움을 받고 있다는 점이었다. 참여적 측면에서의 특히 주민센터가 통장단과 자치위원 등을 연결하여 주민들이 프로그램에 참여할 수 있도록 도움을 주었으며, 그 외에도 복지시설 종사자들 역시 함께 참여할 수 있는 구조를 형성하였다. 또한 복지관 소속 노인과 학부모회 등과의 연결을 통해 다양한 구성원들이 참여하는 연결고리를 구축하였다.

또한 운남·월곡마을은 인권지기단 조직을 통해 사업의 진행 사항을 공유, 홍보, 참여 유도 등의 '규범'을 확립하였다. 결과적으로 이러한 사회적 자본 형성을 통해 '더불어樂 두부마을협동조합'이라는 사회적경제 조직으로 발전할 수 있었다.

출처: http://blog.daum.net/pj21/195

**그림 5-3-4.** 더불어락 협동조합

**표 5-3-11.** 광주광역시 마을공동체와 사회적경제 발전 사례

<table>
<tr><th colspan="3">구분</th><th>운남·월곡마을</th><th>일곡마을</th></tr>
<tr><td rowspan="6">사회적 자본</td><td colspan="2">신뢰</td><td>- 고령자를 중심으로 하는 신뢰 관계 형성, 작은도서관 및 마을카페 활동을 통한 신뢰 구축</td><td>- 다양한 마을공동체 사업을 통해 신뢰 형성<br>- 30대 젊은 엄마들 중심, 육아 등에 대한 공통관심사 공유를 통한 신뢰 관계 구축</td></tr>
<tr><td colspan="2">네트워크</td><td>- 복지관 종사자, 노인, 시민단체 활동가, 자원봉사자 등 네트워크 구축</td><td>- 시민단체 활동가, 생협 조합원, 단체회원등 네트워크 구축</td></tr>
<tr><td rowspan="2">참여</td><td>행정</td><td>- 주민센터가 복지관과 통반장 조직과 연결 및 홍보</td><td>- 의도적으로 행정기관과 연대하여 진행하지는 않았음</td></tr>
<tr><td>주민 조직</td><td>- 인근 사회복지단체 종사자들 프로그램 참여<br>- 복지관 소속 노인, 학부모회 등과의 연결을 통한 참여</td><td>- 한살림, 아이쿱 생협에서 홍보 및 참여, 에코맘 마을기업 등에서 참여, 생협조합원, 단체회원 등이 참여</td></tr>
<tr><td colspan="2">규범</td><td>- 인권지기단 조직을 통한 사업 진행 사항 공유, 홍보 및 참여 유도 등의 규범 확립</td><td>- 삶을 가꾸는 일곡주민모임이라는 시민단체 활동가 중심 주민조직 구성을 통해 사업을 기획, 진행, 평가, 공유 등의 규범 확립</td></tr>
<tr><td colspan="3">사회적경제 조직</td><td>- 더불어樂 두부마을협동조합</td><td>- 한살림, 아이쿱생협, 한새봉 논두레, 에코맘 마을기업</td></tr>
</table>

출처: 유미현(2017), 『사회적경제의 사회적자본이 협력적거버넌스에 미치는 영향에 관한 연구』 참조.

### 2) 해외 마을공동체와 사회적경제 발전 사례

일본 나가하마와 런던 코인스트리트 지구는 지역의 각각의 문제에 대응하기 위해 형성된 마을공동체를 토대로 사회적경제로의 발전을 도모한 사례이다.

먼저 나가하마시는 지역 쇠퇴 극복을 위해 구로카베라는 지역자산을 연계하여 유리공예라는 새로운 컨셉을 접목시켰다. 지역자산과 마을공동체를 연계하여 사회적경제 비즈니스 모델을 만들어낸 사례이다. 또한 코인스트리트 지역은 마을공동체의 기업가적 발전을 통해 지역재생 및 주민복지를 실현한 사례이다.

#### (1) 일본 나가하마, 지역자산과 마을공동체 연계 사회적경제 비즈니스 모델

나가하마시는 인구가 12만명 정도의 중소도시이며 1573년 도요토미 히데요시가 나가하마성을 축조하면서 도시가 본격적으로 형성되기 시작하였다. 1960년대까지는 중심가에 700여개의 상점이 밀집한 번화한 도시였으나, 20세기 이후 교외지역의 성장으로 인해 구도심은 빠르게 쇠락하였다. 특히 1970년대 후반 대형마트 점포개설 반대운동을 시작으로 마을공동체를 중심으로 하는 나가하마 지역의 고민이 시작되었다.

나가하마에서 마을공동체는 1983년 나가하마 성의 재건 사업을 위해 형성되어진 '나가하마 21세기 시민회의'를 시작으로 볼 수 있다. 공동체의 정체성을 상징하는 나가하마 성 재선은 기금형성(4억 3천만 엔)을 통해 실현 될 수 있었으며, 이는 주민들의 자발적인 '참여' 가 있었기에 가능한 과정들이었다. '나가하마 출세축제'가 개최되면서 지역 내부 교류와 공동체성이 형성되었다. 이러한 공동체 활동은 상점가의 작은광장 및 문화공간을 조성하는 '포켓파크'사업으로 확장되었다.

나가하마 마을공동체 활동은 1988년 메이지시대의 공동체 역사자산인 구로카베 은행건물을 지켜나감에 있어 큰 힘을 발휘했다. 구로카베(주)라는 주민공동체 중심 사회적기업의 설립을 통해 건물을 매입하였다. 이후 구로카베 건물 활용방향 역시 주민협의를 통해 도출하였으며, 유리공예라는 공동의견을 컨셉으로 지역문화를 형성해나갔다. 관광객들의 방문 빈도수가 높아짐에 따라 구로카베(주)는 주변에 쇠퇴한 상점가들을 매입하여 공방, 유리공예레스토랑 및 갤러리, 카페 등을 설립하였다.

구로카베 글래스관을 시작으로 2,400평 정도의 구로카베스퀘어가 형성되었다. 이에 있어 관광객보다는 마을공동체의 복리증진으로 사업을 확장하였다는 점이 특징이며, 대표인 사업으로는 고령자 일자리 창출 사례인 반찬공방, 야채공방, 플레티나 프라자(Platina Plaza)를 예로 들 수 있다. 이는 빈점포를 활용하여 협동조합형식으로 경영하는 사례로 고령자에게 일자리 기회를 제공하고, 마을공동체의 주체로 성장하게 하는 효과를 보였다.

나가하마 마을공동체 활동은 초창기 주민조직 기반을 토대로 한 사회적경제 조직 상권 활성화라고 볼 수 있을 것이다. 나가하마 주민 공동체가 구로카베㈜ 사회적기업으로 발전할 수 있었던 것은 사회적자본의 축적이 있었기 때문이었으며, 이는 나가하마 마을공동체의 동력으로 작용했다.

출처: http://cafe.naver.com/jtrentcar/42654

**그림 5-3-5.** 나가하마 마을공동체와 사회적경제 발전 사례

**표 5-3-12.** 일본 나가하마 마을공동체와 사회적경제 발전 사례

| 시기 | 주요전략 | 실행 | 사회자본 형성, 주민참여 |
|---|---|---|---|
| 태동 | 박물관도시구상<br>나가하마성 재건 | 도시상권 쇠퇴 위기 대응<br>마을만들기 목표설정 | 시민네트워크 형성, 시민기부 참여형성 시민기부로 나가하마성 재건 |
| 정비 | 경관조성, 가로정비 사업 | 환경기반조성(포켓파크 등) | 행정네트워크 형성 행정지원으로 자발적 경관조성 참여 |
| 실천 | 구로카베(주) 설립<br>-사회적경제 조직 | 주민경제조직 중심<br>유리공예컨셉 마을계획 실행 | 주민출자 - 적극적 주민참여 형성<br>구루카베 설립 주민출자(70%) |
| 안정 | 축제 및 경관정비<br>마을만들기사무소 설립 | 상점가 활성화<br>다양한 지역축제 부활 | 전시민의 적극적 참여 도모 - 축제<br>구로카베 임원 무보수 봉사 - 호혜성 형성 |
| 확장 | 플레티나 프라자<br>(Platina Plaza)형성 | 주민 삶과 직접적으로 연관 있는 부분으로 확대 | 주민을 위한 공방 찻집 운영 참여 - 네트워크 구축, 자생적 운영 체계 구축<br>일자리 및 도시재생 체계 구축 |

출처: 전지훈 외(2015), 『지역의 공동체활동과 문화 및 지역발전과의 관계에 대한 연구: 코인스트리트, 나가하마, 삼덕동의 사례를 중심으로』 참조.

### (2) 런던 코인스트리트, 마을공동체의 기업가적 발전을 통한 지역재생

런던의 코인스트리트(coin street)는 런던 템즈강 남단 사우스웍 자치구(Southwark Borough)지역에 위치한 지역이다. 한때 산업혁명으로 번성하였지만 1970년대 이후 제조업 및 물류기능의 쇠퇴로 공동화된 지역이다. 공동화된 지역을 대상으로 민간개발업자가 빌딩과 호텔개발을 진행하려 하였으나, 사우스뱅크 일대에 거주하던 다양한 활동그룹들은 코인스트리트지구 개발 반대운동을 전개하였다. 코인스트레트 지구의 마을공동체 활동의 과정들을 통해 다양한 활동그룹들은 '네트워크', '참여', '신뢰', '규범'과 같은 사회적자본을 형성했다.

코인스트리트 마을공동체는 1977년 코인스트리트 액션그룹을 결성하였으며, 코인스트리트 지역공동체(CSCB: Coin Street Community Builders)를 결성했다. 당시 대런던위원회(GLC)는 민간기업이 매각한 토지를 구입한 후 코인스트리트 지역공동체(CSCB)에 낮은 가격에 매각하였으며, 이 토지는 공동체 조직중심의 지역개발을 가능하게 하는 원동력이 되었다.

코인스트리트는 지역성을 기반으로 지역 거주민 중심으로 구성된 코인스트리트 지역공동체(CSCB) 조직은 사회적기업으로의 발전을 통해 공동체 자산과의 연계 사업인 협동조합주택 사업을 실시하였다.[3] 코인스트리트 협동조합주택은 구성원간 연대성과 상호교류를 강조하고 있다. 협동조합주택의 입주자는 주택협동조합의 교육이수 후 관리위원회의 승인을 받아 입주할 수 있으며, 입주자는 조합원이 되어 협동조합주택에 대한 권리와 의무를 지니게 된다. 협동조합주택은 입주자의 민주성과 자발성, 지역정체성의 강조를 통해 코인스트리트 지역 공동체성을 형성하고 있다. 코인스트리트 지역공동체(CSCB)는 사회적기업의 형태로 협동조합주택 사업을 실시하고 있는데, 이에 있어 사업이익을 지역사회로 환원하는 과정을 통해 지역사회와의 신뢰관계를 강화하고 있다.

1990년대 후반 이후, 코인스트리트 지역공동체(CSCB)는 주변의 대규모 개발사업에 대응하고자 사업 범위를 확대하였다. 템즈강의 강변산책로, 공원들과 함께 갤러리, 카페, 바, 숍 등 문화소비시설이 집적한 매력적인 지역으로 바꾸어나가기 위한 전략적 목표를 설정하였다. 이러한 전략은 지역 문화자원을 활용하고 예술성을 추구함으로써 지역민에게 문화향유 기회를 제공하고, 주민의 삶의 질 향상과 공동체 공간의 지역문화 가치 및 매력의 상승 목적에 기인한 것이다.

---

3) 코인스트리트 주택협동조합 : www.coinstreet.org

또한 코인스트리트 지역공동체(CSCB)는 쇠락한 공장부지였던 버니 스페인 가든(Bernie Spain Garden)을 디자이너들의 공방, 레스토랑, 카페 등의 문화공간으로 재생하였다. 또한 템즈강 연안을 재생함으로써 마을공동체의 일자리와 수익성을 가져다주었다.

이렇게 지역의 민간재개발에 맞서 형성된 마을공동체 형성과 사회적경제 발전은 주민 중심 내발적지역발전의 토대가 되었으며, 코인스트리트 지역문화를 형성하는 계기가 되었다. 즉 마을공동체를 중심으로 한 지역공동체 자산의 문화적 활용 및 주민 삶의 질 향상의 저변에는 사회적기업인 코인스트리트 지역공동체(CSCB)가 있음을 알 수 있었다.

**표 5-3-13.** 코인스트리트 마을공동체와 사회적경제 발전 사례

| 시기 | 주요전략 | 실행 | 사회자본 형성, 주민참여 |
|---|---|---|---|
| 태동 | 코인스트리트 초고층 빌딩건설 반대운동 | 코인스트리트 지구의 다양한 활동그룹을 집결하여 반대 운동을 전개 | -코인스트리트 다양한 활동그룹 집결<br>-코인스트리트 액션그룹을 결성 |
| 실천 | 주민중심 코인스트리트 재생사업 및 지역 발전사업 실시 | -공공주택사업<br>-지역발전사업 실시 | -코인스트리트 지역공동체(CSCB: Coin Street Community Builders) 사회적기업 공공주택사업 추진 : 마을공동체 네트워크 연계 |
| 안정 | 지역공동체의 자산을 활용한 지역문화공간 형성 | -버니 스페인 가든<br>-디자이너들의 공방, 레스토랑, 카페 등<br>-코인스트리트 페스티벌, 템즈 페스티벌 | -지역 문화자원을 활용 및 예술성 추구 지역민 문화 향유 기회제공, 삶의 질 향상 제고<br>-마을공동체의 일자리와 수익성 |
| 확장 | 독자적인 재원 확대와 지역공동체 투자의 선순환 발전 | -주택협동조합투자금, 은행대출, 잉글리쉬 파트너쉽과 주택법인지원금 | -시민자산화 및 공유공간 제공<br>-지역공동체 참여를 통한 재원 확보 |

출처: http://www.culturalaction.org/culturebbang/?p=432

**그림 5-3-6.** 코인스트리트 마을공동체와 사회적경제 발전 사례

**표 5-3-14.** 해외 마을공동체와 사회적경제 발전 사례

| 구분 | | 나가하마 | 코인스트리트 |
|---|---|---|---|
| 사회적 자본 | 신뢰 | -나가하마성 재건에서 플레티나 프라자에 이르기까지 오랜기간 주민 활동에서 형성된 신뢰 | -코인스트리트 초고층빌딩건설 반대운동의 추진 과정을 통한 '신뢰' 관계 구축 |
| | 네트워크 | -도시공동화에 맞서 시민 네트워크 형성, '나가하마 21세기 시민회의' | -코인스트리트 초고층빌딩건설 반대 코인스트리트 다양한 활동그룹 집결<br>-코인스트리트 액션그룹을 결성<br>-코인스트리트 지역공동체(CSCB) 네트워크 |
| | 참여 | -주민들의 자발적인 '참여'를 통한 나가하마 성 재선은 기금형성(4억 3천만 엔) | -버니 스페인 가든(Bernie Spain Garden), 디자이너들의 공방, 레스토랑, 카페 등의 운영주체로서의 '참여' 확대<br>-코인스트리트 페스티벌, 템즈 페스티벌의 참여 주체<br>-시민자산화 및 공유공간 확보를 위한 주택협동조합 투자금 지역공동체 참여를 통한 재원 확보 |
| | 규범 | -자생적 운영 체계 구축 일 | -인스트리트 지역공동체 조합원으로서의 권리와 의무 속에서의 활동 규범 |
| 사회적경제 조직 | | -구로카베(주) | -코인스트리트 지역공동체(CSCB) 사회적기업 |

## 5-4 결론

우리나라에서는 최근 사회 양극화, 주민 갈등 심화 등 사회적 문제가 대두되면서 이를 해결하기 위한 방안으로 지역공동체 가치를 재인식하게 되었다. 마을공동체는 최근 전 세계적인 공통 관심 사안으로 그 중요성이 점차 증대하고 있다. 특히 광주광역시는 일찍이 공동체의 중요성을 인식하고, 이를 중심으로 지역 자체 문제를 효과적으로 해결하고, 일자리 제공하며 경제적 수익 창출하는 사회적경제의 중요성을 인식하고 있다.

일곡마을과 운남·월곡마을은 마을공동체를 중심으로 사회적자본을 형성하고, 사회적경제로 발전한 대표사례이다. 개구리 논을 지켜내고자 조직했던 일곡마을 공동체는 시민단체 활동가 중심의 마을공동체 구성을 통해 사회적자본 축적하였으며, 이를 통해 한살림, 아이쿱생협, 한새봉논두레 및 에코맘 마을기업과 같은 사회적경제 조직으로 발전하였다.

운남·월곡마을은 '더불어樂 노인복지관' 및 '지역복지사협의체' 등 고령자 중심으로 마을공동체 사업을 진행하였으며, 마을공동체 네트워크를 형성하였다. 행정 및 주민센터가 통장단과 자치위원 등 다양한 구성원들이 참여하는 연결고리를 구축하였으며, 결과적으로 이러한 사회적자본 형성과 협력적거버넌스 구축을 통해 더불어樂 두부마을협동조합이라는 사회적경제 조직으로 발전 할 수 있었다. 사회적경제는 장기적 관점 속에서 마을공동체 조직을 바탕으로 하는 성장체계 구축과 지속가능성 확보라는 숙제를 지니고 있다.

해외사례 모델인 나가하마와 코인스트리트는 마을공동체 활동과 문화적 방법, 사회적경제 및 비즈니스모델이 적절하게 매칭 되어 단계적으로 발전한 사례이다. 나가하마시는 지역 쇠퇴를 극복을 위해 구로카베라는 지역자산을 연계하여 유리공예라는 새로운 컨셉을 접목시켰으며, 지역자산과 마을공동체를 연계하여 사회적경제 비즈니스 모델을 만들어냈다. 또한 코인스트리트 지역은 마을공동체의 기업가적 발전을 통해 지역재생 및 주민복지를 실현하였다. 서구적 지역발전의 맥락에 있어서 마을공동체 활동과 문화적 방법이 적절하게 혼합된 지역발전사례이다.

결론적으로 사회적경제의 지속가능한 발전을 위해서는 마을공동체 조직을 중심으로 지역의 문화적 자산을 사회적경제 비즈니스 모델에 연계할 필요성이 있다. 또한 사회적경제는 다양한 연계 작업을 통한 확장을 도모할 필요성이 있다. 사회적경제는 도시재생 및 사회서비스 등 지역사회의 문제해결 요구와 니즈를 파악하고 연계하는 작업이 필요하며, 시민투자금 확보 등 자생적 재원을 확보함으로써 지속가능성을 제고해 나갈 수 있을 것이다.

## 참고문헌


고동현 외, 2016, 『사회적 경제와 사회적 가치』, 한울아카데미, 38-39.

노대명, 2014, "사회적경제와 지역재생", 한국보건사회연구원, 『Issue & Focus』, 제263호, 1-4.

류현숙·정지범, 2012, "지자체 사회적 자본 측정지수 개발 및 사회적 자본 확충 방안에 관한 연구", 한국행정연구원.

송백석, 2011, "사회적경제 모델과 한국의 사회적기업 정책", 『공공사회연구』, 제1권 2호, 5-32.

송태갑, 2016, "주민참여디자인수업을 도입한 마을만들기 확성화 방안-정원가꾸기를 중심으로", 광주전남연구원, 8.

신명호, 2009, "한국의 '사회적경제' 개념 정립을 위한 시론", 『동향과 전망』, 제75호, 11-46.

유미현, 2017, "사회적경제의 사회적자본이 협력적거버넌스에 미치는 영향에 관한 연구", 전남대학교 박사학위논문.

윤상호, 2015, "사회적경제 기본법안의 문제점과 허구성", 한국경제연구원 대외 세미나 자료.

장원봉, 2006, "한국사회에서 '사회적경제'의 의미와 발전과제", 사회적기업 발전을 위한 시민사회 연대회의 워크샵 발표자료.

전지훈 외, 2015, "지역의 공동체활동과 문화 및 지역발전과의 관계에 대한 연구: 코인스트리트, 나가하마, 삼덕동의 사례를 중심으로", 『한국행정논집』, 제27권 1호, 87-114.

주성수, 2009, 『직접민주주의: 풀뿌리로 부터의 민주화』, 아르케, 20-27.

차재권·류태건, 2017, "광주광역시 사회자본의 사회집단 간 차이", 『한국동북아논총』, 제82호 1호, 237-267.

최석현 외, 2013, "경기도 사회적경제 실태와 정책방향", 경기개발연구원.

태유리, 2015, "산림분야 사회적경제 활성화를 위한 육성프로그램 개발에 관한 연구", 건국대학교 대학원 박사학위 논문, 1.

Evans, Mel., and Stephen Syrett, 2007, "Generating Social Capital? The Social Economy and Local Economic Development", *European Urban and Regional Studies* 14(1), 55-74.

제6장

# 사회적경제와 사회적경제기금 조성

홍성운 · 오창민

본 장에서는 사회적경제기업의 육성과 경영안정, 운영에 필요한 재원 마련을 위하여 지역차원에서 사회적경제기금을 조성하고 운용할 필요성이 있음을 국내외 사례를 통해 살펴본다. 그에 따른 시사점은 다음과 같다. 첫째, 사회적경제에 대한 법적 지원, 중간지원기구와 각종 재정지원, 펀드, 세제혜택 등이 통합적이고, 지속적으로 결합하여 시너지를 발휘해야 한다. 둘째, 아동보육, 가사서비스, 사회주택, 쓰레기 재활용, 장애인 재활고용 등 다양한 사회서비스 분야에서 사회적경제기업들이 참여할 수 있어야 한다. 셋째, 유망한 사회적기업들이 안정성 있게 재원을 활용할 수 있도록 장기 인내자본으로 설립되어야 한다. 넷째, 사회적경제기업의 가격 경쟁력, 서비스의 질, 이해관계자의 참여구조, 공공성 및 사회적 기여 등을 망라하여 사회적 가치를 판단하고 그에 따른 사회적금융의 활성화가 이루어져야 한다.

# 6-1 서론

## 1. 사회적경제기금의 필요성

앞 장에서 살펴본 바와 같이 사회적경제기업은 비영리조직과 영리기업의 중간형태로 사회적 목적을 추구하면서 영업활동을 수행하는 기업으로 시장에서 활동하되 시장원리만으로 작동하지 않는 조직이다. 사회적경제기업은 특성상 재무적 성과 이외에 조합원 공통의 이익 및 사회적 목적 실현이 중요한 성과이기 때문에 기존 금융시장에서 자금을 조달하는 데에 한계가 있다. 현행 제도권 금융시장에서 신용·담보 부족, 과다한 서류제출 그리고 자기자본비율, 감독 규정 등으로 인해 사회적경제기업에 대한 대출이 쉽지 않고, 이로 인해 자금조달에 어려움이 따르고 있다. 그리고 전통적인 사회적경제금융권인 신용협동조합, 새마을금고 등 역시 보수적 운영으로 지원대상 선정, 지원 금액, 지원 방식의 경직성을 띠고 있다.

뿐만 아니라 정부정책자금, 일반은행, 협동조합은행, 크라우드펀딩, 사회적금융 중개기관 등 다양한 자금 공급원이 존재하지만, 자금수요를 충족하기에는 미흡하며, 사회적경제기업의 여건에 적합하지 않는 제한된 공급 방식의 형태를 띤다. 이에 대해 박종찬(2015)은 사회적경제기업의 금융소외 항목으로 비적격성(ineligibility),[1] 이용불가(non-availability),[2]

금융문맹(financial illiteracy),[3] 지불 불가능한 가격(non-afford ability)[4] 등을 들고 있다.

기업활동에서 적절한 시기에 이루어지는 자금조달은 기업의 존속과 발전에 핵심이며, 사회적경제기업도 역시 다르지 않다. 특히 우리나라처럼 사회적경제금융이 시작단계인 상황에서 정부(중앙정부 및 지방자치단체 포함)의 지원이 중단된다 하더라도 자생적으로 경제적 수익창출과 사회적 목적을 달성할 수 있도록 사회적경제기업의 다양한 경로를 통한 자금조달이 지속적으로 이루어져야 한다.

따라서 다양한 주체로부터(중앙정부, 지방자치단체, 민간 등) 다양한 금융상품을 통해 자금을 조달하여 사회적경제기업의 경영안정과 육성을 도모하는 일련의 금융시스템이 요구되고 있다. 이에 따라 사회적경제기업의 현실을 감안하여 실천가능한 사회적금융 모델을 개발하고, 중앙정부, 지방자치단체, 민간이 참여하는 사회적경제기금 조성이 필요하다. 본 장에서는 국내외 사회적경제기금의 조성사례를 통해 사회적금융의 활성화 방안을 논의한다.

## 2. 사회적금융의 개념 및 특성

사회적금융(social finance)은 기존 금융시장의 기제를 통해서는 소외되거나 활성화될 수 없으나, 사회적으로 가치 있는 분야에 투·융자하여 사회적 그리고 환경적 관점에서 지속가능한 경제활동을 지원하는 것을

1) 담보 및 보증, 재무 및 사업가치 입증

2) 사회적경제기업의 건전성에 대한 불신으로 인한 신청자격 제한, 사회적경제기업 맞춤 상품의 부족, 사회적가치 평가기준의 부재 등

3) 서류제출 과다 및 접근성, 관련 정보의 부족 등

4) 단기시설, 운영자금 위주의 상품구조와 장기 인내자본의 부재로 인한 개인차입 및 대부업체 고금리 대출이용의 악순환으로 조직운영의 위험(risk)이 커짐

말한다. 즉, 사회적경제 생태계와 연계하여 영리적 성과보다는 사회문제 개선 및 사회적 가치를 추구하고, 사회혁신을 도모하는 금융을 사회적금융이라 할 수 있으며, 좁게는 사회적경제기업에 대한 자금투자, 융자에 전문화된 금융을 말한다(이현주, 2017).

지금까지 살펴본 사회적금융이 공유하는 특성은 크게 가치 지향 금융, 관계 지향 금융, 임팩트 지향 금융의 세 가지로 요약될 수 있다(이종수 외, 2013).

첫째, 가치 지향은 금융이 개인과 사회의 의미 있는 그리고 지속가능한 발전에 공헌하며, 사회적·환경적 가치를 명시적으로 추구하는 금융을 말한다. 둘째, 관계 지향은 돈의 흐름을 명확하게 공개함으로써 금융거래를 통해 매개되는 예금자, 투자자, 대출자 사이의 관계가 사회적으로 긴밀하게 얽혀 있는 존재임을 이해하며, 금융을 통해 공동의 사회적 책임을 실천하고 공동의 가치를 추구하는 사람과 사람을 잇는 관계의 중개로 볼 수 있다. 셋째, 임팩트 지향은 이윤만으로 측정할 수 없는 사회적·문화적·환경적 영향을 고려하여 높은 대출 위험(risk)과 낮은 이윤을 기꺼이 감수하며 실물경제의 지속가능한 성장에 자금이 순환하게 함으로써 사회적 혁신을 지원하는 금융을 의미한다.

이처럼, 사회적금융은 사회적경제기업의 목적·지배구조·운영방식 등의 측면에서 일반 영리기업 조직과는 상이한 특성을 나타내고 있기 때문에 다음과 같은 어려운 점이 존재한다.

첫째, 사회적경제기업의 목적 실현은 대체로 영리적 성과뿐만 아니라, 사회적 목적 달성의 성과로 측정·평가되어야 하는데, 사회적경제의 사회적 목적이라는 산물을 계량적으로 측정하기에는 어려운 측면이 있다.

둘째, 사회적경제기업은 지배구조가 명확하지 않고 구체적 대출행위에 대한 책임소재도 분명하지 않다. 또한 일반 금융에서는 소유와 의사결정이 일정한 지배구조 하에서 일사분란하게 정리될 수 있어야 담보에 의한 여신행위가 이루어질 수 있고 향후 책임 소재도 명확해 질 수 있지만, 사회적경제기업은 성격상 지배구조가 명확하지 않기 때문에 대출에 제한을 받을 수 있다.

셋째, 재무적 성과에 기초하여 대출을 결정하는 기존 금융기관의 입장에서 보면, 사회적경제기업의 낮은 수익률, 채무불이행시 대처방안 부재 등은 사회적경제기업에 대한 대출 부담을 갖게 만든다.

## 3. 사회적금융의 유형과 성격

사회적금융은 금융상품 및 서비스 제공에 따라 마이크로파이낸스, 공동체 금융, 사회목적투자, 협동금융 등으로 유형화 할 수 있다(이현주, 2017).

### 1) 마이크로파이낸스

마이크로파이낸스(microfinance)는 소액자금 대출과 사후 서비스를 결합한 방식으로 빈곤층의 자립·자활을 돕는 사회적 금융이다. 무담보 신용대출 방식으로 소규모의 창업자금을 빌려주고, 교육훈련 등 경영지원 서비스를 통해 사회취약계층의 자립·자활을 돕는 소액 대출, 일반계좌와 유사하다. 마이크로파이낸스는 서비스 이용수수료가 면제되고 최소 잔액 요구조건이 매우 낮거나, 아예 없도록 설계되어 있으며, 빈곤계층의 납입 능력을 감안해 적은 보험료로도 보장을 받을 수 있도록 만들어진 소액보험 등 제도금융권에서 소외된 사회 취약 계층을 대상으로 한 금융 서비스 등이 있다.

마이크로파이낸스의 대표적인 예로 방글라데시의 그라민은행과 아일랜드 융자기금 등이 있으며, 국내에는 사회연대은행과 신나는조합 등이 있다.

### 2) 공동체 금융

공동체 금융(community finance)이란 지역공동체에 뿌리를 두고 공동체의 발전을 위해 일하는 기관이 지역공동체 주민들을 위해 제공하는 금융서비스이다. 공동체 금융은 낙후된 지역에 돈이 흐르게 함으로써 지역경제를 활성화하기 위한 목적을 가지고 있으며, 조직 형태와 상관없이 지역공동체 개발 및 발전을 위해 봉사하는 금융기관을 의미한다. 공동체 금융에는 다수의 기부자들로부터 자금을 모집하여 지역 내에서 공익사업을 펼치는 지역재단과 낙후지역에 머물면서 공동체 주민과 금융소외계층을 대상으로 일하는 미국의 지역개발금융(CDFIs : Community Development Financial Institutions)등이 있다.

공동체 금융은 주로 기부나 후원을 통해 자금조달이 이루어진다는 측면에서 금융기관이라기보다는 자선단체에 가까우며, 재정적인 뒷받침을 할 수 있는 자금원이 존재해야만 유지될 수 있어, 지역 기반의 기부문화가 잘 정착되어 있는 영국·미국 등지에서 주로 발달하였다.

### 3) 사회목적투자

사회목적투자는 미국에서 임팩트 인베스팅(impact investing), 영국에서 소셜 인베스트먼트(social investment)라고 표현되는데, 사회문제의 축소나 해결차원을 넘어 긍정적인 임팩트를 창출한다는 점에서 주목을 받고 있다. 사회목적투자는 사회·환경적으로 유익한 투자와 동시에 수익을 창출하는 투자로, 사회적 가치와 재무적 이익을 함께 추구한다. 전통적 의미의 기부나 후원은 재무적 가치를 기대하지 않으므로 오직 사회적 가치를 위해 잘 쓰이는 것으로 자신의 목적을 달성할 수 있지만, 사회목적투자는 재무적 가치와 사회적 가치가 모두 충족되는 것을 지향한다.

사회목적투자의 대표적인 사례는 사회투자시장 및 제3섹터 육성의 핵심적인 역할을 담당하기 위해 설립된 영국의 '빅 소사이어티 캐피탈'(Big

Society Capital)이 있으며, 빅 소사이어티 캐피탈은 세계 최초의 사회투자은행이며 사회투자를 전문으로 하는 중개 조직들에게 자금을 제공해주는 기금의 기금이라 할 수 있다.

#### 4) 협동금융

협동금융(cooperation finance)이란 뜻을 같이 하는 사람들이 공동으로 자본을 모아 공동체(community)의 이익과 발전을 위해 사용하는 것을 말한다. 여기서 공동체란 공동의 이해관계를 바탕으로 이루어진 집단을 말하며, 협동금융의 대표적인 사례로는 신용협동조합이 있다. 그 외 계모임, 공제회 등 혹시 모를 미래의 위험에 집단적으로 대응하기 위한 목적으로 설립한 다양한 형태의 상호부조(mutual aid) 조직도 넓은 의미에서 이 범주에 포함된다. 각각의 독립적인 주체들이 모여 외부에 의존하지 않고 서로 평등한 조건 속에서 공동의 목표와 이익을 추구한다는 측면에서 연대금융(solidarity finance)이라 부르기도 한다.

협동금융은 협동조합 전통이 강하게 남아있는 유럽지역에서 주류를 이루고 있다. 대표적인 협동조합 금융기관으로는 스페인 몬드라곤 공동체에 핵심적 역할을 수행하는 노동금고(1959), 이탈리아 에밀리아로마냐 협동단지에 없어서는 안 될 사회적 자본인 협동기금(1992)과 협동신용은행(1993), 캐나다 퀘벡 주 사회경제의 기둥인 데 자르 뎅(1900) 등이 있다.

### 4. 사회적금융의 주체와 수단

사회적금융은 자금의 수요주체와 공급주체 그리고 양자를 매개하는 중개주체라는 세 주체가 효율적인 금융지원을 형성하며 작동하고 있으며, 세 주체가 보조금(grant), 부채(debt), 인내자본(patient capital), 준지분(quasi equity)·지분(equity) 등 다양한 금융수단을 매개로 긴밀하게 상호작용을 하는 과정에서 사회적금융이 발전하였다(장종익·박종현, 2013). 사회적금융에 대한 수요주체들은 경제활동을 수행하는 업종의 성격, 조직형태 등에 따라 상이한 종류의 금융수단을 필요로 하기 때문에, 상이한 종류의 투자자에게 관심의 대상이 될 수 있다. 이 때문에 사회적금융이 지원하려는 사회적경제기업은 현실에서 사회적 성격, 사회혁신, 시장 지향성을 얼마나 지니고 있는지?, 해당 기업의 문화는 어떠한지?, 해당 조직이 생산하는 재화나 서비스의 성격은 어떠한지?, 사회적경제기업에 기반하고 있는 문화적 요인은 무엇인지? 등에 따라 투자의 여부와 투자금액이 좌우되고 있다.

### 1) 공급주체

사회적경제기업들이 활용할 자금을 제공해 주는 공급주체는 정부,[5] 은행,[6] 대기업과 공익재단, 신협·새마을금고와 같은 협동조합 금융기관, 금융투자업자, 개인 등이 있다. 이들은 사회적경제기업들에 대한 자금 제공을 통해 기대하는 재무적 수익과 사회적 성과 그리고 이러한 투자로부터 예상되는 위험(risk)에 대한 판단에 근거해 사회적금융의 공급주체로 참여하고 있다(박종현·김낙현, 2015). 이중 향후 자금공급이 가장 기대되

---

5) 사회적경제기업들에 자금을 가장 많이 제공하고 있는 공급주체이며, 중앙정부는 중소기업 정책자금 지원사업과 신용보증사업 그리고 미소금융 사업을 통해 자금을 공급하고 있다. 지방자치단체 중 서울특별시는 사회투자기금을 조성해 사회적경제기업들을 대상으로 융자사업을 진행중이며, 여타 지방자치단체도 지역 신용보증재단 등을 통해 사회적기업 대상 융자사업을 진행하고 있다.

6) 은행은 대규모 자금을 제공할 수 있는 전통적인 금융기관이며, 우리은행 '사회적기업 육성을 위한 펀드출자', '사회적기업 및 취약계층을 종업원을 위한 금융지원', 국민은행은 'KB 사회적기업N정책성 특례 기업 우대 대출', IBK기업은행은 '사회공헌기업 보증협약대출' 등이며, 또한, 우리, 국민, 신한은행 등이 신용보증기금과 지역 신용보증재단의 보증을 받아 사회적기업에 대출을 하고 있으며, 우리은행과 미래에셋은 고용노동부와 사회적기업 투자 모태펀드에 참여하고 있다.

는 협동조합 금융기관과 금융투자회사, 개인 등을 구체적으로 살펴보면 다음과 같다.

먼저, 협동조합 금융기관은 지역을 기반으로 하는 점에서 사회적경제기업뿐만 아니라 고객의 정보를 통해 지역민의 자금수요에 보다 적극적이고 탄력적으로 대응할 수 있는 장점이 있다. 그러나 협동조합 금융기관들은 기업대출 비중 자체가 매우 낮으며, 사회적경제 분야에 대한 자금제공도 극히 부진한 것이 현실이다. 이는 협동조합을 포함한 사회적경제기업에 대출을 할 수 있는 법적 근거가 없고 기본 범위가 개인이기 때문이기도 하지만, 지역에 기반을 둔 금융기관으로서의 정체성이 약화된 결과이기도 하다. 물론 일부 신협에서는 사회적경제기업들과 긴밀히 연계를 맺고 사업자금을 적극적으로 제공하고 있다. 대표적으로 성남의 주민신협, 원주의 밝음신협 등이 있으며, 이들은 관련 규정을 최대한 활용해 사회적경제기업에 대한 대출 확대를 진행하고 있다.

둘째, 금융투자회사는 최근 가계자금 운용이 커짐에 따라 국민연금, 기업연금, 공모·사모 펀드의 규모도 급격히 확대되고 있다. 금융투자 분야로 유입되는 자금들은 대출형 자금제공과는 차별화된 새로운 유형의 사회적금융으로 발전할 가능성이 있으며, 특히, 정부가 대기업 및 금융기관과 함께 공동출자해 운영 중인 모태펀드 방식의 사회적기업 투자펀드에 주목할 필요가 있다. 이 펀드는 정부가 초기 투자금을 우선 출자(모태펀드출자)하고, 기업, 재단 등 민간이 출자자로 참여하여 사회적기업에 투자하기 위해 조성한 펀드이다. 투자펀드 방식의 사회적금융은 특히 혁신형 사회적기업이나 소셜벤처에 유용한 자금조달 방식이며, 이 방식은 투자운용사가 중심이 되어 자본시장에서 자금을 조성하고 실리콘밸리의 창업지원 시스템과 유사하게 사회적경제기업의 구체적 필요에 부응하는 컨설팅 기능도 제공함으로써, 기업의 자생력을 키우는 것은 물론 사회적 생태계 구축에도 기여 할 것으로 기대된다.

셋째, 개인들은 여유자금을 은행이나 금융투자업자에 위탁하고 이들은 개인들로부터 조성한 자금을 직접 운용하는 역할을 하고 있다. 은행이나 금융투자업자가 자금을 사회적경제기업에 투입하지 않는 상황에서는 개인이 사회적금융의 공급주체로 참여할 여지는 크라우드펀드(crowd fund)[7] 등 일부 영역으로 제한될 수밖에 없다. 하지만 인터넷 크라우드 펀딩 플랫폼의 수와 참여자의 수는 계속 증가세에 있어, 사회적경제기업의 사업능력과 생존역량에 대한 대중의 판단이 가능해져 혁신적이고 진취적인 사회적경제기업의 선발 및 육성이 가능할 것으로 보인다.

사회적경제 분야의 대표적인 크라우드펀딩 플랫폼 회사는 오마이컴퍼니(Ohmycompany)와 와디즈(Wadiz)가 있으며, 오마이컴퍼니는 한국사회투자, 북서울신용협동조합 등과 연계해 사회적경제기업들에 대출형태로 자금 조달을 지원하고 있다.

### 2) 사회적금융 중개기관

사회적금융 중개기관은 도매형 중개기관과 소매형 중개기관으로 구별된다. 도매형 중개기관은 자금 모집과 새로운 금융상품 개발에 주력하고 모금한 자금을 소규모 중개기관에 제공하여 사회적금융 생태계 조성에 힘쓰는 역할을 하며, 엄브렐러(umbrella)형 중개기관이라고도 한다. 국내의 대표적인 엄블렐러형 중개기관으로는 한국사회투자가 있으며, 한국사회투자는 서울시가 공익목적의 재원으로 조성한 사회투자기금을 토대로 사회적기업 융자사업, 소셜하우징(social housing) 융자사업, 중간지원기관 협력사업, 사회적프로젝트 융자사업 등을 시행하고 있다. 특히, 노년

---

7) 크라우드 펀딩은 대중을 뜻하는 크라우드(crowd)와 자금 조달을 뜻하는 펀딩(funding)을 조합한 용어로, 온라인 플랫폼을 이용해 다수의 대중으로부터 자금을 조달하는 방식을 말한다. 초기에는 트위터(twitter), 페이스북(facebook) 같은 소셜네트워크서비스(SNS)를 적극 활용해 '소셜 펀딩(social funding)'이라고 불리기도 했다.

층 취업지원, 청년창업지원 등 사회문제 해결에 주력하는 사회적기업이나 협동조합 등에 장기 저리의 대출을 수행하고 있다.

소매형 중개기관은 사회적경제 사업체에 대한 대출 및 사후관리에 주력하며 현장의 사회적경제 사업체와의 일상적 접촉을 수행하는 역할을 하며 금융중간지원조직(social finance retail intermediaries)이라고도 한다. 국내의 대표적인 사회적금융 소매형 중개기관은 사회연대은행,[8] 신나는조합,[9] 사회투자지원재단,[10] 함께일하는재단,[11] 그리고 일부 신협 등이 이 있다.

사회연대은행은 국내 마이크로크레딧의 대표적인 기관으로, 마이크로크레딧 사업이 위축된 이후에는 사회적경제기업에 자금과 경영 컨설팅을 제공하는 중개기능 쪽으로 업무를 전환하고 있다. 한국 최초의 마이크로크레딧 기관인 신나는조합은 서울시 정책자금 중간지원기관 융자사업과 미소금융 사회적기업 융자사업을 등을 행하고 있으며, 사회적경제 중간지원 조직으로 업무 영역을 확장하고 있다.

8) 사회연대은행(http://www.bss.or.kr)
9) 신나는조합(http://joyfulunion.or.kr)
10) 사회투자지원재단(http://www.ksif.kr)
11) 함께일하는재단(http://hamkke.org)

# 6-2 국내·외 사회적경제기금 사례

## 1. 국외 사회적금융 관련 사례

국외 사회적금융의 사례는 '사회문제의 유형', '자금 조성 방법의 유형', '자금 공급 방법의 유형' 등으로 구분할 수 있으며, 이에 따라 정리하면 다음과 같다(이인우·조혜경·최병찬, 2015: 26~33).

### 1) 사회문제의 유형에 따른 사회적금융 사례

사회문제 유형에 따라 분류하면, '사회적 배제 완화'(사회적으로 구제해야 할 계층의 문제), '사회적 목적 실현'(사회적으로 필요한 사업의 문제), '사회적 가치 추구'(사회적으로 수호해야 할 가치의 문제) 등으로 구분할 수 있다(표 6-2-1 참조). 먼저 사회적 배제 완화를 핵심 사회문제로 삼은 사회적금융 사례는 그라민 은행, 밴시티 협동조합 은행, BSC, 어큐먼 펀드, SOS 사회혁신센터 CDI 등이 있고, 주로 기금이 중심이 되고 있다. 이들은 주로 취약계층 및 금융배제자의 빈곤 탈출 지원, 창업 지원 등을 목적으로 한다.

둘째, 사회적 목적 구현 사례로는 더블린 무담보 소액신용대출, GLS은행, 트리오도스 은행, JAK 협동조합 은행, 뉴 리소스 은행, 쇼어 은행, CDFI 펀드 등이 있고, 주로 은행이 중심이 되고 있다. 이들의 주요 활동 내용으로 낙후지역 활성화와 도심 재생, 환경과 생태계 보전 등이 있다.

**표 6-2-1.** 사회적 문제 유형에 따른 사회적금융 사례

| 구분 | 명칭 | 설립 | 국가 | 활동내용 |
|---|---|---|---|---|
| **Ⅰ. 사회적 배제 완화를 해결하고자 하는 사례** | | | | |
| 활동 | 그라민 프로젝트 (은행) | 1975 | 방글라데시 | • 마이크로 크레딧<br>• 취약 계층의 빈곤 탈출 지원 |
| 은행 | 밴시티 신용 협동조합 | 1946 | 캐나다 | • 신용 협동조합<br>• 금융 배제자의 창업 지원 |
| 기금 | BSC(빅소사이어티 캐피털) | 2011 | 영국 | • 정부기금, 민간 사회적 투자은행 운영<br>• 금융 배제자의 금융 접근성 지원 |
| 기금 | 어큐먼 펀드 | 1998 | 미국 | • 사회적 벤처 캐피털<br>• 취약 계층의 자원 배제 완화 |
| 기금 | SOS 사회혁신센터 CDI | 2010 | 프랑스 | • 사회적기업의 기업집단 내부금융<br>• 취약 계층의 복지와 고용 배제 완화 |
| **Ⅱ. 사회적 목적 구현을 해결하고자 하는 사례** | | | | |
| 활동 | 더블린 무담보 소액신용 대출 | 1720 | 아일랜드 | • 아일랜드 융자기금 단초 / 가난한 예술가 지원을 통한 문화 창출 지원 |
| 은행 | GLS 은행 | 1973 | 독일 | • 협동조합 은행<br>• 환경과 생태계 보전 금융 지원 |
| 은행 | 트리오도스 은행 | 1975 | 네덜란드 | • 주식회사(비상장)<br>• 사회적 부가가치 창출 지원 |
| 은행 | JAK 협동조합은행 | 1997 | 스웨덴 | • 협동조합 은행<br>• 무이자 금융환경 창출 지원 |
| 은행 | 뉴 리소스 은행 | 2006 | 미국 | • 주식회사<br>• 환경적 가치 창출 지원 |
| 은행 | 쇼어 은행 | 1972 | 미국 | • 주식회사(2010년 파산)<br>• 쇠퇴 도심지역 활성화 지원 |
| 기금 | CDFI 펀드 | 1994 | 미국 | • 정부 기금, 민간 운영<br>• 낙후지역 활성화 지원 |
| 기금 | SIB (소셜 임팩트 본드) | 2010 | 영국 | • 사회 혁신 성과 채권<br>• 재범율 등 공통의 사회문제 해결 지원 |
| **Ⅲ. 사회적 가치를 추구하고자 하는 사례** | | | | |
| 은행 | 방카에티카 | 1999 | 이탈리아 | • 협동조합 은행<br>• 지방자치 정신 추구 |
| 은행 | 카하 라보랄 (몬드라곤) | 1959 | 스페인 | • 근로자 신용 협동조합<br>• 근로자 일자리 창출 |
| 기금 | 레가코프 연대기금 (CoopFond) | 1993 | 이탈리아 | • 협동조합연합회 연대기금, 1992년 주식회사 설립/노동의 가치와 권리수호 |
| 기금 | 소코덴 (SOCODEN) | 1965 | 프랑스 | • 노동자협동조합 연대기금<br>• 노동의 가치와 권리 수호 |
| 기금 | 샹티에 신탁 (Fiducie) | 2006 | 캐나다 퀘벡 | • 사회적경제 연대회의 신탁기금<br>• 사회적 배제, 목적, 가치 동시 추구 |

출처: 이인우·조혜경·최병찬, 2015, 26 – 28쪽 수정.

셋째, 사회적 가치 추구 사례로 카에티카 은행, 카하 라보랄, 레가코프 연대기금, 소코덴, 샹티에 신탁 등이 있고, 주로 은행과 기금이 중심이 되고 있다. 이들의 활동내용으로 지방자치, 근로자 일자리, 노동의 가치와 권리수호 등이 있으며, 캐나다의 샹티에 신탁은 사회적 배제 완화, 사회적 목적, 사회적 가치를 동시에 추구하고 있다.

### 2) 자금 조성방법에 따른 사회적금융 사례

자금 조성방법은 대체로 거래 층위(최종 이용자 거래, 중개 기관, 중앙 기관), 자금 제공자(정부와 민간), 상환 의무 여부(기부, 신탁), 기한 유무(기한이 정해져 있는가, 아닌가), 원가성 여부(자금에 대한 대가를 지불해야 하는가의 문제인가, 아닌가), 자금조성 목적(이용자 제한 : 자금이 상위목적 안에서 배정되는 자금인가 여부와 자금 이용자를 자금 제공자로 제한하는가의 문제), 재정 원천 창출 방법(차입, 민간 기부, 투자, 정부 보조 방법) 등 7가지로 구분할 수 있으며, 이를 구체적으로 살펴보면 다음의 표 6-2-2와 같다.

**표 6-2-2.** 자금 조성방법에 따른 사회적금융 사례

| 구분 | 명칭 | 자금조성 방법 |
|---|---|---|
| 활동 | 그라민 프로젝트 | • 공동 저축, 해외 재단 기부금, 운용 수익 |
| 은행 | 밴시티 신용 협동조합 | • 예금 상품, 윤리성장 펀드 등 판매<br>• 카드수익출연기금 조성, 순이익 일부 기부 |
| 기금 | BSC | • 휴면예금법(2008년) 제정, 사회적투자은행(Big Society Capital, 2012)출범, 6억 파운드(휴면예금 70%, 대형은행 등 30%) 조성, 사회적 투자 중간지원 조직과 사회적 증권거래소(2013년 개설)를 통해 지원 |
| 기금 | 어큐먼 펀드 | • 취약 계층 자원 배제 완화 목적 사회적 벤처 캐피털 설립 후 자선기금 모금 |

| 구분 | 명칭 | 자금조성 방법 |
|---|---|---|
| 기금 | SOS 사회혁신센터 CDI | • 지주회사형 사회적기업 설립 후 자산 집중화, 지속적 신규 사회적기업 인수 합병 재투자 |
| 활동 | 더블린 무담보 소액신용대출 | • 당초 독지가의 사재 출연으로 자금 조성<br>• 훗날 여수신가능 저축은행 형태 자금조성 |
| 은행 | GLS | • GLS 은행 : 출자금과 예금(초기 수신 위탁)<br>• GLS신탁기금 : 현금기부, 현물기부<br>• GLS재단 : 출자배당금기부 |
| 은행 | 트리오도스 | • 예금 상품 판매, 자산운용 부문 펀드 판매, 프라이빗 뱅킹 상품 판매 자금 조성 |
| 은행 | JAK 협동조합은행 | • 무이자 대출 용도 무이자 예금 상품 판매<br>• 개인별 대출·저축 포인트 일치 저축유치 |
| 은행 | 뉴 리소스 은행 | • 주식공모 : 자본금 조성<br>• 목적성예금, 임팩트 양도성예금증서(CD) 판매 |
| 은행 | 쇼어 은행 | • 은행 지주회사 설립 : 80만달러 투자 유치, 225만달러 차입하여 부유층대상 수신활동<br>• 비영리자회사운영 : 은행 지주회사에서 자금 차입 |
| 기금 | CDFI 펀드 | • 미국 정부 지역재투자법(CRA, 1995년), 지역기반 금융기관법(CDBFI, 1994년), 국고지원 CDFI 기금설치, 지역개발회사(CDC) 기준 공시, CDFI채권 보증프로그램(2015년) 지원<br>• 시중은행은 CRA 준수 CDFI와 CDC에 일정 비율 대출(BEA : 정부 대출금리 1% 이자 보상)<br>• 민간 투융자 유치 목적 신시장세금 감면법(NMTRA, 2000년) 제정, 정부 NMTC 수혜대상 지역개발채(CDE) 인가, CDE는 투자 유치금 CDFI와 낙후 지역 상가, 보육시설 등에 투융자 계획 수립, CDFI 기금 주관 세액공제 할당 공모 참여 |
| 기금 | SIB | • SIB 프로젝트 운영 주무기관(Social Finance Ltd.)이 사회적 성과(outcome) 성공 조건부 채권(성과기반 구조화 증권)발행 |
| 은행 | 방카에티카 | • 자본금 : 윤리은행 설립준비조합 결성 650만 유로 모금<br>• 수신 : 16개지점(조합원 37,000 중 법인 5,500)<br>• 에티카SGR : 자산운용사 사회적 투자 기금 조성 |
| 은행 | 카하 라보랄 | • 저축은행 형태의 근로자 신용 협동조합을 통해 조합원 기반 수신으로 자금 조성 |
| 기금 | 레가코프 연대기금 | • 레가코프 가입 회원조직들이 매년 잉여금의 3%를 적립 |
| 기금 | 소코덴 | • 프랑스 노동자협동조합(SCOP)연합회 회원조직이 매년 매출액의 0.42%를 납부한 조합비 |

| 구분 | 명칭 | 자금조성 방법 |
|---|---|---|
| 기금 | 샹티에 신탁 | ▪ 기초 자산 : 1997년 1천만 달러 기금 조성(당초 기부와 투자 모금 5백 달러, 정부 무상보조금 5백만 달러(추후 정부 보조금 비중 60%)), 운영비 연간 40만 달러 지원<br>▪ 신탁형태기금 : 총액 5,280만 달러<br>– 연방정부 2천2백8십만 달러 무상보조금<br>– 정부 무상보조금 기반 투자 유치 3천만 달러(노동자 연대기금 FTQ 1천2백만 달러, 중소기업진흥 노동자기금 Fondaction 1천만 달러, 주정부 1천만 달러) |

출처: 이인우·조혜경·최병찬, 2015, 29–30쪽 수정.

미국의 CDFI 펀드 자금 조성방법은 거래층위, 자금 제공자, 자금조성 목적, 재정 원천 창출 방법 측면에서 여타의 사례와 다른 특징이 있다. 먼저, 거래층위는 중앙 정부 수준의 자금과 중앙 정부가 자금 중개 기관들에게 공급하기 위한 목적으로 조성한 자금이며, 둘째, 자금 제공자는 정부와 민간 공동, 상환 의무가 있는 차입 자금, 기한도 있고, 원가의 비용도 있다. 셋째, 자금조성 목적은 지역개발이라는 포괄적인 목적 안에서 사회적경제와 사회적금융을 일부 지원하고 있으며, 넷째, 재정 원천 창출 방법으로는 주로 제도적인 측면에서 정부가 예산 지원, 법·제도 지원, 세제 지원 방법을 사용하고 있다.

미국의 CDFI 펀드 사례는 사회적경제 활성화를 위하여 발전기금을 조성한 사례는 아니지만, 우리나라의 중앙 정부나 광역 지방자치단체가 CDFI 펀드 조성 방식을 활용한다면, 사회적경제 활성화를 위한 금융생태계(시스템) 기금을 조성할 수 있다는 점을 시사하고 있다.

### 3) 자금 공급(운영)에 방법에 따른 사회적금융 사례

자금 공급(운용) 방법 또한 거래 층위, 자금 공급 기구, 상환 의무 여부(기한), 원가성 여부(이자, 배당), 용도와 이용자 제한 여부, 자금 공급 형식, 운용권 귀속처에 따라 자금 공급 방법이 구분되며, 자금 공급 형식을 구체적으로 살펴보면 그림 6-2-1과 같이 무상지원, 대출, 투자, 알선, 보증 등 5가지로 구분 할 수 있다. 자금공급(운영)방법에 따른 사례를 정리하면 다음의 표 6-2-3과 같다.

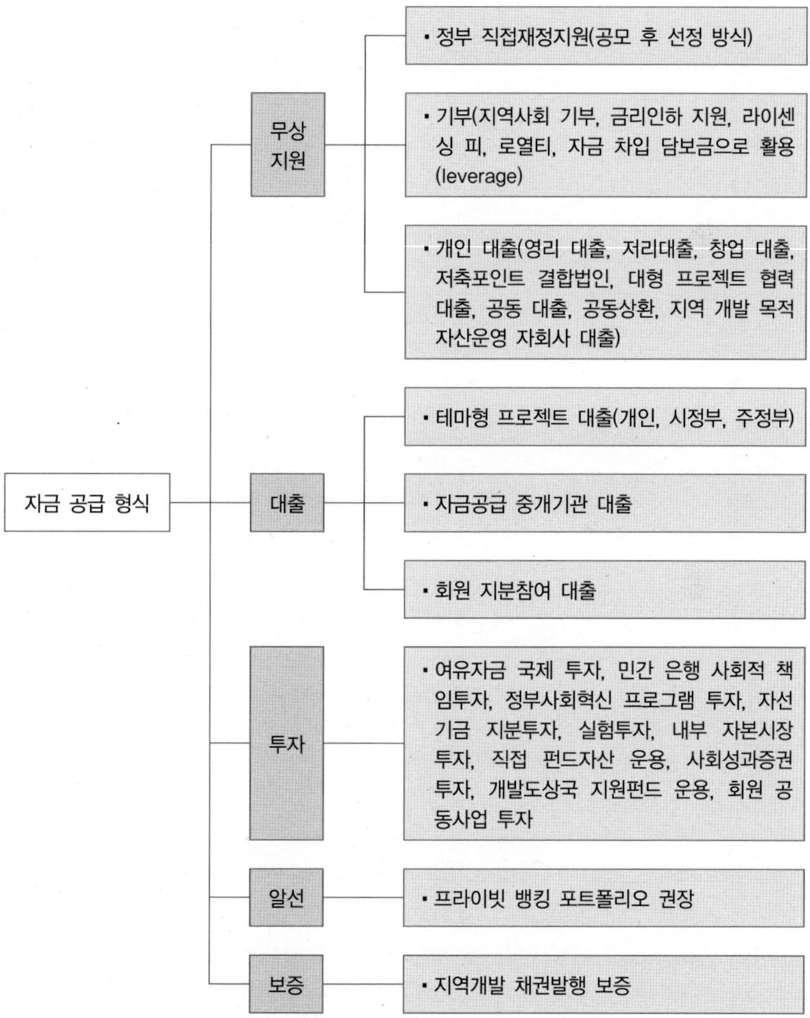


**그림 6-2-1.** 자금 공급 형식

**표 6-2-3.** 자금 공급 방법에 따른 사회적금융 사례

| 구분 | 명칭 | 자금조성 방법 |
|---|---|---|
| 활동 | 그라민 프로젝트 | ▪ 최소 5인 이상 집단 구성, 대출 메커니즘 이해 시험 실시, 집단 소액 신용대출, 집단 공동 상환 |
| 은행 | 밴시티 신용 협동조합 | ▪ 대출 : 여성 대출(1961년), 윤리성장 펀드(1986년)로 사회적 책임 펀드 운용, 저소득층 및 취약계층 사회적주택 사업 대출, 도시형 운송사업 협동조합 쉬프트(shift) 소액 창업대출 지원(온실가스 배출 감소), 카쉐어링 공유경제 협동조합 장기 저리대출<br>– 운용 수익 나눔 : 신용카드 수익 5% 출연 환경기금(1990년), 영업이익의 85% 분배, 순이익의 25% 지역사회 기부, 조합원 배당, 금리 혜택 지원<br>– 사회적 프로젝트 금융 : 브리티시 컬럼비아 주정부 및 밴쿠버 시정부 주택 에너지효율제고 대출 프로그램 민간협력금융기관 (주택개보수비 장기저리 선대출) |
| 기금 | BSC | ▪ SIFI(사회적투자금융중개기관: Social Investment Finance Intermediary)을 통한 간접 지원(사회투자기금(Social Investment Fund), 공동체개발금융기관(CDFI), 창업지원기관(Accelerator and Incubator), 크라우드펀딩 및 인터넷 사용자간 금융 플랫폼 (Crowdfunding and peer to peer platform)) : 사회적 투자 시장규모를 1억5천만~2억 파운드(약 3천억 원)규모로 추정하고 있으며, 6억 파운드(약 1조 원)의 BSC펀드는 점진적으로 금융중개기관의 역량 향상 효과를 일으키며 실수요 단체들에게 공급될 수 있기를 기대<br>▪ 자체 프로그램 : 사회혁신 프로그램 투자계획 수립 지원<br>▪ 투자 : 2013년 사회적 증권거래소 개소를 위해 85만 파운드 투자 |
| 기금 | 어큐먼 펀드 | ▪ 벤처 캐피털 비즈니스 모델로 설계 : 취약 계층에게 배제되기 쉬운 자원(안전한 물, 건강관리, 주택, 대체에너지, 농업, 교육 등 서비스) 공급을 담당할 수 있는 회사나 단체 선별, 모금된 자선기금을 지분참여, 대출, 보증, 라이센싱피, 로열티, 실험투자 등 5가지 형태로 연결, 기부자는 사회 변화를 대가로 돌려받는 구조<br>▪ 지렛대 효과(leverage effect) 활용 외부자금 유치하여 재투자(3.3배), 개도국 모기장 지원 사업 등에 활용 |
| 기금 | SOS 사회혁신센터 CDI | ▪ CDI : SOS의 자회사, SOS 그룹의 인수와 창업에 필요한 재원 조달 등 내부 금융과 재무 컨설팅 등을 담당하는 내부 자산운용 전담 |
| 활동 | 더블린 무담보 소액신용대출 | ▪ 가난한 예술가 지원을 통한 문화 창출 지원<br>▪ 지역의 빈곤 구제 수단으로 활용 |

| 구분 | 명칭 | 자금조성 방법 |
|---|---|---|
| 은행 | GLS 은행 | ▪ GLS 은행 : 예금자가 선택한 분야에 대출(GLS 신탁 기금 : 비영리 신용보증협동조합), GLS 재단 자금 운용으로 신용 저등급자 신용 향상 |
| 은행 | 트리오도스 은행 | ▪ 수신조성 대출자금(비중 80%) : 환경분야 50%, 사회적기업과 공익적 비영리단체 30%, 기타 사회적 부가가치 사업 영리기업, 지방정부 등 20% 배정<br>▪ 자산운용(18%) : 유럽과 신흥성장국에서 펀드운용<br>▪ 프라이빗 뱅킹(2%) : 사회적가치 포트폴리오 권장 |
| 은행 | JAK 협동조합은행 | ▪ 대출 : 무이자 예금 조성액을 무이자 대출로 운용(주로 타은행 개인 대출의 대환 목적으로 활용)<br>– 지원저축대출 통한 프로젝트, 법인 대상 대출 : 사업과 법인에 관심있는 조합원들이 지원저축계좌로 저축포인트를 이동하여 대출자산 조성, 예금자는 원금보장(기부와 투자의 중간 형태)<br>▪ 타은행 예금, 국채 투자 : 위험자산 보유하지 않음<br>▪ 운영비 : 연회비 20%(연 42,000원 정도), 대출수수료 70%(이자가 아닌 수수료, 납부시점 대출잔액의 3~4.5%), 기타 이자 수익 10%(예금 20% 국채투자 수익)로 충당 |
| 은행 | 뉴 리소스 은행 | ▪ 영리 방식 대출, 지역 우선 환경 가치 중시<br>▪ 고객의 지속가능성을 4단계로 평가하되, 대출가부결정의 근거로 사용하지 않고 대출 이후 개선을 평가하는 지표로 사용 |
| 은행 | 쇼어 은행 | ▪ 대출 : 다수 주민 흑인 사업자금, 주택 매입 및 임대자금 대출(비영리 자회사 쇼어 은행 개발회사(SDC)가 쇼어 은행으로부터 다가구주택 신축 및 재건축 자금 차입 건설 사업 전담, 주민들에게 임대, 은행이 임대료를 하면 이를 SDC에 갚고, SDC가 다시 은행에 대출 상환)<br>▪ 2007년 서브프라임 모기지 사태로 은행 손실, 파산신고 |
| 기금 | CDF 펀드 | ▪ CDFI 펀드(연간 2억 달러 운용규모) 프로그램<br>– FA(재무적 지원) : 2012년 기준 총 1억5천만 달러 지원, 인증 CDFI(요건 6개항) 대상, 공모 방식 선정, 3년간 기관당 최대 500만 달러까지 증여, 투자, 장기저리융자 지원(4종 CDFI가 사업계획 수립 공모 응모, 선정 후 정부 지원금 대비 1대1 민간투융자까지 유치하여 사업 수행)<br>– 기술적 지원 : 예비 CDFI(2년 내 인증 조건)<br>– 은행 주관 기업공모 투융자 촉진 지원(BEA) : 은행들이 특정 목적의 투융자 공모 개최하고 선정 계획에 대해 자금을 지원할 경우 대출금에 대한 연리 1% 이자 보상(6~7천억 달러 규모 지원, 효과는 지원금의 100배가 되도록 설계한 것) |

| 구분 | 명칭 | 자금조성 방법 |
|---|---|---|
| 기금 | CDF 펀드 | • CDFI 채권보증 프로그램(2015년 신설) : CDFI가 채권기금 융자를 수행하도록 유자격 기관이 발행한 채권을 CDFI 펀드에서 보증<br>• 신시장세금 감면법(NMTRA) 세액공제 할당 공모 : 선정된 CDE에 세액공제 할당분을 지원(민간 투융자 참여자는 7년 내에 자유롭게 세액의 39%를 공제받기 때문에 투융자 재원의 총액은 세액의 39%를 허용할 수 있는 수준이 상한선, 2011년 기준 투자액 규모 35억 달러) |
| 기금 | SIB | • SIB 프로젝트 운영 주무기관(Social Finance Ltd.)이 정부와 사회적 의제 선정, 업무 협약 체결, 프로젝트 전문실행기관을 선정, 채권 수익률 결정 후, 사회석 성과(outcome) 성공 조건부 채권 발행, 투자자들이 채권을 인수, 성공시 정부는 운영 주무기관 수수료, 전문실행기관 사업비, 채권 수익만 지급하여 재정을 절감, 투자자들은 운영 주무기관으로부터 채권 원금과 수익을 회수함으로써 프로젝트 완료 |
| 은행 | 방카에티카 | • 대출 : 자치 기여, 비영리 섹터, 사회적경제 주체, 일반 기업 대상 사회적 임팩트 중시 윤리적 금융, 신용의 배제를 인권의 침해로 간주하여 포용<br>• 에티카 SGR 자산운용 자회사 : 윤리적 사회적 투자<br>• 에티모스(Etimos) : 개도국 마이크로파이낸스 |
| 은행 | 카하 라보랄 | • 저축은행 형태의 근로자 신용 협동조합을 통해 조합원 기반 수신으로 자금 조성 |
| 기금 | 레가코프 연대기금 | • 15,000개 회원조합, 850만 조합원, 상호부조 목적사업, 회원조합간 협동사업 증대 목적사업(CoopStartup) 지원 |
| 기금 | 소코덴 | • 기금 참여 조합(2010년말 기준 1950개 조합 40,685명 조합원, 조합당 조합원 20명 규모) 필요 자본금 부족시 지분참여 대출과 자금 지원 |
| 기금 | 샹티에 신탁 | • 기술 지원 : 총 380회, RISQ 기금 투입 170만 달러, 투자 창출 1백만 달러, 회사 자본금 중 제3자 자금유치 기여 비중 72%<br>• 창업 지원 : 창업 이전과 초기(총 52회, RISQ 기금 투입 350만 달러, 투자 창출 9백만 달러, 회사 자본금 중 제3자 자금유치기여 비중 62%)<br>• 부족자본금 지원 : 총 460회, RISQ 기금 투입 1760만 달러, 투자 창출 2억6천만 달러, 회사 자본금 중 제3자 자금유치기여 비중 93% |

출처: 이인우·조혜경·최병찬, 2015, 30-33쪽 수정.

## 2. 국내 사회적경제기금 사례

우리나라의 사회적경제 관련 금융 활동은 화폐의 유형에 따라 주류금융과 대안금융 활동으로 구분할 수 있다. 대안금융 활동은 지역화폐 등 본원화폐[12] 이외의 통화를 활용하여 물질적 욕구를 충족하려는 상호작용을 중개하는 활동으로 볼 수 있으며, 주류금융 활동은 본원화폐를 활용하는 금융활동으로 볼 수 있다. 주류금융 활동은 다시 자생적 민간 주류금융과 제도권 법정 주류금융으로 구분할 수 있다. 사회적경제기업의 금융접근성 개선을 통한 경제활동 활성화를 위하여 주류 및 대안 금융 자원이 공급되는 체계는, 금융소외자를 구제하기 위한 정부의 포용금융(inclusive finance) 정책, 사회적금융 메커니즘, 사회적경제 활성화 목적 금융 제도가 혼합되어 있는 구조 등을 보이고 있다(이인우·조혜경·최병찬, 2015: 33~34). 도식화 하면 다음의 그림 6-2-2와 같다.

국내에서 지방자치단체가 사회적금융 관련 기금을 조성한 사례는 서울시, 경기도 화성시, 서울시 성동구 등을 시작으로 전국적으로 광역자치단체에서 기초자치단체로 확장되고 있다. 그 중 서울시 사회투자기금은 2012년부터 직접 현장에서 운용된 최초의 국내 사회적금융 관련 기금으로써 시사점이 많다.

12) 본원화폐는 중앙은행으로부터 풀려나가는 1차적 화폐공급을 뜻하고, 현금통화(실제 화폐)와 예금통화(예금으로 존재하는 통화, 즉 통장에 찍힌 숫자)를 말한다.

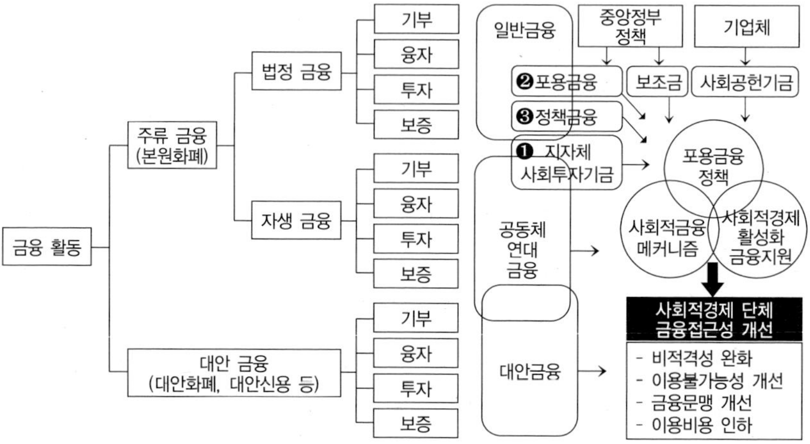


출처: 이인우·조혜경·최병찬, 2015, 34쪽.

**그림 6-2-2.** 국내 사회적경제 단체 관련 금융 활동

### 1) 서울시 사회투자기금[13)]

서울시는 사회적 가치 실현을 위한 금융 재원마련의 법적 근거를 위해 2012년 7월 30일 '서울특별시 사회투자기금의 설치 및 운용에 관한 조례'를 제정하였고, 기금관리는 (재)한국사회투자에서 위탁·운영하고 있다. 2012년 서울시가 300억 원을 출연하고, 민간기업이나 일반 시민의 소액 참여로 800억 원을 조성하여, 2014년 2,000억 원 조성 목표[14)]로 추진하였다.

사회적경제기금 설치 조례는 기금의 재원 중 '일반회계로부터 출연금 규정'과 기금의 용도를 사회적경제조직의 설립과 운영 지원 외 사회적경제 민간네트워크의 지역사회 공헌활동, 사회적경제 관련 기술개발 및 조사연구에 이르기까지 포괄적으로 규정하고 있다.

---

13) 지경배·김진기(2014), 「강원도 사회적경제 공제조합 설립 방안」, 강원발전연구원, pp.41-42; 서울특별시 사회적경제지원센터(2016), 「2011-2015 서울시 사회적경제 활성화 정책 5년 성과 및 향후 과제」, pp.64-66.

14) 2017년 12월 말 기준으로 총 기금액 13,960백만원, 이 중 시기금은 9,884백만원, 민간기금은 4116백만원으로 68개 기업지원을 하고 있다.

(재)한국사회투자는 (사)한국마이크로크레디트 신나는 조합, 아이쿱소비자생활협동조합연합회, 에너지나눔과 평화 등 3개 민간기관을 중간지원기관으로 선정하여 운영하고 있다. 중간지원기관들은 자체 모금액만큼 서울시 기금을 1 : 1로 매칭 받고 있으며, 융자조건은 1년 거치 2년 분할상환이며, 이자는 내지 않아도 된다. 중간지원기관들은 사회적경제 기업의 활동과 금융 수요를 분석하여 주요 상품을 개발하고, 실수요 단체나 활동에 융자하거나 투자하는 형태로 제공되고 있다(이인우 외, 2015 : 34).[15)]

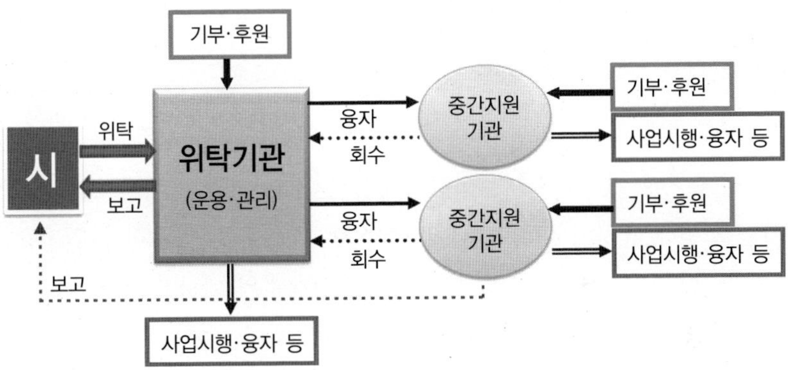


출처: 지경배·김진기, 2014, 42쪽.

**그림 6-2-3.** 서울시 사회투자기금 운용

서울시 기금과 민간과의 1 : 1 매칭을 통한 중간기관 지원사업 방식은 예상보다 중간기관의 자금 조달이 저조하여 당초 기대에는 미치지 못하고 있다.

---

15) 2013년부터 2017년까지의 운용성과를 살펴보면 331개 기업에 817억원 장기·저리 융자와 사회적기업 매출 성장, 1,851개의 일자리 창출을 하였고, 381개 사회주택 건설과 청년협동주택, 미니태양광 등 서울시 역점사업(사회프로젝트) 견인하였다(서울시(2018.4), 2018년 서울시 사회투자기금 운용계획).

그동안 서울시 사회투자기금 운영과정에서 드러난 법률상, 운영상의 문제점을 바탕으로 향후 기존 기금운영에서 개선할 점을 살펴보면 다음과 같다. 먼저, 현행법상 민간 위탁운용기관은 지방자치단체와 마찬가지로 기금 사업 목적으로 기부를 받을 수 없기 때문에 기금을 활용해 민간 매칭을 하는 것이 어렵다. 그리고 여러 가지 정치적 환경으로 인해 지속가능성의 문제가 발생할 수 있으며, 광역지방자치단체의 사회정책 기조 변화 혹은 담당공무원의 교체 시 연속적이고 지속가능한 운영이 어려울 수 있다. 또한 관료적인 비효율성으로 운영상의 유연성을 상실할 가능성도 있다(김양우·김자혜, 2016 : 16).

### 2) 화성시 사회적경제기금

경기도 화성시는 「화성시 사회적경제지원기금 설치 및 운용 조례」를 2015년 6월에 제정하고, 사회적경제지원기금 608억원(이자포함 620억원)을 조성해 융자사업뿐만 아니라 컨설팅과 교육 등 다양한 지원정책을 펼치고 있다. 화성시는 60억 원의 사회적경제지원 기금을 활용해 (예비)사회적기업, 마을기업, 협동조합, 자활기업의 시설 인프라 구축과 경영개선, 공공프로젝트 진행, 부동산 자산화, 협의회 자조기금 등을 지원하고 있다.

화성시는 사회적경제 조직들이 기금형성에 참여하여 기금 운영에 대한 책임성을 제고하고, 재단 운영의 원칙으로 독립성, 유연성, 투명성, 지속가능성에 두고 운영하고 있다. 기금운영 방안으로 단기, 중장기, 장기적인 관점에서 투자방안을 마련하였는데, 장기적인 관점(5~7년)에서 투자하는 방안으로, 금융(대출)은 저금리 장기상환 방식으로, 보조금은 소규모 설비 투자 방식으로 하였고, 중장기에는 시범적이고 적극적 혁신투자, 단기에는 보수적으로 운영방안을 마련하였다.

출처: 이기헌 외, 2016, 123쪽.

**그림 6-2-4.** 화성시 재단 운영 구조

화성시는 주요 의제와 설득력이 있는 기획 주제에 집중투자하고 일부 예산에는 민간이 참여할 수 있는 응모기회를 부여하였다. 또한 행정 예산으로 지원이 불가능한 사업에 기금을 지원하였는데, 지역 내 스타기업을 육성하여 사업성과 인센티브 제공, 질적인 성과(사회적가치 증대)를 창출하는 사업에 지원하고, 예산으로 사용하기 어려운 교육사업, 사회적경제기업(사용자대상)에 대한 4대 보험 처리 지원 등을 하였다.

재단운영위원회는 화성시, 재단법인, 금융기관, 사회적경제 전문가 등으로 구성하여 재단 운영 효율화 방안을 모색하고 운영에 대한 모니터링 기능을 수행하였다. 특히 민간기금 조성 활성화를 위해 비영리민간단체 등과 적극적인 협업을 통하여 민간기금 확보 및 추가 재원 확보를 추진하였으며, 기금 활용에 대한 재단운영위원회 구성 및 평가지표 기본안을 마련하여 계량화된 평가지표를 개발하고, 기금 집행 시 객관적인 평가 자료로 활용 등 평가를 통한 사후관리를 철저히 하고 있다(이기헌 외, 2016: 120~124).

### 3) 강원도 사회적경제 공제조합

강원도는 「강원도 사회적경제 지원조례」에 따라 2018년까지 100억 원을 목표로 기금을 조성을 추진하였는데, 기금조성 방안의 하나로서 기금이 주체가 되어 사회적 성과연계채권(SIB: Social Impact Bond)을 발행하여 재원을 마련하는 것이다. 조성된 사회적경제지원기금의 재원을 금융기관이 사회적경제기업에 대출할 때 신용보증 재원으로 사용하거나 상호금융조합이 지원한 사회적경제기업 대출채권의 인수 자금으로 활용하였다. 이는 사회적경제기업이 은행 또는 상호금융조합으로부터 대출을 받을 때 기금의 재원으로 신용보증하여 사회적경제기업에 대한 대출을 촉진할 수 있으며, 금융기관의 사회적경제기업에 대한 대출채권을 동 기금이 인수하여 대출여력을 확충할 수도 있다.

이처럼 사회적경제기업들이 일정금액을 갹출하여 공제조합을 설립하고, 공제조합의 자금을 일시적으로 경제적 어려움에 처한 사회적경제기업을 지원한다. 지역금융제도인 사회적경제 공제조합은 사회적경제 조합원의 출연금만으로는 신용확대에 한계가 있으므로 정부 출연금과 사회적 책임 차원에서 대기업의 출연금을 받는 제도이며, 공제조합은 사회적경제 주체들이 조합원이 되어 납부한 조합비를 기준으로 신용에 따라 20배 내외의 지원을 제공하는 자조·자립방식의 금융이다(지경배·김진기·김인중, 2014: 1~12).

강원도 사회적경제 공제조합의 구체적인 사업내용은 다음의 표 6-2-4와 같다.

**표 6-2-4.** 강원도 사회적경제 공제조합의 사업내용

| 구분 | 사업내용 |
|---|---|
| 대출 | - 대출의 경우 은행법, 어음법에 준하여 공제조합에서 적용할 수 있는 방안 도출 필요(은행법 등 관련법과의 연동성 검토하며, 필요시 '사회적경제 진흥법' 등에 명시) |
| 융자 | - 융자를 통해 조합원이 사회적경제 관련 사업을 진행하기 위한 자금이 필요하거나 동 사업을 운영하기 위한 운영자금이 필요할 때 지원함으로써 내실 있고 지속적인 운영을 도모할 수 있음 |
| 보증 | - 보증상품에는 채무보증상품과 이행보증상품이 있음<br>- 채무보증은 담보력이 불충분하여 대출을 받지 못하는 조합원에게 적은 비용으로 손쉽게 담보력을 확보할 수 있도록 함<br>- 이행보증은 이행절차별로 입찰·계약·선급금·지급·하자보증 등으로 설계가 가능함 |
| 투자 | - 모태펀드와 서민금융 등을 활용가능하나 영국의 '빅소사이어티 캐피탈' 사례와 같이 '결과에 따른 지불' 원칙을 적용하여 투자<br>- 투자에 대한 지속적인 효과를 얻기 위해서는 보증, 대출 사업 등이 함께 연계되어야 함 |
| 연금 | - 조합원의 퇴직 이후 경제생활의 불안정 요인을 제거하거나 경감시키는 것을 목적으로 종신 또는 일정 기간 퇴직연금을 제공하는 제도를 고려할 수 있음<br>- 연금사업은 보증, 대출, 융자, 투자 등 주요사업의 성숙도에 따라 적용 검토 필요 |

출처: 지경배·김진기·김인중, 2014, 11 수정.

### 4) 경기도 사회적금융기금 도입 방안[16)]

이인우 외(2015)의 「경기도 사회적금융기금 도입운영방안」을 통해 경기도가 구상하고 있는 기금 생태계 안에서 어떤 역할을 할 것인가의 관점에서 사회적금융기금의 중앙집중형 기금 모형과 연대형 기금 모형을 제시하였으며, 이 중 연대형 기금 모형을 선택하는 것이 바람직한 것으로 제시하였다.

16) 이인우·조혜경·최병찬(2015), 「경기도 사회적금융기금 도입 운영 방안 연구」, 경기도 따복공동체지원센터, pp.64-85.

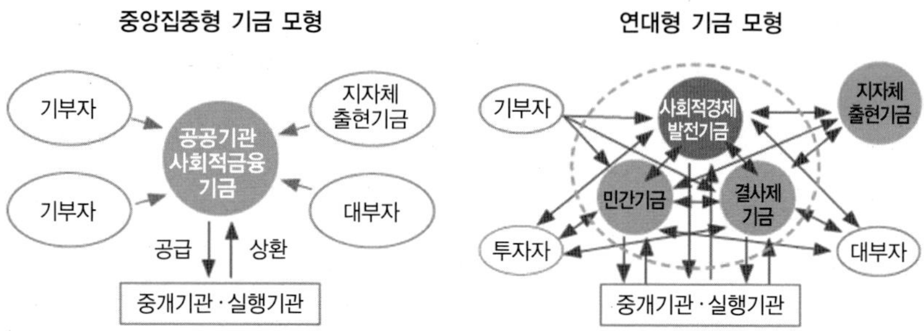


출처: 이인우·조혜경·최병찬, 2015, 65.

**그림 6-2-5.** 경기도 사회적금융기금 모형

그림 6-2-5와 같이 중앙집중형 기금 모형은 지방자치단체가 출연기관이며 기부자, 대부자, 투자자로부터 기금을 한곳에 조성하여 집중 관리하는 방식이며, 출연기관의 의지가 약화되었을 때 기금의 운영 역량도 동시에 약화되는 단점이 있다. 연대형 기금 모형은 지자체가 수많은 '기금들의 기금(fund of funds)' 네트워크에 기금을 출연하거나 투자, 대부함으로써 지역 내 다양한 기금을 분야별로 육성할 수 있다. 이 방식은 지자체만이 출연기관이 아니기 때문에 지자체의 의지가 약화되어도 타 기금들이 자체 역량을 발휘하는 장점이 있으며, 기금과 중개기관 사이의 거래도 접근성과 선택권이 향상될 수 있다.

경기도 사회적금융기금이 지향하는 목표를 기준으로 기금의 종합체계 모형을 사회적금융 활성화 기금 모형과 따복공동체 금융시장구조 지속가능성 제고 기금 모형으로 구분할 수 있다(그림 6-2-6 참조). 경기도가 민간기금이 아닌 공공기금으로써 사회적금융기금 정책을 도입 운영하는 경우, 공공성, 효율성, 효과성 기준에서 우월한 따복공동체 금융시장구조 지속가능성 제고 기금 모형을 선택하는 것이 바람직할 것으로 제시하고 있다.

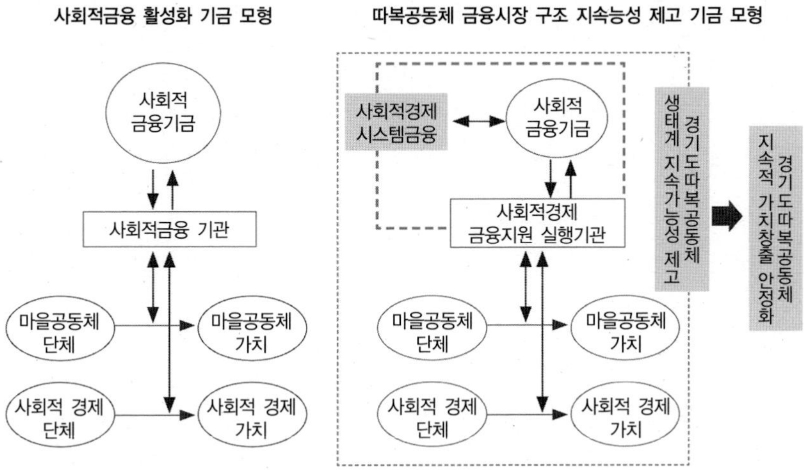


출처: 이인우·조혜경·최병찬, 2015, 65.

**그림 6-2-6.** 경기도 사회적금융기금의 지향목표와 모형구분 개념도

사회적금융 활성화 기금 모형은 사회적금융기금이 경기도 내 사회적 금융 활동을 활성화하는 데 목적을 둔 모형이다. 경기도 따복공동체 구성단체가 대면하는 금융시장의 구조적 수요 공급 비대칭 문제에 대한 역량을 향상시키는 데 기금이 사용되지 않고, 경기순환주기나 외부 경제적 충격을 받는 기간 동안 따복공동체 구성단체가 어떻게 활동해야 하는가에 대한 시스템 역량 증대 효과가 고려되지 않는 모형이다. 따복공동체 금융시장구조 지속가능성 제고 기금 모형은 사회적금융기금이 따복공동체 금융시장구조의 지속가능성을 제고하는 방향으로 사용되는 모형이다.

경기도 따복공동체 구성단체가 직면하는 금융시장의 구조적 수요 공급 비대칭 문제에 대응하여 사회적경제금융시스템을 구축하고, 사회적경제금융지원 실행기관을 설치하여 마을공동체 분야와 사회적경제 분야의 따복공동체 단체를 금융지원함으로써 경기도 따복공동체 단체와 생

태계의 지속가능성을 높여 따복공동체의 지속적 가치 창출 체계를 안정화시키는 데 목적이 있다.

따복공동체 구성단체들의 금융역량이 향상되도록 기금이 사용되고, 경기순환주기나 외부 경제적 충격을 받는 기간 동안 따복공동체 구성단체들이 어떻게 활동해야 하는가에 대한 시스템 역량 증대 효과가 고려된 모형이다. 실행구조는 기금의 발전 단계, 자금 수요자의 발전 단계, 경기도 사회적경제금융시스템의 발전 단계에 따라 실행기관이 진화해 나갈 가능성을 고려하여 편제하는 방안을 수립하였다.

자금공급형 실행기관 편제는 영국의 경우처럼 투자처를 잘 발굴하여 투자를 원활하게 수행하는 자금공급 중간지원기관을 육성하는 데 역점을 두었으며, 사회투자시장을 활성화하여 사회적기업가들의 자금접근성을 개선하는 데 목적이 있다. 사업추진형 실행기관 편제는 미국의 지역개발금융체계인 CDFI처럼 사업 목표의 달성을 위해 자금을 공급하는 데 중점을 두고 있다. 영국과 다른 자금공급형 실행기관 편제로 프랑스는 비록 전반적인 분석은 아니지만 당사자 단체의 자조형 기금과 금융회사가 활동을 하고 있고, 여기에 국가 수준에서 전략적으로 중요한 협동조합의 자본금 확충을 위해 참여증서(participation certificate)를 매입해주는 전문 투자기구(IDES)가 자금을 공급하고 있다.

재무 전문기관형 실행기관 편제는 광역 지자체 수준의 캐나다 퀘벡 주처럼 자금 공급, 사업 지원 실행기관의 기능을 활용하는 한편, 자금 수요자에 대해서는 재무적 전문기관으로서의 역할을 수행하는 편제[17)]이다.

---

17) 퀘벡 주의 특징은 기금이 관공서에 있지 않고, 재무 전문기관들이 기금을 투자 받아 각각의 재무적 전문 영역별로 적정 금융(appropriate financing)을 제공하고 있고, 사회적경제에 자금을 공급하는 기관인 리스크(RISQ)와 피두치(샹티에 사회적경제 신탁)은 사회적경제 연대조직인 샹티에에 의해 거버넌스가 구축되어 설립된 재무적 금융전문기관들로서 리스크(RISQ)는 소액 대출, 피두치는 고액 자금을 신탁과 융자를 통해 제공하고 있음(이인우, 2015: 69).

경기도는 퀘벡의 실행기관 편제를 벤치마킹하여 단계적 발전 방안을 수립하는 것이 바람직할 것으로 판단된다.

기금의 규모 및 조성 방안으로 기금의 규모는 대략 1,000억 원 규모가 바람직하다고 보았으며, 조성 방안은 경기도가 기금법인의 기본재산 형식으로 초기 자금을 출연한 후 별도의 기금 운용 TF 팀을 설치하여 향후 안정적인 조성 방안을 도출하여 실행하는 방안을 제시하였다.

기금의 운용 방안은 9가지 계통에 따라 상품 포트폴리오를 구성하여 운용하는 방안을 다음의 그림 6-2-7과 같이 도출하였다.

기금의 역할이 단순한 사회적금융업체의 협의체 기능을 하기 위한 것이 아니라 경기도 따복공동체 구성단체의 금융시장구조에서 인위적, 지속적 자금 공급자 역할을 수행해야 하는 것이므로 광범위한 협치 구조를 창출해야 한다는 방안을 제시하였다. 또한 (가칭)「경기도 따복공동체사회적경제 활성화 금융지원기금 설치 및 운용에 관한 조례」로 제정하는 방안과 대손처리 관련 내용을 제도화하도록 하는 근거 조항을 삽입하는 방안을 제시하였다.

**1) 자금수요자**

| 지자체 | 따복공동체 종사자 | 따복공동체 이해관계자 | 따복공동체 개별 조직 | 따복공동체 협약체 |
|---|---|---|---|---|

**2) 재무적 실체 유형 구분**

| 1. 연대가치추구 마을공동체 | 2. 연대가치추구 사회적경제 | 3. 개인가치추구 마을공동체 | 4. 개인가치추구 사회적경제 | 5. 기타 |
|---|---|---|---|---|

**3) 자금 수요 시점**

| 평상시 | | | | | | | 비상시 | | | | | | |
|---|---|---|---|---|---|---|---|---|---|---|---|---|---|
| 1세대 생애주기 | | | | 생애주기 도약 | | | 경기순환 외부충격 | | | | 업종업태 전환 | | |
| 창업 | 정비 | 성장 | 쇠퇴 | 조정 | 혁신 | 정착 | 호황 | 후퇴 | 불황 | 회복 | 준비 | 전환 | 정착 |

**4) 자금 공급 방법**

| 기술 지원 | 자본금 확충 지원 | 자본금 구조 개선 지원 |
|---|---|---|

**5) 금융거래 유형**

| 대출 | | 투자 | 보증 지원 |
|---|---|---|---|
| 일반 대출 | 정책사업 연계대출 | 부동산 투자신탁 | 지급 보증 |

**6) 재무적 지원 유형**

| 재무 상태 지원 | | 손익 구조 지원 | |
|---|---|---|---|
| 자산 건전성 지원 | 시설 자금 지원 | 인건비 지원 | 운전자금 지원 |

**7) 실행 기관 유형**

| TF(본부) 팀 직접 지원 | | 중개기관 지원 | | | 최종 기관 지원 | | |
|---|---|---|---|---|---|---|---|
| 자체 기금 | 자회사 기금 | 햇살론 | 신협 | 기타 | 업종 | 기업 집단 | 기타 |

**8) 금리**

| 0~6% 실행기관 실비 경영 |
|---|

**9) 자금 공급 분야**

| 개별 조직 | | | 시스템 | | |
|---|---|---|---|---|---|
| 조직 | 활동 | 사업 | 노동시장 (교육 시스템) | 유통시장 (유통 시스템) | 자본시장 (기금투자) |

주: 인터넷 기반 금융수단(크라우드 펀딩), 무이자 대출기금 공동투자, 사회성과채권, 지역별 기금 조성 투자, 주빌리 은행, 근로자 기업인수, 파산기업소생, 대안화폐 유동성 공급을 위한 자금 시장을 가리킴.

출처: 이인우·조혜경·최병찬, 2015, 78.

**그림 6-2-7.** 경기도 따복공동체 사회적경제 활성화 금융 지원 기금 상품 포트폴리오(안)

실행 체계 운영 방안과 관련하여 「지방자치단체 기금관리기본법」 제6조에 따라 민간 위탁이 불가능하므로 경기도청 내에 기금운용 TF 팀을 설치하여 기금을 운용하는 방안, 중개기관과 최종 실행기관은 기존 햇살론 등 서민금융 취급기관, 신협, 기타 사회관계망(SNS) 기반 금융 플랫폼, 민간 소액 대출 활동 단체 등을 확충하여 운영하는 방안을 제시하였다. 지금까지 설명한 실행체제 운영 방안을 도식화하면 다음의 그림 6-2-8의 '경기도 따복공동체 사회적경제 활성화 금융 지원 기금 실행 체계 구축(안)'과 같다.

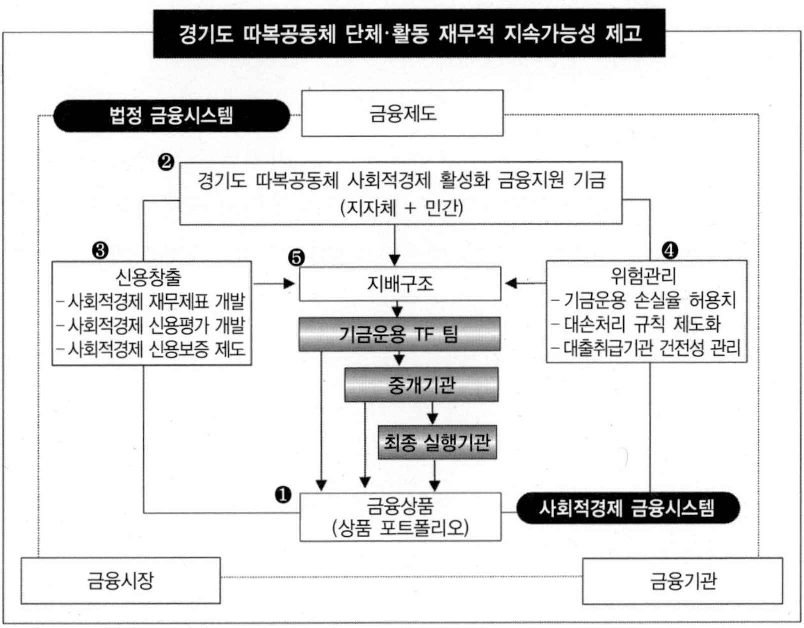


출처: 이인우·조혜경·최병찬, 2015, 79.

**그림 6-2-8.** 경기도 따복공동체 사회적경제 활성화 금융 지원 기금 실행 체계 구축(안)

### 3. 국·내외 사회적경제기금 시사점

유럽은 사회적경제 부문의 역사적 전통이 오래되고, 지역에서는 협동조합 형태의 중개기관이 발달되었고, 수많은 민간의 자발적 협동조합의 뒷받침을 받으면서 발달하였다. 사회적기업에 금융을 지원하는 역할을 수행하는 중개기관들도 주로 정부, 기업, 개인들로부터 자금을 조달하며, 이들 중개기관들은 법적 지위에 따라 협동조합, 재단, 투자회사, 특수은행 등으로 나타나고 있다. 사회적기업들의 초기단계에 보조금 형태로 재정지원과 기술지원을 제공하는 재단 역할의 활성화가 선행되고 있다.

외국은 사회적경제기업들에 대하여 일률적 지원이 아닌 성장단계별, 주제별로 차별화된 내용의 지원을 하고 있으며 지원 체계가 보다 세분화되고 전문화된 모듈로 구성되어 있다. 신규 조직 뿐 아니라 성장 중에 있는 기성 조직들에 대해서도 그 단계에 필요한 아이템을 맞춤식으로 지원하고 있다. 특히 국가지원과 조합원 참여 병행 그리고 금융지원과 사회보장을 이원화하여 지원하고 있는 것으로 나타났다. 또한 법과 제도적 보완을 통해 국가 지원과 조합원 참여 방식을 병행하여 금융지원을 하고 있으며, 투·융자 등 금융지원형 신용협동조합과 사회보장형 공제협동조합으로 지원하고 있다.

우리나라의 사회적경제 규모는 양적으로 성장하고 있으나, 상당수 사회적경제 기업들은 영세하여 재정적 어려움을 겪고 있는데, 이는 우리나라의 사회적경제가 중앙정부 주도의 육성정책으로 지역 특성에 맞는 특성화 전략이 부재하고 경제적 자립 기반 구축이 미비하기 때문이다. 특히 사회적경제기금 조성 역시 중앙정부 또는 지방자치단체의 지원형 기금조성이 주를 이루고 있어, 사회적경제 주체인 조합원 출자 방식의 보완이 필요하다. 종합하여 우리나라의 사회적경제기금의 조성을 위한 시사점을 정리하면 다음과 같다.

첫째, 지방자치단체와 지역사회조직들 간의 민주적 파트너십이 형성되어야 한다. 민간조직의 대표성 확립과 분명한 역할분담을 정비하면서 지자체의 결정에 참여할 수 있어야 하며, 지자체에게 협력적 거버넌스와 과감한 권한 이양 등이 가져올 소득에 대한 신념을 줄 수 있어야 한다.

둘째, 다면적 지원체계가 필요하다. 사회적경제에 대한 지원은 다면적이어야 하는데, 법적 지원, 중간지원기구와 각종 재정지원, 펀드, 세제혜택 등이 통합적이고, 지속적으로 결합하여 시너지를 발휘해야 한다.

셋째, 사회적 서비스를 적극 활용해야 한다. 아동보육, 노인가사지원서비스, 사회주택, 쓰레기 재활용, 장애인 재활고용 등 다양한 사회서비스 분야에서 사회적경제기업들이 참여할 수 있어야 한다.

넷째, 장기 인내자본 설립되어야 한다. 장기금융 재원조성을 위해 많은 재원을 투입해야 하며, 운영주체는 민간에 이양이 필요하다. 이를 통해 유망한 사회적경제기업들이 장기적 자산 투자 등에 안정성 있게 활용할 수 있는 재원이 마련되어야 한다.

다섯째, 사회적경제 지원기관 활용방안을 마련해야 한다. 특히 연구와 교육, 훈련 분야에서는 기존의 자원을 최대한 활용하고, 이를 위해 공공자금이 지원되어야 한다. 또한 지역의 대학과 시민사회단체, 교육·훈련기관 등 지역자원의 네트워크 활성화 방안이 필요하다.

## 6-3 결론

사회적경제기금의 조성에는 수년간의 시간이 소요되므로 조례 (제)개정과 예산 계획 수립 등 재원보전이 가능한 지속가능기금 조성을 위한 노력이 시급히 전개되어야 한다. 지역의 사회적경제금융 체계의 성공적인 도입을 위해서는 지역밀착형 금융기관들의 활동, 사회적경제금융 중개기관, 공공 투자기금 등이 마련되어야 한다. 전통적 금융기관이 제공하지 못하였던, 새로운 관계형 금융상품을 개발하여 제공함으로써 투자동기를 강화할 필요도 있다.

지역기금 조성 시 가능한 다양한 조합, 즉 매트릭스 구성하여 활용할 수 있으며, 수요와 공급, 조직형태(운영방식) 등에 따라 구성 가능한 기금조성방식을 조합하여 현실적으로 적용가능하고 지역의 특성에 맞는 기금조성을 추진해야 한다. 사회적경제기금은 지방자치단체가 기금을 설치하여 이를 장기적 자금으로 사회적경제기업들에게 지원하는 것이 가장 타당한 접근으로 보인다. 사회적경제기업은 투자의 수익성이 크게 담보되지 않기 때문에 낮은 수익을 감내할 수 있는 방안이 필요하다. 이러한 점에서 독립적인 회계를 가지고 책임 규명이 명확한 기금의 설치와 운용이 효과적이다.

사회적기금은 재원 조달 방식의 다각화가 가능하고 다양한 분야에 다양한 형태로 자금을 공급할 수 있다. 조성된 기금은 금융기관과 같이 만

기와 위험이 따르는 분야에 투자할 수도, 신용보증의 기금으로도 사용될 수 있고, 금융기관의 저금리 대출을 위한 금리 보전(이자 대납)에 쓰일 수도 있다. 직접 지원을 통해 자금을 운용할 수도 있으며, 간접적으로 투자금에 지원할 수도 있다. 이처럼 사회적기금은 사회적금융의 역할을 수행하는 적합한 수단이다. 지역차원의 기금 조성은 전문인력 고용에 따른 인건비, 사무실 운영비 등이 기금 규모를 축소시키지 않을 정도의 일정 규모 이상이어야 한다. 또한 기금운용심의위원회 구성 시 사회적경제의 철학과 이념, 지역 및 사회적금융의 특성을 잘 인지하고 있는 전문가를 중심으로 구성해야 할 것이며, 그러한 것이 반영된 기금 운용계획이 공표되어야 할 것이다.

현실적으로 기금의 조성과 규모는 지자체의 출연 금액에 달려있기 때문에 지자체가 얼마나 의지를 가지고 기금 조성에 적극적으로 나설 것인가가 매우 중요하다. 물론 이와 더불어 시민사회와 사회적경제기업 등 민간영역에서의 자발적이고 적극적인 조성 노력이 병행되어야 할 것이다. 사회적경제기금이 조성되면 사회적경제기업의 지속가능한 발전을 위해 필요한 투자를 제공함으로써 기업성장단계별, 특성별 맞춤지원이 가능하여 건강한 사회적경제 생태계 구축에 기여할 수 있을 것이다.

결과적으로 사회적경제기금 조성은 지역공동체사회의 재건과 소외그룹의 사회통합을 촉진하는 역할을 수행함으로써 지역경제 발전에 기여할 수 있을 것이다.

## 참고문헌

광주사회적경제지원센터, 2016, 『광주권역 사회적경제기업 DB분석』.

김양우·김자혜, 2016, 지역경제 활성화를 위한 사회적금융 발전방안: 경기지역을 중심으로, 『한국은행 창립기념 지역경제 세미나』, 충북사회적경제포럼.

박종찬, 2015, "사회적경제조직이 활용가능한 금융상품들의 이해", 『사회적기금구축 포럼: 사회적 금융과 기금의 이해』.

서울특별시 사회적경제지원센터, 2016, 『2011-2015 서울시 사회적경제 활성화 정책 5년 성과 및 향후 과제』.

서울특별시사회적경제지원센터, 2017, 『서울시 사회적경제조직 자금수요조사 및 정책자금평가연구』.

이기헌 외, 2016, 『화성시 사회적경제 종합발전계획』, (사)한국공공자치연구원·화성시.

이인우·조혜경·최병찬, 2015, 『경기도 사회적금융기금 도입 운영 방안 연구』, 경기도따복공동체지원센터.

이종수·유병선·곽제훈·김승균·노대명·문진수, 2013, 『보노보 은행: 착한 시장을 만드는 '사회적 금융' 이야기』, 부키.

이현주, 2017, "충북지역 사회적경제기금 단일사례연구", 『보건사회연구』 제37권 제1호.

지경배·김진기, 2014, 『강원도 사회적경제 공제조합 설립 방안』, 강원발전연구원.

지경배·김진기·김인중, 2014, "새로운 지역금융: 강원도 사회적경제 공제조합", 『정책메모』 제2014-07호, 강원발전연구원.

행정자치부, 2015, 『2015년 지방출자출연법/지침 해설』.

Besley, T and M. Ghatak., 2007, "Retailing public goods: The economics of corporate social responsibility", *Journal of Public Economics* 91, 1645-1663.

Banker, R.D., Charnes, A. and W.W. Cooper, 1984, "Some Models for Estimating Technical and Scale Inefficiencies in Data Envelope Analysis", *Management Science* 30, 1078-1092.

제7장

# 사회적기업의 지역재생과 활성화: 일본의 사례

김일태 · 임영언

본 장에서는 일본의 사회적기업을 통해 지역재생과 지역활성화의 관계를 살피고 일본의 지역재생정책을 파악하였다. 또한 일본의 지방에서 인구감소, 고령화, 지역적 쇠퇴 등 다양한 문제의 해결방안에 대한 지역재생의 사례를 소개하였다. 특히 지역재생의 관점에서 사회적기업의 대두와 사회적 포용(Social Inclusion)이라는 접근방식에 의해 심각한 지역사회의 국지적 쇠퇴에 따른 활성화 방안을 제시한 일본의 사례를 조명하였다.

## 7-1 서론

최근 일본사회는 고령화로 인한 급속한 인구감소와 글로벌 다문화의 영향으로 국지적인 지역쇠퇴나 황폐화 등이 심각해지고 있는 상황에서 지역재생을 위한 정책들이 적극적으로 추진되어 왔다. 이러한 일본의 지역적인 현실에서 지역 현장에서의 구체적인 사회적기업의 활동사례를 분석함으로써 지역재생을 위한 구체적인 해결방안이 모색될 수 있을 것이다. 일본에서 사회적기업은 기본적인 경제적 구조를 유지하면서 지역산업의 국지적인 문제 해결을 시도하는 사회적 포용(Social Inclusion)의 주체이자 이를 실현하는 핵심으로 간주되어 왔다.

본 장은 일본 사회적기업을 통해 사회적 포용의 문제를 해결하기 위해서 지역재생과 지역활성화의 관계를 살피고 일본의 지역재생정책을 파악하여 일본의 지방, 특히 각 지역에서 인구감소, 고령화, 지역적 쇠퇴 등 다양한 문제의 해결방안에 대한 지역재생의 사례를 제시하고자 한다. 특히 지역재생의 관점에서 사회적기업의 대두와 사회적 포용이라는 접근방식을 통해 심각한 지역사회의 국지적 쇠퇴에 따른 활성화 방안에 대하여 일본의 사례를 통해 논의한다. 일본 사회적기업에서 정부의 적극적인 참가나 개입을 보이고 있는 고령자, 장애자, 실업자 등을 포함한 다양한 주민들의 사회적기업으로의 포용방식을 살펴봄으로써 종래와는 다른 중층적인 커뮤니티 형성과 지속가능한(sustainable) 지역운영의 가능성 등을 도출할 수 있고 지역활성화에 필요한 시사점을 제공할 수 있을 것이다.

본 장의 구성은 다음과 같다. 먼저 7-2절에서는 지역재생에 관한 선행 연구를 검토하고 이론적 배경을 파악한 후, 7-3절에서는 일본 사회적기업의 지역재생과 고용창출에 관한 사례를 제시하였다. 마지막으로 7-4절은 주요 결론을 정리하고 정책적 시사점을 언급하였다.

## 7-2 선행연구 검토 및 이론적 배경

본 장에서 연구방법은 일본 사회적기업의 지역재생과 사회적 포용이라는 측면에서 접근하고 있다. 그 이유는 지역적 인구감소와 쇠퇴에 직면하여 지역재생을 통해 지역주민의 사회적 포용을 기대할 수 있기 때문이다. 사회적기업의 '사회적'이라는 것은 사회문제의 해결, 즉 사회적 목적에 있다. 사회적기업은 주로 사회적 목적을 동반하는 비즈니스로 사업에서 산출된 잉여금을 주식이나 소유자의 이익최대화를 위해 활용하기 보다는 사회적 목적을 위해 비즈니스나 커뮤니티에 재투자하는 기업체라 할 수 있다.[1)]

사회적기업의 연구에서 사회적 포용은 지역주민의 사회적 소외에 대한 문제 해결차원의 접근을 가리킨다. 이런 점에서 사회적기업과 지역재생은 밀접한 관련성을 가지고 있다. 지역재생은 쇠퇴한 지역을 재생한다는 의미로 경제적 혹은 환경적 측면뿐만 아니라 사회로부터 소외된 지역이나 개인의 생활을 개선하도록 지역주민의 역량을 강화하고 지역소외와 빈곤상태를 개선하는 것을 말한다.[2)] 즉 지역재생사업은 빈곤지역에 대한

1) Cabinet Office(2006), *Social Enterprise Action Plan : Scaling new heights*, p.10.
2) 岩満賢次(2018), 「地域再生における社会的企業の社会的所有の意義」, 『人間福祉学研究』, 4(1), pp.21-28.

대책으로 고용, 교육, 건강, 범죄, 주택 등과 같은 복수의 문제들을 포함하고 있다. 일본에서 지역재생은 지역경제의 활성화, 지역사회(커뮤니티)의 재건, 마을만들기 등 경제, 사회, 정치, 도시계획 등 다양한 의미를 함의하고 있다.[3)]

이런 점에서 사회적기업과 지역재생은 지역과 밀접한 관련성을 가지고 있는데 최대의 역할은 고용창출에 있다. 이것은 사회적기업의 정의에서도 보여주고 있는 바와 같이 공동체의 재투자, 지역공동체나 단체의 역량강화, 주변 지역의 재생과 지속적인 발전을 표방하고 있기 때문이다.[4)] 때문에 지역재생은 지역에서의 사업 참가나 지역민주주의가 중요해지는데 지역주민이 주체적으로 자신들의 지역을 창조해나가는 힘을 부여할 수 있는 공동체 역량이 필요해진다. 따라서 쇠퇴지역의 고용창출을 위해 지역경제의 재생은 매우 중요하며 지역 밖으로부터 기업활동이나 공공사업을 유치하는 것이 지역재생의 근간을 이루고 있다.

사회적기업은 사회적 빈곤이나 소외문제를 해결하기 위한 지역재생의 수단으로 작동하고 있으며 표 7-2-1에 제시하고 있는 바와 같이 단계적 역량 강화를 통해 기존 국가시스템이나 시장으로부터 소외되고 있는 사람들을 어떻게 사회적으로 포용할 것인가를 중요한 과제로 삼고 있다.

대부분 사회적기업은 지역성과 사회성을 강조하고 있다. 이것은 사회적 소외의 대상이 되는 사람과 지역의 사회적 포용이 사회적 목적이기도 하며 사회적 포용을 가능하게 하는 공동체형성에 필요한 자원을 사회관계자본이라 할 수 있다. 지역성이 강조되는 것은 사회적기업이 취업곤란자의 고용확보, 사회서비스나 공동체(커뮤니티) 돌봄 서비스 등 지역성이

---

3) 八木橋慶一(2011), 「英国地域再生と社会的企業一労働党政権期における朝鮮とその意義一」, 『人間福祉学研究』, 4(1), p.31.

4) 藤井敦史(2010), 「「社会的企」業とは何か」 原田晃樹·藤井敦史·松井真理子 『NPO再構₩築への道—パートナーシップを支える仕組み』, 勁草書房, pp.114-117.

강한 서비스이기 때문이다.[5)]

**표 7-2-1.** 사회적기업의 지역재생을 위한 공동체 역량 강화 3단계[6)]

| 단계별 | 공동체 역량 강화의 주요 내용 |
|---|---|
| 제1단계 | 개개인의 지식이나 기술을 향상시키는 단계 - 기술향상 단계<br>학습, 기능연마, 자각 향상, 행동으로부터 학습, 조직화, 안전한 환경 |
| 제2단계 | 개개인들을 연결하면서 조직을 형성해가는 단계 - 조직화 단계<br>인프라, 인적자본과 사회적 관계자본, 개인과 조직의 능력 |
| 제3단계 | 공적기관 거버넌스 및 경제정책참가 단계<br>지역서비스 운영, 지역사업과 자산 개발, 시민활동, 참가 등 |

알란 케이(Alan Kay, 2007)는 사회적 배제의 정의에 대하여 "실업, 저숙련, 저소득, 열악한 주택환경, 범죄율이 높은 환경, 건강상태의 악화, 가족붕괴라는 연쇄적인 문제를 개인이나 지역이 다수 책임지고 있는 경우 발생하기 쉽다."고 지적하고 있으며 사회적 배제를 경제적 요소, 사회적 요소, 지리적(구조적) 요소로 구분하여 설명하였다.[7)] 구체적으로 살펴보면, 경제적 요소는 저숙련에 의한 고용기회가 낮은 장기실업자들에게 직업제공, 신체장애자 대상의 고용 제공 및 스킬 향상 등을 목적으로 사회적기업의 커뮤니티 서비스를 통한 고용, 연수프로그램, 금융서비스 등을 제공하는 것을 말한다. 사회적 요소는 범죄율이 높은 환경에서 생활하는 집단에 대한 편견과 차별로 인해 사회적 배제가 발생하는 것으로 지역에서의 탁아 및 개호서비스, 상업적 커뮤니티 서비스(카페나 숍), 위원

5) C. ボルザガ・J. ドゥフルニ編(内山哲朗·石塚秀雄·柳沢敏勝訳) (2004),『社会的企業—雇用·福祉のEUサードセクター』, 日本経済評論社, pp.472-474.

6) Taylor, Marilyn(2003), *Public Policy in the Community*, Palgrave. p.178을 참조로 필자가 작성하였음.

7) NIRA委託研究報告書(2008),『社会的包摂手法による地域の再生』, 財団法人神戸都市問題研究所, p.12.

회 유급 스텝 및 봉사활동 등 사회적기업으로 특정분야에서의 지역 연대감을 강화시켜주는 역할을 한다. 지리적 요소는 비교적 외진 벽지에 살기 때문에 지방인구감소로 인구밀도가 저하되고 지역 쇠퇴로 취업이 힘들어 타 지역으로의 지역인재 유출이 발생하는 곳을 말한다. 가령 인프라정비를 촉진하는 기업, 환경활동(리사이클활동), 주택서비스 등에 속하는 사회적기업이 여기에 해당된다.

사회적기업에서 사회적 소외자에 대한 사회적 포용은 지역재생과 밀접한 관련을 맺고 있으며 지역재생을 위한 사회적 포용의 접근은 다음과 같은 세 가지 방식을 함의하고 있다. 첫째, 공동체 기반 접근은 지역고유의 문제에 대한 도전이기 때문에 문제 전체에 대한 통합적 노력과 시간의 흐름가운데 과정을 중시하고 있다. 둘째, 포괄적 접근은 지역문제에 다양한 요소들이 복잡하게 얽혀 사회적 배제의 구도가 형성되어 있다는 입장이다. 셋째, 과정 중시형 접근은 도시문제나 문제해결에 대한 시점이 중층적인 요소들로 얽혀있어 변화를 지속하고 있다는 입장에서 과정 지향적 접근을 말한다.

일반적으로 사회적기업은 이익을 추구하기 보다는 상업 활동을 통한 사회적 목표달성을 추구하며 축적된 재산과 부는 공동체와 수익자의 이익을 위해 활용되고 구성원들은 평등한 권리와 협동을 기본으로 참가를 장려한다. 사회적기업에서 경제는 주로 제품과 서비스 제공, 생산, 분배를 의미하는데 구체적으로는 노동력과 환경 등의 자원을 활용한 비즈니스, 공적서비스와 관리경제, 사회나 공동체의 공헌을 목적으로 한 조직 등으로 세분화되는 경향을 보이기도 한다.[8]

사회적기업의 고용창출 형태는 표 7-2-2에 제시한 바와 같이 주로 조성금에 의한 고용창출유형, 사회적 약자들에게 안정된 직장을 제공하는 유

8) 앞의 보고서(2008), p.17참조.

형, 정신적 육체적 장애자들을 위한 사회화 목적 유형, 직업훈련기회나 매개노동시장을 통한 과도기적 고용제공 유형 등으로 구분할 수 있다. 이러한 사회적기업의 특성은 사회적 약자들에 대한 사회적 소외로부터의 포용에 중점을 두고 있다는 점이다. 사회적 소외(배제)자의 대상은 소수민족과 난민그룹, 신체장애자(정신질환자), 범죄전력 및 범죄예비군, 홈리스 등 다양하게 특정할 수 있다.

**표 7-2-2.** 사회적기업의 고용창출 형태[9)]

| 고용창출 유형 | 구체적인 사례 |
|---|---|
| 항구적 조성금에 의해 고용을 제공하는 유형 | 장애자에 대한 보호고용 제공 |
| 노동시장에 불리한 입장의 사람들에게 중기적으로 안정된 직장을 제공하는 유형 | 커뮤니티 비즈니스, Social Farm |
| 복지적인 취업제공, 생산 활동을 통한 사회화 목적 유형 | 정신적 사회적으로 심각한 문제를 안고 있는 노동자나 장애자 대상 보란티어 활동 |
| 직업훈련기회나 노동시장 이행적인 고용, 매개노동시장, 과도기적 고용제공 유형 | 주류 노동시장에 노동자를 조기 재통합을 목적으로 하는 WISE(work integration social enterprise) 프랑스 직업가입기업 |

본 연구는 사회적 소외자의 포용에 의한 지역재생의 역할자로서의 사회적기업에 초점을 두고 있으며 일본에서의 사회적기업의 대두, 사회적 소외, 지역재생, 사회적 포용의 상호 관계를 명확히 규명하고자 한다. 그 이유는 사회적기업을 통해 사회적으로 소외된 집단을 특정함으로써 사회적 소외를 경제적, 사회적, 지리적(구조적) 문제로부터 해결할 수 있기 때문이다.

9) 앞의 논문, 八木橋慶一(2011), p.32 참조 필자 작성.

# 7-3 사회적기업의 지역재생과 활성화 사례

## 1. 사회적 문제 해결과 지역재생

최근 일본에서도 사회적기업에 의한 고용창출이나 사회적 문제해결에 관한 관심이 높아지고 있다. 사회적기업은 사업활동을 통해서 사회적 과제해결을 지향하는 기업이나 사회성과 기업성의 양립을 지향하는 기업체라고도 할 수 있다. 사회적기업은 1980년대 이후 미국이나 유럽 등을 중심으로 전개되었지만 최근에는 한국이나 일본 등에서도 주목받고 있다. 이러한 배경에는 유럽에서 형성된 복지국가체제의 위기가운데 시민운동과 협동조합운동이 결합되어 다양한 시민사업조직이 출현한 것으로부터 기인하며 최근 심각화 되고 있는 사회적 배제문제나 실업·고용문제들이 자리하고 있다.

먼저 사회적 문제 해결을 위한 비즈니스에는 다양한 유형이 있지만 본 장에서는 지역재생과 활성화라는 관점에서 커뮤니티 비즈니스와 소셜비즈니스에 대하여 살펴보고자 한다. 커뮤니티 비즈니스(Community Business)는 지역의 사회적 문제를 해결하기 위해 추진되어 온 비즈니스로 지역성에 한정되어 있지만 사회성, 사업성, 혁신성을 중시한다.[10] 구

10) 境新一(2010), 「社会的問題解決ビジネスと社会的企業に関する考察ーイタリアの社会的協同組合とイギリスのコミュニティ利益会社の事例をふまえてー」, 『成城·

체적으로 사회성은 현재 해결이 요구되고 있는 사회적 문제를 사업활동의 목표로 할 것, 사업성은 목표를 비즈니스 형태로 표현하여 지속적으로 사업활동을 전개할 것, 그리고 혁신성은 새로운 사회적 상품과 서비스를 제공하기 위한 구조를 개발하거나 활용할 것 등이다. 특히 커뮤니티 비즈니스는 이러한 활동들이 사회적으로 확대되는 것을 통해 새로운 사회적 가치를 창출하는 것으로 정의되고 있다(松本典子, 2010: 1-2).

일본에서 커뮤니티의 개념은 공동체를 의미하지만 역사와 문화를 공유하고 정치와 경제 등 다양한 측면에서 연결된 지역사회를 가리키며 일반적으로 지역에 뿌리내린 지역공동체로 이해되고 있다. 일본에서는 마을회나 자치회가 대표적인 공동체의 기본단위이다. 여기에서 지역이라는 개념은 일상 생활권을 의미하는 커뮤니티(Community)로부터 국가 간 정해진 지역(Region)까지를 의미하는 등 다양하다. 커뮤니티 비즈니스는 커뮤니티에 밀착된 사회공헌 활동을 사업화하는 노력으로 스스로 지역사회를 발전시켜보겠다는 지역혁신의 의지가 강한 비즈니스이다. 또한 커뮤니티 비즈니스는 지역시민이 주체가 되어 지역자원을 활용하여 지역문제를 비즈니스적인 방법으로 해결하고 이러한 활동으로부터 얻은 이익을 지역에 환원함으로서 지역활성화와 고용창출에 기여하는 지역재생형 비즈니스 모델이다. 더욱이 기업도 행정도 해결하기 어려운 커뮤니티의 다양한 사회적 문제에 민간 비즈니스 전략을 적용하여 해결하려는 사업체를 총칭하기도 한다. 영국의 경우 지역재생을 대대적인 국가전략으로 추진한 결과 지역재생 현장에서의 사회적기업의 활동공간이 확대된 전례가 있다.

소셜비즈니스(Social Business)는 사회적 과제를 해결하기 위하여 비즈니스 전략을 활용하는 것으로 조직형태는 주식회사, NPO법인, 중간법인

經済研究』, 187, pp.317-318.

등 다양하다. 아래 표 7-3-1에 제시한 바와 같이 지역재생 차원에서 커뮤니티 비즈니스와 소셜비즈니스의 차이를 대상영역, 특성, 사업활동별로 비교하면 다음과 같다.

**표 7-3-1.** 커뮤니티 비즈니스와 소셜비즈니스 비교[11)]

| 비교대상 | 커뮤니티 비즈니스 (Community Business: CB) | 소셜비즈니스 (Social Business: SB) |
|---|---|---|
| 사업대상 영역 | 국내지역, 활동영역 및 사회적 과제에 지리적 한계 | 국내외 포함, 활동범위의 사회적 과제에 지리적 범위가 없음 |
| 사업의 특성 | 사업성과 혁신성보다는 사회성 높음 | 사회성, 사업성, 혁신성 모두 높음 |
| 사업활동 | 보란티어, 지역커뮤니티 활동 등 | 비즈니스형 사회지향형 기업, 사업형 NPO법인 등 |

먼저 대상영역에서 CB는 국내지역이라는 지리적 한계가 있지만 SB는 지리적 범위가 국내외로 광범위하다. 사업의 특성에서도 CB는 지역문제에 중점을 두고 있기 때문에 사회성이 높은 반면, SB는 사회성, 사업성, 혁신성을 모두 중시하는 경향을 보인다. 사업활동적인 측면에서는 CB는 보란티어나 지역사회활동을 지향하고 있지만 SB는 비즈니스형이나 사업형을 목표로 삼고 있다.

## 2. 지역재생사업의 특례조치와 지역활성화 사례

일본에서 지역재생의 문제가 등장하게 된 배경은 저출산고령화의 도래와 산업구조의 변화 등 사회경제 정세의 변화에 대응하는 차원에서 시작되었다. 일본정부는 지역재생을 추진하기 위해 마을, 사람, 직업의 창

11) 境新一(2010), p.319 참조로 필자 작성.

생에 관한 시책을 발표한 바 있다.[12] 지역재생이란 자주, 자립, 자고에 의해 지역경제의 활성화, 지역고용기회 창출, 지역 활력의 재생 등을 말한다. 지역은 지역재생을 위해 꿈과 희망을 가지고 상호 아이디어를 짜내어 절차탁마하고 지혜와 연구를 통해 노력하는 것을 말한다. 일본정부는 이러한 지역의 자주적 자립적 대응이 더욱 가속화될 수 있도록 환경을 정비하고 지역의 종합적인 노력을 지원하고 있다.[13]

일본의 지방창생법은 "저출산고령화 사회의 도래에 적절히 대응하고 인구 감소를 둔화시키는 한편 동경권으로의 인구과밀집중을 시정하고 각각의 지역에서 살기 좋은 환경을 확보하여 장래에 활력 있는 일본사회를 유지해나가기 위해 마을, 사람, 직업 창생에 관한 시책을 종합적이고 계획적으로 실시한다."는 내용을 목적으로 하고 있다. 구체적으로 마을은 주민 개개인이 꿈과 희망을 가지고 풍요로운 생활을 안심하고 영위해나갈 수 있는 지역사회 형성, 사람은 지역사회를 책임지는 개성이 풍부한 다양한 인재확보, 직업은 지역에서 매력 있는 다양한 취업기회 창출 등을 목표로 하고 있다.

결국 지역재생의 목표는 인구감소와 지역적 쇠퇴가 가장 큰 원인이기 때문에 지역활성화를 위한 다양한 대책들을 수립하고 있다. 지역재생은 지역과 사회적기업, 그리고 정부가 하나가 되어 지역활성화를 도모하게 되는데 지역사회 문제의 발굴, 사회적기업에 대한 특례 및 지원조치, 정부의 적극적인 재생정책의 지원 등이 없으면 성공하기 힘들다. 일본의 지역재생의 목표와 특례, 지원조치는 다음 표 7-3-2에 나타나 있다. 일본정부의 지역재생정책은 정확한 목표설정, 지원조치 및 특례법 제정, 정부와 각 성청이 협력하는 지역재생 지원시스템 구축 등이 특징이다.

---

12) 지방창생법은 2014년 제정되었다.

13) 내각부 지역재생사업 추진실: http://www4.city.kanazawa.lg.jp/data/open/cnt/3/4646/6/shuyaku_2.pdf#search(검색일자: 2018.04.03.).

**표 7-3-2.** 지역재생의 목표와 지원특례법[14)]

| 지역재생 | | 주요 내용 |
|---|---|---|
| 목표 | 농산어촌지역 생활환경 개선 | - 도시농촌 교류촉진, 인근도시를 중심으로 농가민박, 체험농업 등을 목적으로 한 도시부로부터 방문객 증가 촉진<br>- 오수처리보급율의 향상에 의해 생활환경 개선, 기존집락, 별장지 정주 촉진 |
| | 시가지 도로망 정비 | - 새로운 교통네트워크로 농산촌지역과 시가지 지역 및 시가지 간의 사람, 상품의 흐름 활성화를 통해 시가지 활성화, 농산촌지역 생활환경 향상 촉진 |
| | 항구마을의 재생 | - 관광어업의 추진이나 어업생산물의 가공, 출하체제의 정비, 새로운 유통시스템 개척 등을 통해 특산품이나 항구를 브랜화하고 어업수업 증대 촉진 |
| 지원책 특례 | 교부금 교부 | - 지역재생기반 강화를 위한 교부금 교부 |
| | 과세특례 | - 민간기업 지역재생 투자에 대한 세제상의 우대조치로 민간기업 유치에 의한 민간의 힘에 의한 지역재생 촉진 |
| | 전용승인절차 특례 | - 보조대상 재산을 효율적으로 활용한 지역재생을 지원하기 위해 사회경제정세의 변화에 따른 수요 감소의 보조대상재산의 전용절차 간소화 및 신속화 도모. 지역변화에 신속히 대응하고 추가적 재정부담억제 |
| 지원 조치 | 교부금의 종합적 실시 | - 지역재생계획에 따른 목적별 기능별 교부금의 종합적 실시(객관적 평가에 따른 두 개 이상의 교부금 연계) |
| | 기타 지역재생계획 인정 | - 지역재생에 적합한 NPO 등 활동지원(내각부)<br>- 공공시설 전용에 따른 지방채 만기 전 상환 면제(총무성)<br>- 공공시설을 전용하는 사업으로의 리뉴얼채 조치(총무성)<br>- 조합 등 시행 토지구획정리사업에 대하여 지방채부담금으로의 기채조치(총무성)<br>- 문화예술에 의한 창조마을 지원사업 활용(문부과학성)<br>- 지역제안형 고용창조촉진사업(패키지사업)(후생노동성)<br>- 일본정책투자은행의 저금리융자 등(재무성)<br>- 국민생활금융공고의 '신창조융자제도' 요건 완화(재무성, 후생노동성)<br>- 중소기업재생지원협의회, 정리회수기구 등 연계(금융청, 경제산업성)<br>- 지역통화모델지원시스템 도입지원(총무성)<br>- 지역재생지원을 위한 '특정지역 프로젝트팀' 편성(국토교통성·총무성, 재무성, 후생노동성, 농림수산성, 경제산업성, 환경성, 내각부)<br>- 지역자본시장육성을 위한 투자가교육 프로젝트와의 연계(금융청) |
| | 관련 시책 | - 지역재생계획의 책정 및 실시를 위한 인재파견, 정보제공<br>- 지역재생에 적합한 분야별 시책 추진 |

14) 일본 내각부 지역재생추진실 내용을 정리하여 필자가 작성하였음.

일본정부는 2014년 지역재생법[15]의 일부를 개정하는 '일본재흥전략'을 국회에서 각의 결정하였다. 주요 내용은 "각 성청이 가지고 있는 각종 지역활성화 관련 시책을 종합적으로 운용하여 의욕이 강한 지역에 집중적인 정책자원의 투입과 정책효과의 최대화, 지역활성화 관련 계획 등과의 연계를 원스톱으로 수행하고 지역에서 사용하기 편리한 지원책을 포함하여 각 지역활성화 관련 시책을 동시에 실현하는 지역창생의 틀 구축" 등이다.

이를 계기로 일본 내각부는 2015년 3월 27일 지방창생추진실에서 지역활성화 모델케이스를 선정한 바 있다. 도시, 지역, 산업 등 종합적인 개혁을 시도하는 업체를 공모하여 일본 전국에서 135건의 응모가 있었고 테마별 유형별로 33건이 선정되었다. 선정내역을 살펴보면, 먼저 초고령화/인구감소사회에서 지속가능한 도시 지역의 형성이라는 차원에서 지방도시 10건, 농산어촌 과소지역 6건 등이었다. 다음은 지역산업의 성장/고용의 유지 창출이라는 차원에서 지방지역자원활용 5건, 광역지역자원활용 6건, 산업집적활용 6건 등이었다.

다음 표 7-3-3은 지역재생의 지역별 유형사례를 제시하고 있다. 일본 지역재생의 지역유형과 활성화사례와 관련하여 표 7-3-3을 통해 살펴보면 지방도시형, 농산어촌 과소지역형, 지방지역 자원활용형, 광역지역자원활용형, 산업집적활용형 등으로 구분할 수 있고 각 유형에 따른 지역별 사례를 제시하였다. 지역문제의 주요 원인은 인구감소와 지방쇠퇴, 인재유출, 지역 잠재자원의 미활용 등으로 해결방안으로서 인재양성, 지역산업 재생 및 창업, 고용창출, 지역자원 활용을 통한 가치창출 등을 제시하고 있다.

---

15) 일본정부는 2003년 10월 지역재생본부를 설치하였으며 지역경제의 활성화나 지역고용기회의 창출 등 지방공공단체의 자주적 자립적인 노력에 의해 지역 활력의 재생을 종합적이고 효과적으로 추진하기 위한 목적으로 고이즈미 내각기인 2005년 4월에 지역재생법을 제정하였다.

**표 7-3-3. 지역재생과 지역활성화 사례**[16)]

| 지역 유형 | 지역사례 | 지역재생 활동 내용 |
|---|---|---|
| 지방도시형 | 도야마 겐<br>도야마시<br>(富山県富山市) | ■ 지역 문제와 과제<br>-농업의 쇠퇴(일손부족, 경작지 방치 확대 등)<br>-지역경제 활성화(수출산업 창출)<br>-시민건강증진(생활습관병 예방)<br>■ 해결방안<br>-약용식물의 일종인 들깨 대규모 노지재배<br>-병설 소프트 캡슐공장에서 들깨기름 영양보조식품 제조<br>-생활습관병 예방에 적합한 수출산업 창출 |
| 농산어촌<br>과소지역형 | 에히메 사이조시<br>(愛媛県西条市) | ■ 지역 과제<br>-교류 인구감소, 종합6차산업도시를 선도하는 핵심 인재부족, 경작지 방치 토지 증가<br>■ 해결방안<br>-이해관계자와 함께 실천적 인재양성<br>-지역 내 새로운 이노베이션 창출<br>-공장 철거 토지, 미활용농지를 활용하여 식물의 시설재배 및 수산가공 복합시설 정비 |
| 지방지역<br>자원활용형 | 홋카이도<br>시모가와초<br>(北海道下川町) | ■ 지역 과제<br>-인구감소, 열과 전력의 역외유출 12억엔<br>-마을 9할이 산림지역 충분한 자원활용 미흡<br>-농림업, 농림시스템 미구축, 농림업 인재 및 고용 미창출<br>■ 해결방안<br>-지역자원을 활용하여 고용창출, 에너지 자급, 역내순환, 역내 생산액 증가 |
| 광역지역<br>자원활용형 | 후쿠시마 겐<br>아이즈<br>와카마쓰시<br>(福島県会津若松市) | ■ 지역 과제<br>-인구감소, 지방산업 쇠퇴, 지방대학 졸업생 역외유출, 저출산 고령화 진전<br>■ 해결방안<br>-데이터 분석 인재의 전략적 육성 및 집적<br>-지역산업 재생 및 활성화 |
| 산업집적<br>활용형 | 미에겐(三重県) | ■ 지역 과제<br>-특정 업종에 과도하게 편중되지 않은 산업구조구축<br>-겐 내 '음식'에 관한 다양한 잠재자원 활용<br>■ 해결방안<br>-'음식'의 클러스터 형성을 위한 매력발산, 기업유치, 인재집적<br>-지역 간 연계 강화에 의한 새로운 상품, 비즈니스, 가치 창출 |

16) 일본 지역재생계획에 의한 지역창생(2015)
http://local-first.jp/documents/naruse.pdf#search(검색일: 2018.03.31.).

## 3. 지역실업자 고용창출 사례

본 절에서는 지역재생 차원에서 일본 사회적기업의 실업자 지역고용 창출에 대하여 노동자협동조합, 워커즈 콜랙티브, 중소기업협동조합 등의 사례를 중심으로 구체적으로 살펴보고자 한다.[17] 워커즈 콜랙티브는 자본, 경영, 노동의 삼위일체형 조직으로 공동체 수요를 사회적 과제로 여기고 비즈니스로 해결하려는 비영리 사업체이다. 첫째, 일본노동자협동조합연합센터 사업단은 협동노동에 의한 직업개발과 마을만들기의 협동조합으로서 활동을 전개하고 있으며 일본노동자협동조합운동의 견인차역할을 담당하는 조직이다. 업무형태는 일본노동자협동조합연합센터 사업단 외에도 고령자, 아동, 장애자 등 복지사업을 주 사업으로 하는 기업조합농협센터사업단과 자녀, 보육사업 및 공공시설의 지정관리, 운영사업을 수행하는 형태 등 업무내용에 따라 각각 다른 형태의 활동들이 행해지고 있다. 일본 전국 12개의 사업본부, 개발본부, 특구 등 250개 사업소가 있으며 매출액은 2008년도에 115억 엔에 달했다. 센터사업단에서는 고용노동보다는 고용되지 않고 일하는 형태를 지향하고 있으며 협동조합에 의한 직업개발, 일하는 사람들을 중심으로 사업을 운영해나가는 방식을 취하고 있다. 즉 조합원 스스로가 출자하여 일하고 경영에 참가하는 방식이다.

둘째, 워커즈 콜랙티브는 자본출자, 경영, 노동을 일체화한 사업에서의 민주주의, 평등, 연대 등의 가치와 원칙실현을 추구하는 조직으로서 여성주부나 고령자를 주체로 다양한 분야에서 지역수요에 적합한 사회적 필요성을 파악하여 재화와 서비스생산 및 공급 사업을 전개하고 있다. 2009년도 일본전국 워커즈 콜랙티브 수는 530개 단체, 구성원 수는 16,990명,

---

17) 松本典子(2010), 「ソーシャル·エンタープライズによる地域雇用創出」, 『日本計画行政学会コモンズ研究会』, pp.1-2.

매출액은 148억 엔에 달했다. 이 단체의 사업내용은 안정성에 기반을 둔 식품사업, 환경보전 리사이클 사업, 교육문화사업, 지역복지서비스 사업 등이다.

셋째, 사업협동조합은 중소기업조합의 대표적인 법인으로 중소기업 등 협동조합법에 의해 규정되어 중소기업자가 상호부조의 정신에 입각하여 공동으로 경제 사업을 수행함으로서 경영의 근대화, 합리화 및 경제적 지위의 개선향상을 도모하는 것을 목적으로 하는 조합이다. 사업협동조합이나 상점가진흥조합 중에는 사회적 과제의 해결을 모토로 하는 지역커뮤니티의 시민사업조직이나 시민과 연계하는 사례가 증가하는 특징을 보이고 있다. 예를 들면, 농림어업자와 연계하고 있는 중소기업조합의 선진사례로서 소개되고 있는 이시카와 현 노토 '사와노우엉 협동조합'은 지역전통을 지킨다는 사회적 과제에 대하여 지역이벤트 참가나 학교와의 연계라는 시점에서 지역고용창출에 노력하고 있다.[18] 아키타 현 오다테시 오마치상점가 진흥조합은 상점가의 공동화라는 사회적 문제를 지역특산물 직송 그룹들과 공동이벤트개최, 시민과의 협동 등으로 지역고용창출에 노력하고 있다.

## 4. 지역고령자 고용창출 사례: '고령자인재센터'

본 절에서는 사회적기업의 가치창출에 대한 대표적인 지역인재 고용창출사례로서 니가타 현 나가오카 시에서 시행하고 있는 '고령자인재센터'에 대하여 살펴보고자 한다. 본 센터는 1983년 일본에서 고령화사회가 급속도로 진행되고 있는 가운데 고령자들이 일을 함으로서 스스로 보람

18) 일본의 협동조합에 의한 구체적인 고용창출 사례 참조. 이우형·김일태(2016), 「일본의 지역고용정책과 사회적경제의 일자리 창출」, 『사회적경제와 지역혁신』, pp.285-288.

을 느끼고 지역사회에 공헌하는 것을 목적으로 설립되었다. 센터의 취지는 일본에서 정년퇴직자 등 고령자들이 증가함으로서 그들의 라이프 스타일에 맞추어 임시적, 단기적, 그리고 비교적 가벼운 일들을 제공하여 봉사활동을 비롯한 다양한 사회참여활동을 통해 고령자들의 건강하고 보람 있는 삶의 실현과 지역사회 복지향상에 공헌하자는 것이다.[19)]

고령자인재센터는 일본정부의 '고령자 고용안정 등에 관한 법률'에 의해 운영되고 있으며 시내에 거주하는 60세 이상의 건강하고 일할 의욕이 왕성한 고령자들이 회원으로 등록하여 활동하는 공익법인이다. 센터는 가정, 민간기업, 공공단체로부터 고령자에게 적합한 임시적, 단기적, 그리고 비교적 가벼운 일을 맡아(하청이나 위임) 회원들에게 제공하고 있다. 또한 일본 고령자사회의 다양한 수요에 대응하기 위한 취업지원으로 직업소개사업, 노동자 파견사업 등을 시행하고 있으며 등록회원의 실적에 따라 보수를 지급하고 있다. 센터에서는 고령자들이 다양한 직업에 대응할 수 있도록 각종 기능강습회를 개설하여 개인의 기능향상에도 힘쓰고 있으며 상조회나 지역활동을 통해 봉사활동이나 친구만들기 프로젝트도 돕고 있다(三菱UFGリサーチ&コンサルティング株式会社, 2015: 67-71).

센터는 나가오카 시 주변 '고령자인재센터'와 통합하는 방식으로 성장을 거듭하여 현재 본부 및 5개소의 사무소, 워크센터 3개소를 운영하고 있다. 2015년 12월 기준 직원 25명, 아르바이트직원 46명이며 회원 수는 남성 1,856명, 여성 924명으로 총 2,780명의 회원을 보유하고 있다. 등록회원의 평균연령은 71.1세이며 회원자격은 60세 이상으로 나가오카 시 총인구의 2.8%에 달했다. 대부분의 고령자 회원들은 하루 2-4시간 정도의 단시간 노동에 임하고 있으며 센터는 2011년부터 공익재단법인으로 변경되어 운영되고 있다.

19) 公益財団法人長岡市シルバー人材センター：
http://www.nagaoka-sjc.jp/g1_annai.html(검색일: 2017.09.14.).

센터 설립초기에는 정원손질, 풀베기, 주차장정리 등 '고령자인재센터'의 전형적인 단순사업부터 시작되었는데 현재는 주 20시간, 월 10일 정도의 임시적, 단기적, 비교적 가벼운 일들까지도 담당하고 있다. 2015년 예산내역을 보면 경상수익 11.4억 엔으로 이들 가운데 위탁사업이나 독자사업은 10.5억 엔. 파견사업은 0.1억 엔, 보조금은 0.7억 엔 등이었다. 현재 '고령자인재센터'에서 실시하고 있는 사회적 비즈니스로서는 인재파견사업, 어린이양육 응원사업, 학생복 및 체육복 리사이클사업 등이 있다. 이들 사업에 대해서 살펴보면, 먼저 인재파견사업은 취업의욕이 강한 회원의 경우 비교적 장시간의 취업을 희망하기 때문에 기존의 하청업보다 수입이 많은 일반노동자파견사업을 실시하고 있다. 2014년도 수주건수는 100건, 취업실인원수는 199명, 파견인원은 21,771명, 계약금액은 약 1억 엔에 달했다. 일본에서 60세 이상 파견기간이 3년이라는 상한선이 폐지되어 향후 수주가 계속 증가할 것으로 전망하고 있다. 어린이양육 응원사업은 2013년부터 개시되었다. 여성의 취업기회를 늘리기 위한 목적으로 어린이 양육경험을 살린 여성회원을 대상으로 하고 있다. 사업 중에는 일시적 어린이 돌봄교실 1개소, 방과 후 아동클럽 11개소 등을 운영하고 있다. 일시적 어린이 돌봄교실은 1시간당 500엔으로 2015년 일본정부의 보조사업으로 지원받고 있다.

리사이클사업은 지역학교의 학생복이나 체육복을 회수하여 수요에 따라 수선하여 판매하는 사업이다. 자원재활용 사업전반을 '3R사업'이라고 부르는데 재생자원업무나 재생자원거점 회수업무 가운데 하나의 사업이다.[20] 이 사업은 2014년도에 시작되어 준비기간을 거쳐 2015년 2월부터

20) '3R사업'은 쓰레기를 줄이는 것과 동시에 순환형 사회를 형성하기 위하여 필요한 3가지 요소를 가리킨다. 3R(Reduce, Reuse, Recycle)은 구체적으로 쓰레기를 줄이고, 사용 가능한 것은 재활용하며, 사용할 수 없는 것은 자원으로 이용하자는 것을 지칭하고 있음.

본격적인 활동에 들어갔다. 2014년 접수 회수건수 423건에 판매건수 13건이었으나 2015년에 접수건수 844건에 판매건수 176건으로 확대되었다. 3R사업 개시 초기에는 재고확보가 필요하여 폐지 제공 등을 호소하기도 하였다. 이 사업에서 취급하는 학생복이나 체육복이 중고품으로 학교나 사이즈별로 차이가 많아 구입희망자의 수요에 맞는 상품을 준비하기 위해 상품 제공자를 늘리고 준비하는 것이 최대의 난제였다.

설립 초기 '고령자인재센터는 임시적, 단기적 그리고 비교적 가벼운 일자리를 제공해왔는데 최근에는 직업의 보람이나 사회참가 이외에도 취업의욕이 강한 고령자들이 회원으로 가입하는 사례가 늘고 있다. 최근에는 고령자의 컴퓨터스킬의 활용 등 비교적 고도 업무에 대한 회원들의 수요도 꾸준히 증가하고 있어 직종의 다양화가 빠르게 진행되고 있다. 현재 '고령자인재센터'는 과거 고령자 위주의 단순 업무뿐만 아니라 점차 복합적인 업무로 진화되어 가고 있다.

## 5. 산학금관(産學金官)을 활용한 동북대학 지역재생 모델과 고용창출효과

일본 동북지역을 비롯한 전국 각지에서 글로벌화, 저출산고령화, 인구감소, 인구유출이 급속도로 진행됨에 따라 종래의 비즈니스 모델로는 고용감소와 지역경제의 쇠퇴를 막을 수 없는 심각한 사태가 발생되고 있다. 이러한 지역경제의 쇠퇴를 극복하기 위한 지역기업의 이노베이션과 사업재구축지원으로 고용창출과 지역사회 재생이 동북지역의 중요 문제로 부상하였다. 이에 동북대학은 지금까지 축적된 경제학, 경영학, 공학, 의학, 농학 등 지역 내 경쟁력 있는 학제적인 지적성과를 활용하기 위한 '지역이노베이션연구센터'를 동북지역 지역재생을 위한 총괄추진 중핵센터로 지정하여 시장을 주도하고 고부가가치의 탁월한 비즈니스 모델의 창출을 모색하였다.[21]

구체적으로는 지역기업, 자치단체, NPO, 금융기관 실무자들의 협력 활동 및 실천운동, 검증에 의한 행동과 연구를 통해 기업이노베이션 지원 체제를 구축하는 것이었다. 이 모델은 지역의 산학금관(産学金官)이 협동으로 추진하는 '지역이노베이션 프로듀서 스쿨(RIPS)', '지역이노베이션 어드바이저 스쿨(RIAS)'을 중심으로 한 지역기업의 사업 이노베이션을 지원하기 위한 시스템이다. 이를 통해 지역 전체의 이노베이션 능력향상을 도모함으로서 동북지역은 물론이고 일본 전국 각지의 산업진흥과 경제발전에 공헌하고 지역사람들이 자랑스러워하는 '고향'을 창출하여 전 세계에 노하우와 우수한 성과를 발신하는 것을 목표로 삼고 있다.

동북지역의 가장 큰 문제는 고령화와 인구유출에 따른 심각한 지역경제의 쇠퇴였다. 그러나 종래 일본의 지역경제 및 고용대책에서는 대도시권의 대기업 제조업 공장의 지역유치와 공공투자 등을 중심으로 한 외발형 지역경제정책이 일반적이었다. 그러나 경제의 글로벌화로 공장의 해외이전가속화, 동북지역 지진피해복구 완료에 따른 공공투자의 종식으로 지역경제의 쇠퇴가 본격화되었다. 이에 따라 동북지역 고용기회의 확보와 경제재생을 위해 지역 중소기업지원을 중심으로 한 내발형 지역정책이 필요하게 되었다. 이를 해결하기 위한 방법은 사업이노베이션 지원에 의해 지역기업의 비즈니스모델을 재구축하고 새로운 고용기회를 창출하는 것이었다. 동북대학은 지역기업, 자치단체, NPO, 금융기관 등과 협력하는 사업이노베이션 지원시스템과 경영인재육성모델을 구축하여 지역이노베이션 능력의 향상을 시도하였다.

동북대학경제학연구과 지역이노베이션센터는 2012년 RIPS, 2015년에는 RIAS를 개설하여 인재육성 실적과 시스템이 이미 축적되어 있어 경제

---

21) 人々が光輝く地域社会 - 社会にインパクトある研究 - Tohoku University: http://impact.bureau.tohoku.ac.jp/doc/E-3_gd170705.pdf#search(검색일자: 2018.04.18.).

학, 경영학, 공학, 농학 등 우수한 학제적 지식을 활용한 다양한 사업이노베이션 지원이 가능하였다. 또한 이 사업은 고용창출과 경제활성화를 통한 동북지역의 지역재생뿐만 아니라 지역기업의 사업이노베이션 지원시스템과 경영인재육성모델 구축, 타 지역의 재생에도 유용한 시스템과 모델을 보급시키는 것이 가능하였다. 동북대학은 지역이노베이션연구센터가 중심이 되어 프로젝트를 추진하였으며 '동북지역 이노베이션추진컨소시엄'을 2015년 8월에 개설하여 산학금관(産学金官)의 연계체제를 확립하였다.

1990년대 이후 동북지역은 대기업의 노동집약적인 조립공장의 폐쇄와 글로벌경제의 도래에 따라 국내에서 해외 기업이전에 따른 고용 변동이 심각한 상황이었다. 다음 표 7-3-4와 같이 지역기업의 해외이전과 폐쇄로 동북지역 노동자 5,949명이 전업을 하거나 해고당한 것으로 나타났다. 또한 동북지방은 1995년 대지진 피해로 일시적으로나마 외발형 지역경제를 지탱해온 지진복구사업에 따른 공동투자가 거의 막바지에 이르고 있는 상황이었다.

이러한 지역경제 실정은 대기업의 유치와 공동투자만으로 동북지역경제의 활성화를 기대할 수 없는 상황이었고 지역에서의 고용창출을 높이기 위해서는 고성장중소기업 지원이 필수적이었다. 조사결과에 따르면, 동북6현에서 중소기업이 전체 종업원 수의 절반이상을 차지하였으며 이에 따른 고용창출 효과는 중소기업이 절대적인 것으로 나타났다.[22] 또한 조사대상 중소기업 536개사의 설립 10년 전후의 신규고용 창출자 수를 추적한 결과, 상위 5.6%를 차지하는 30개사의 고성장중소기업이 신규고용자 전체의 64%을 차지하는 것으로 나타났다.[23]

---

22) 中小企業庁編(2016),『中小企業白書(2016年版)』.

23) 忽那憲治(2014),「IPO後の高成長企業と低成長企業」,『一橋レビュー2014年AUT.』(62巻2号), 東洋経済新報社, pp.6-21.

**표 7-3-4.** 동북지역 지역경제와 고용정책 한계
(2010년 1월 이후 주요 기업 공장 폐쇄)[24]

| 기업명 | 공장명 | 대상인수 (전업, 해고 등) |
|---|---|---|
| 교와 발효기린 (協和発酵キリン) | 시즈오카/후지, 사카이 등 | 410명 |
| 고마쓰 (コマツ) | 이시카와 고마쓰 | 500명 |
| 유키지루시 메가밀크 (雪印メグミルク) | 간사이 치즈 등 | 449명 |
| 후지테크니카 (富士テクニカ자회사) | 시즈오카/미시마, 기후 카니 등 | 370명 |
| 르네상스일렉트로닉스 (ルネサンスエレクトロニクス) | 후쿠오카 | 1200명 |
| 삼양전기 (三洋電機) | 군마, 기후 | 2000명 |
| 모리나가제과 (森永製菓) | 효고/쓰카구치 | 320명 |
| TDK주식회사 (TDK株式会社) | 기사가타(TDK,TDK-MCC), 가호 | 700명 |

이에 동북대학은 지역경제의 쇠퇴를 막고 지역재생의 사업화를 추진하기 위해 고성장중소기업을 대상으로 지원시스템을 구축하여 사업을 실시하였다. 사업결과에 따른 고용창출효과를 살펴보기 위해 2016년도 5월 동북대학 RIPS스쿨 졸업생 74명을 대상으로 설문조사를 실시하여 64명으로부터 설문응답을 회수하였다. 설문조사에 따른 고용창출효과를 살펴보면, 고용창출효과에 대한 질문에서 RIPS스쿨 졸업생이 속해있는 64개사의 종업원 수가 입학시점보다 통계적으로 141명이 증가한 것으로 나타났다. 또한 지원중소기업의 경상이익증대에 대한 질문에서는 RIPS스쿨졸업

24) 日本国土交通省(2016), 『平成26年度建設投資見通し』.

생의 절반이상의 회사가 경상이익이 증대되었다고 응답했다. 경제활동의 활성화 질문에서는 RIPS스쿨졸업 후 64개사 중 11개사가 새로운 투자를 모색하거나 융자를 받은 것으로 나타났다.

## 7-4 결론 및 시사점

본 장은 일본의 지방, 혹은 각 지역에서 인구감소, 고령화, 지역적 쇠퇴 등 다양한 사회적 문제에 따른 일본의 지역재생의 사례를 분석하였다. 구체적으로 사회적기업과 사회적 포용의 문제, 지역재생과 지역활성화의 관계, 일본정부의 지역재생 정책과 지역문제 해결방안 등을 중심으로 검토하고 지역재생 사례를 제시하였다.

사회적기업과 지역재생은 밀접한 관련성을 가지고 있다. 지역재생은 쇠퇴한 지역을 재생한다는 의미인데 이는 경제적 측면이나 환경적 측면뿐만 아니라 사회로부터 소외된 지역이나 개인의 생활을 개선하도록 지역주민의 역량을 강화하고 지역소외와 빈곤상태를 개선하는 것을 말한다. 이런 점에서 지역재생은 지역경제의 정체, 지역사회 연대의 쇠퇴, 교육수준저하, 마을만들기, 저출산고령화대책 등 다양한 문제들과 연관되어 있으며 구체적인 지역재생사업은 사회적으로 배제된 빈곤지역에 대한 대책으로 고용, 교육, 건강, 범죄, 주택문제 등을 포함하고 있다.

사회적기업은 지역재생의 수단으로 사회적 빈곤이나 배제의 문제를 지역의 단계적 역량 강화를 통해 기존 국가시스템이나 시장으로부터 배제되고 있는 사람들을 어떻게 사회적으로 포용시킬 것인가를 중요한 과제로 삼고 있다. 사회적기업의 고용창출은 주로 조성금에 의한 고용창출 유형, 사회적 약자들에게 안정된 직장을 제공하는 유형, 정신적 육체적

장애자들을 위한 사회화 목적 유형, 직업훈련기회나 매개노동시장을 통한 과도기적 고용제공 유형 등의 형태로 이루어지고 있다.

본 장에서 도출된 시사점은 다음과 같다. 첫째, 일본에서 사회적 문제해결을 위한 비즈니스는 커뮤니티 비즈니스와 소셜비즈니스로 구분되는데 커뮤니티 비즈니스(Community Business)의 특징은 지역사회의 문제를 해결하기 위해 추진되어 온 비즈니스로 지역성에 한정하여 사회성을 중시하고 있다.

둘째, 일본정부의 지역재생의 목표는 인구감소와 지역적 쇠퇴가 가장 큰 원인이기 때문에 이들 지역의 활성화를 위한 지역재생법과 지방창생법 등 다양한 대책들을 수립하여 실시하고 있다. 일본정부의 지역재생정책의 특징은 정확한 목표설정, 지원조치 및 특례법 제정, 정부와 각 성청이 협력하는 지역재생 지원시스템의 구축 등이라 할 수 있다.

셋째, 일본의 지역재생과 활성화 사업은 지역유형별로 지방도시형, 농산어촌 과소지역형, 지방지역 자원활용형, 광역지역자원활용, 산업집적 활용형 등으로 구분할 수 있다. 지역문제의 주요 원인으로는 인구감소와 지방쇠퇴, 인재유출, 지역 잠재자원의 미활용 등으로 해결방안은 인재양성, 지역산업 재생 및 창업, 고용창출, 지역자원 활용을 통한 가치창출 등이 제시되고 있다.

넷째, 동북대학은 지역경제의 쇠퇴를 막고 지역재생 사업화를 추진하기 위해 지역이노베이션 프로듀서 스쿨(RIPS)을 중심으로 종래의 대기업 제조업 공장유치 의존에서 과감히 탈피하여 고성장중소기업을 집중 지원하여 고용창출, 경상이익증대, 지역경제 활성화 등의 기대효과를 거둔 것으로 나타났다.

결론적으로 사회적기업과 지역재생의 관계성은 상호 보완적인 관계에 있다. 지역재생을 목표로 수행되는 사회적기업은 지역의 사회적 연대의 회복에 매우 큰 역할을 수행하고 지역의 사회관계자본을 유용하게 활용할 수 있게 한다. 이런 점에서 지역재생은 개개의 지역, 자치단체, 사회적 기업에 맡길 것이 아니라 정부가 적극적으로 지역재생정책을 추진할 필요가 있다. 즉 정부가 개입하여 지역재생정책을 사회적기업이 활동하기 위한 조건정비 정책으로서 적극적으로 추진한다면 사회적기업들은 보다 적극적으로 사회적 문제해결에 필요한 서비스를 제공할 수 있을 것으로 생각된다.

## 참고문헌

이우형·김일태, 2016,「일본의 지역고용정책과 사회적경제의 일자리 창출」,『사회적경제와 지역혁신』, 전남대학교출판부, 247-293.

忽那憲治, 2014,「IPO後の高成長企業と低成長企業」,『一橋レビュー2014年AUT.』(62巻2号) 東洋経済新報社, 6-21.

岩満賢次, 2018,「地域再生における社会的企業の社会的所有の意義」,『人間福祉学研究』4(1) 21-28.

境新一, 2010,「社会的問題解決ビジネスと社会的企業に関する考察ーイタリアの社会的協同組合とイギリスのコミュニティ利益会社の事例をふまえてー」,『成城·経済研究』187, 317-318.

C. ボルザガ · J. ドゥフルニ編(内山哲朗·石塚秀雄·柳沢敏勝訳), 2004),『社会的企業—雇用·福祉のEUサードセクター』, 日本経済評論社, 472-474.

中小企業庁編, 2016,『中小企業白書(2016年版)』.

日本国土交通省, 2016,『平成26年度建設投資見通し』.

藤井敦史, 2010,「「社会的企」業とは何か」原田晃樹·藤井敦史·松井真理子『NPO再構₩築への道—パートナーシップを支える仕組み』, 勁草書房, 114-117.

松本典子, 2010,「ソーシャル·エンタープライズによる地域雇用創出」,『日本計画行政学会コモンズ研究会』, 1-2.

NIRA委託研究報告書, 2008,『社会的包摂手法による地域の再生』, 財団法人神戸都市問題研究所, 12.

八木橋慶一, 2011,「英国地域再生と社会的企業ー労働堂政権期における朝鮮とその意義ー」,『人間福祉学研究』, 4(1), 31.

Cabinet Office, 2006, *Social Enterprise Action Plan : Scaling new heights*, 10.

Taylor, Marilyn, 2003, *Public Policy in the Community*, Palgrave. 178.

公益財団法人長岡市シルバー人材センター:

http://www.nagaoka-sjc.jp/g1_annai.html(검색일: 2017.09.14)

내각부 지역재생사업 추진실:

http://www4.city.kanazawa.lg.jp/data/open/cnt/3/4646/6/shuyaku_2.pdf #search(검색일자: 2018.04.03.).

일본 지역재생계획에 의한 지역창생(2015) http://local-first.jp/documents/naruse.pdf#search(검색일: 2018.03.31.).

人々が光輝く地域社会 - 社会にインパクトある研究 - Tohoku University: http://impact.bureau.tohoku.ac.jp/doc/E-3_gd170705.pdf#search(검색일자: 2018.04.18.).

___ 집필 저자 소개 (게재순)

**나주몽**

일본 큐슈대학교 지역구조전공 비교사회문화박사
(현) 전남대학교 경제학부 교수
대표실적
『최신지역경제학』, 서울: 법문사, 2018. (공저)
『사회적경제와 지역혁신』, 전남대학교출판부, 2016. (공저)
『지역협업의 과학』, 전남대학교출판부, 2016. (공역)

**조수미**

전남대학교 경제학박사
(현) 전남대학교 지역개발연구소 학술연구교수
대표실적
"Subsidization Policy on the Social Enterprise for the Underprivileged", Korean Economic Review 33(1), 2017. (공저)
『사회적경제와 지역혁신』, 전남대학교출판부, 2016. (공저)

**변장섭**

전남대학교 도시·지역개발학박사
(현) 전남대학교 지역개발연구소 학술연구교수
대표실적
"가상추출법을 이용한 우리나라 사회서비스업의 고용연관효과", 산업경제연구, 30(4), 2017. (공저)
『사회적경제와 지역혁신』, 전남대학교출판부, 2016. (공저)

**이상호**

KAIST 산업경영학박사
(현) 전남대학교 경제학부 교수
대표실적
『사회적경제와 지역혁신』, 전남대학교출판부, 2016. (공저)
『민영화와 사회후생』, 아산사회복지재단 연구총서 294집, 집문당, 2010.
『과학기술혁신체제를 위한 지방과학기술정책』, 전남대학교출판부, 2002. (공저)

**김일태**

미국 조지아대학교 경제학박사
(현) 전남대학교 경제학부 교수
대표실적
"지역 경제변수와 지역 고용성장 간 관계", 『국토연구』, 제86권, 2015. (공저)
"The Effect of Uncertainty on the Voluntary Private Provision of Impure Public Goods", The Singapore Economic Review, 54(1), 2009.

**박상하**

전남대학교 경제학박사
(현) 고구려대학 사회복지학과 교수
대표실적
"사회서비스 제공기관의 사회적경제 조직 전환", 21세기사회복지연구, 2018.
『협동조합 혁명』, 시그마프레스. 2016. (역저)
『사회적기업 II-노동통합-』, 시그마프레스, 2011. (공역)

**오창민**

전남대학교 사회학과 박사과정수료
(현) 경제문화공동체 더함 이사장
대표실적
『소수자 운동의 주체와 방향』, 『인문사회21』, 서울: 아시아문화학술원, 2016.
『공동체적 가치에 기반한 대안경제사회 이론 및 정책개발』, 서울: 경제·인문사회연구회, 2013. (공저)

**유미현**

전남대학교 도시·지역개발학박사
(현) 광주광역시도시재생공동체센터 교육연구팀장
대표실적
"사회적자본이 협력적 거버넌스에 미치는 영향에 관한 연구", 『예술인문사회융합멀티미디어논문지』, 제7권 제4호, 2017.
"커뮤니티비즈니스의 협력적 거버넌스 구조분석", 『한국지역경제연구』 제27집 제10호, 2014.

**윤영선**

전남대학교 경제학석·박사과정수료

(현) 광주광역시사회적경제지원센터 센터장

대표실적

『사회적경제에서 공동체운동의 가능성과 한계: 광주지역 사회적기업, 마을기업, 협동조합을 중심으로』, 2015. (공저)

『공동체적 가치에 기반한 대안경제사회 이론 및 정책개발』, 2013. (공저)

**임영언**

일본 조치대학교 경제사회학박사

(현) 전남대학교 세계한상문화연구단 연구교수

대표실적

『일계인디아스포라의 문화적응과 정착기제』, 북코리아, 2017. (공저)

『재일코리안 기업의 형성과 기업가 정신』, 북코리아, 2015.

**홍성운**

전남대학교 행정학박사

(현) 광주대학교 경찰법행정학부 교수

대표실적

『정책학』, 새날출판사, 2014. (공저)

“새로운 사회구조변화에 대응한 지역사회서비스의 개선방안 모색”, 『한국위기관리논집』 제10권 제10호, 2014.

“사회적 자본(social capital)의 ‘antisocial’ 측면에 대한 고찰”, 『한국거버넌스학회보』 제19권 제2호, 2012.

전남대학교 지역개발연구소 사회적경제 기획도서 3

# 사회적경제의 정책과 실천

**인쇄** | 2018년 8월 27일
**발행** | 2018년 8월 30일

**저자** | 나주몽 · 조수미 · 변장섭 · 이상호 · 김일태 · 박상하
오창민 · 유미현 · 윤영선 · 임영언 · 홍성운
**발행인** | 정병석
**발행처** | 전남대학교출판문화원

**등록** | 1981. 5. 21. 제53호
**주소** | 61186 광주광역시 북구 용봉로 77
**전화** | (062) 530-0571~2 마케팅 530-0573
**팩스** | (062) 530-0579
**홈페이지** | http://www.cnup.co.kr
**이메일** | cnup0571@hanmail.net

값 17,000원

ISBN 978-89-6849-543-4 (93320)

이 도서의 국립중앙도서관 출판예정도서목록(CIP)은
서지정보유통지원시스템 홈페이지(http://seoji.nl.go.kr)와
국가자료종합목록시스템(http://www.nl.go.kr/kolisnet)에서 이용하실 수 있습니다.
(CIP제어번호 : CIP2018027241)

이 저서는 2017년 정부(교육부)의 재원으로 한국연구재단(NRF-2017S1A5B8059731)과
2018년도 전남대학교 학술도서출판지원사업(2018-1994)의 지원을 받아 수행된 연구임